"平和学"としての
スポーツ法入門

——平和を愛する人が2020年までに必読の一冊——

弁護士 辻口 信良 著

発行 民事法研究会

はしがき

　正義を権力より護った児島惟謙先生
　スポーツと平和主義の大島鎌吉先生
　に捧げます。

　ぼくは、中学生くらいから弁護士になりたいと思っていました。そして回り道をしながらも運良く弁護士になることができました。

　その後、ある縁(えにし)でスポーツと法の関係、特にスポーツを通じて平和運動が可能である点に目覚めました。

　1997年に龍谷大学の憲法・平野武先生から、スポーツ・サイエンスコースの中で当時珍しかった「スポーツ法学」担当の依頼を受け、次に関西大学の行政法・池田敏雄先生から話をいただき、ほぼ20年、若い学生諸君とスポーツと法の関係について、一緒に学んできました。

　その際ぼくは、少なくとも自分の立場は明確にしつつ、講義全般を通じて、「スポーツの平和創造機能」を理解してもらえればありがたいと思い、オリエンテーションと最終講義でそれを黒板に大書してきました。

　最近は「負けるが価値」の言葉も並べて書いています。

　なぜそう考えるのかについては、本書を読んでいただく必要がありますが、そんなに難しいことではありません。要するに、世界のだれもが望んでいる「世界平和」に、スポーツの「ノーサイドの精神」が活かせる、すなわちスポーツ文化は平和な世界創造へのとても良い位置にいるということです。

　ただ、ぼくは学者ではありませんので、講義では理論というより、実際に生じたり具体的に依頼を受けた事故や事件について、解説したり説明したりしてきました。本文でも述べるとおり、ぼくはスポーツと法律の関係で、特に印象に残る3つの大きな出来事に関与しました。たまたまそのような機会に恵まれただけなのですが、

　1つは、1992年のプロ野球ヤクルトスワローズの古田敦也選手をはじめ、プロスポーツ契約の代理人として名乗り出たことです。

　2つめは、2000年頃、2008年の大阪・オリンピック招致活動に、市民応援団の団長として運動したことです。

はしがき

　3つめは、2013年、全柔連（全日本柔道連盟）女子の体罰・暴言問題で、岡村英祐弁護士と15人の選手の告発代理人になったことです。

　それぞれについては本文に記述していますが、当然失敗もありました。代理人問題でいえば、サッカーのガンバ大阪、宮本恒靖選手をイングランドに送り込めなかったこと、オリンピックの大阪招致が失敗したことなどです。

　しかし、失敗の中でも、たとえば大阪招致の応援も兼ねて行った2000年シドニー・オリンピックの現地で、朝鮮半島の南北統一旗のもとでの両国の選手入場に胸を熱くしたこと、先進国イギリスで閉鎖的労働問題があったことなど、スポーツと平和、スポーツと法律の関係を十分意識させてもらいました。

　ただ、一方で、国の権力者がその権力を掌握・維持・継承するため、何でも貪欲に利用するのは公知の事実で、スポーツの利用もその例に漏れません。典型的にはヒトラーのベルリン・オリンピック（1936年）で、それは排除すべき考えですが、権力、ナショナリズムの点でぼくは、「競争的ナショナリズム」という考えを提唱させていただきました。

　そして、権力や権力欲が、悪いものではなく、むしろ生き物としての本質的属性であることを踏まえ、なおかつそれを巧に平和社会に導くのがスポーツでありスポーツ文化だと確信して本書を書きました。

　権力とスポーツ、この2つの関係で、本書を冒頭の2人の先生に捧げます。

　児島惟謙先生は、1891（明治24）年、当時の大国ロシア皇太子暗殺未遂事件いわゆる大津事件で、罪刑法定主義を堅持し、死刑を求める時の政治権力から司法権の独立を守った近代日本法学史上著名な大審院長です。

　大島鎌吉先生は、1932（昭和7）年のロサンゼルス五輪三段跳び銅メダリストで、1964年東京五輪では選手団団長として、その後もオリンピズムの実現に尽力し、ジャーナリスト・学者（大阪体育大学副学長）としても活躍した偉人です。

　本書は、内容はともかく、気持・精神の上では、上記2人の先生に劣らないと自負しています。

　大学で講座を担当する中、講義用のテキストを担当者から求められ、ぼくもあれば良いと思ってきたのですが、仲間と作った、具体的な事例・事件を網羅した、類書としては初めての『Q&Aスポーツの法律問題』（スポーツ問題研究会編、民

事法研究会）という共著があったため、それを素材にしながら、息子・娘のような初期の受講生から、ほとんど孫に近い学生たちになった現在まで、毎年、自分なりに工夫しながら走ってきました。

　ただ、もっとスポーツ法を平和との関連で述べたいと思ったため、共著ではなく自身の言葉で書くしかないと思い、本書の出版を決意しました。

　ところで、弁護士としてのぼくは当初、大阪弁護士会での平和問題懇話会に所属しながら、現在でも不当な差別を受けている沖縄での嘉手納基地爆音訴訟に参加し、20数回沖縄に行っていた時期があります。

　そして、これも縁をいただき、京都放送（KBS）で、ラジオ番組を7年間、毎週土曜日の朝8時から1時間半、「サタデー・ニュース・トレイン」という番組でキャスターをさせていただいた時期もありました。もちろん、日常業務は、離婚・親子・相続・後見・不動産・会社など一般民事事件が多いのですが、自分のライフワークとして、スポーツと法、「スポーツの平和創造機能」に焦点を当てて弁護士の生涯を全うしたいと考えています。

　本書が予定する読者は、「スポーツ基本法」でいう、スポーツを楽しむ、する人・観る人・支える人、指導する人、プロ・アマのアスリート、学校の先生、高校生・大学生、競技団体や行政の関係者などですが、それぞれの立場で「平和」について考えている人にも是非、読んでいただきたいと思っています。

　本書は、2011年にできた「スポーツ基本法」の注釈（コンメンタール）も収録しています。これまで全体を網羅した、『詳解スポーツ基本法』（日本スポーツ法学会編）はありましたが、逐条での解説を試みたものです。

　本書は、スポーツ法の考え方という総論部分に視点を当てており、個別事件や事例については、本書の母体となった『Q&Aスポーツの法律問題』の事例の質問Qだけを最後に載せ、皆さんに自由に考えてもらう素材にしています。

　実際に起こった事例が多いので、それぞれ大いに議論してください。

　本書がスポーツ法学、そして世界の平和の前進に少しでも役立つものであれば、うれしく思います。

　　　2016（平成28）年10月

弁護士　辻　口　信　良

『"平和学"としてのスポーツ法入門』

目　　次

序章　スポーツ法へのお誘い……………………………………… 1

Ⅰ　スポーツへの思い……………………………………………… 1
〔スポーツ問題研究会設立趣旨〕……………………………… 1
Ⅱ　スポーツ法学会の設立………………………………………… 4
【コラム】　大学の青春キャンパス……………………（日刊スポーツ）6

第1章　スポーツの意義と歴史

Ⅰ　スポーツの意義………………………………………………… 8
1　スポーツの語源……………………………………………… 8
2　スポーツの定義……………………………………………… 9
3　スポーツの本質的4要素…………………………………… 9
Ⅱ　スポーツの歴史…………………………………………………10
1　人類の歴史……………………………………………………11
(1)　人類の誕生と進化………………………………………11
(2)　四大文明と文字の誕生…………………………………11
2　スポーツの発生………………………………………………12
(1)　四大文明以前のスポーツ………………………………12
(2)　楽しむ時間の存在………………………………………12
(3)　未開社会と現代社会……………………………………13
(4)　仮　説……………………………………………………13
(5)　他の時代のスポーツ……………………………………14
3　スポーツと体育………………………………………………14

(1)　スポーツと体育……………………………………………………14
　　　【コラム】　体育の先生 ………………………………………………15
　(2)　体育と学校教育……………………………………………………16
　(3)　学校教育の問題点と体育（スポーツ）の特殊性………………17
　(4)　日本のアスリートと国際的リーダー……………………………18
　(5)　スポーツの体育化…………………………………………………19

第2章　スポーツと法

Ⅰ　スポーツにおける法とは何か……………………………………………20
　1　法（Law）の意義 …………………………………………………20
　　　【コラム】　「汗と涙の法的根拠」、大学でスポーツ法学を説く　（産経新聞）20
　2　スポーツと法…………………………………………………………22
　　　〔スポーツに関連する法律など〕……………………………………22
　3　法の分類と効力………………………………………………………23
　(1)　国　　法……………………………………………………………23
　(2)　地方自治体の法……………………………………………………24
　(3)　条約（国際社会の法）……………………………………………24
　(4)　その他の法源………………………………………………………25
Ⅱ　憲法とスポーツ……………………………………………………………28
　1　日本国憲法の由来……………………………………………………28
　2　日本国憲法の理念……………………………………………………28
　(1)　国民主権主義（民主主義）………………………………………29
　(2)　基本的人権尊重主義………………………………………………29
　(3)　永久平和主義………………………………………………………31
　(4)　憲法の中心13条（個人の尊重）…………………………………33
　　　【コラム】　戦争での悲しみと憎悪…………………………………33
　3　明文のない基本的人権（新しい人権）……………………………34
　4　新しい基本的人権としてのスポーツ権……………………………35

目 次

  (1) 個人的意義……………………………………………………………35
  (2) 国家的意義……………………………………………………………36
  (3) 国際的意義……………………………………………………………36
   【コラム】〔民族問題その1〕 中国・朝鮮半島と日本……………37
 5 戦争の発生原因……………………………………………………………38
  (1) 外的要因………………………………………………………………38
  (2) 内的要因………………………………………………………………38
  (3) 戦争の発生……………………………………………………………39
 6 スポーツの戦争抑止機能（スポーツの平和創造機能）………………39
 7 スポーツは人を殺さない…………………………………………………40
 8 ナショナリズム (Nationalism)……………………………………………41
  (1) 本来的ナショナリズム………………………………………………41
  (2) 戦争的ナショナリズム………………………………………………41
  (3) 競争的ナショナリズム………………………………………………41
 9 スポーツの憲法上の位置づけ……………………………………………42
  (1) 憲法13条（幸福追求権）……………………………………………42
  (2) 憲法21条（表現の自由）、22条（職業選択の自由）………………42
  (3) 憲法25条（生存権）、26条（教育を受ける権利）、27条（勤労する権利）…43
  (4) 従来の学説……………………………………………………………43
  (5) 憲法前文、9条（永久平和主義）……………………………………43
   【コラム】 スポーツにおける「負けるが価値」、吉田沙保里の涙 ………44

Ⅲ 法律とスポーツ………………………………………………………………45
 1 スポーツ基本法……………………………………………………………45
   【コラム】 スポーツ振興法制定の頃、1961年 ………………………46
 2 教育関係法規………………………………………………………………46
  (1) 教育基本法……………………………………………………………46
  (2) 学校教育法……………………………………………………………48
  (3) 社会教育法……………………………………………………………50
 3 その他のスポーツ関連法規………………………………………………51
Ⅳ スポーツ基本法の逐条解説…………………………………………………53

目 次

1 はじめに——スポーツ基本法の制定 …………………………………53
2 スポーツ基本法の構造 ………………………………………………54
3 逐条解説 ………………………………………………………………55
 前 文 ……………………………………………………………………55
 〔スポーツ立国戦略〕 ……………………………………………………63
 第1章 総 則 ……………………………………………………………63
  第1条 目 的 …………………………………………………………63
  第2条 基本理念 ………………………………………………………65
  第3条 国の責務 ………………………………………………………76
  第4条 地方公共団体の責務 …………………………………………77
  第5条 スポーツ団体の努力 …………………………………………79
  第6条 国民の参加及び支援の促進 …………………………………82
  第7条 関係者相互の連携及び協働 …………………………………83
  第8条 法制上の措置等 ………………………………………………84
 第2章 スポーツの基本計画等 …………………………………………86
  第9条 スポーツ基本計画 ……………………………………………86
  第10条 地方スポーツ推進計画 ………………………………………88
 第3章 基本的施策 ………………………………………………………90
  第1節 スポーツの推進のための基礎的条件の整備等 ……………90
   第11条 指導者等の養成等 …………………………………………90
   第12条 スポーツ施設の整備等 ……………………………………92
   第13条 学校施設の利用 ……………………………………………94
   第14条 スポーツ事故の防止等 ……………………………………96
   第15条 スポーツに関する紛争の迅速かつ適正な解決 …………99
   第16条 スポーツに関する科学的研究の推進等 ………………… 101
   第17条 学校における体育の充実 ………………………………… 102
   第18条 スポーツ産業の事業者との連携等 ……………………… 104
   第19条 スポーツに係る国際的な交流及び貢献の推進 ………… 105
   第20条 顕 彰 ………………………………………………………… 108
  第2節 多様なスポーツの機会の確保のための環境の整備 ……… 108

第21条　地域におけるスポーツの振興のための事業への支援等… 108
　　第22条　スポーツ行事の実施及び奨励……………………………… 110
　　第23条　体育の日の行事……………………………………………… 111
　【コラム】「体育の日」から「スポーツの日」へ、そして
　　　　　　「世界スポーツの日」の提案 ……………………………… 113
　　第24条　野外活動及びスポーツ・レクリエーション活動の普及
　　　　　　奨励…………………………………………………………… 114
　第3節　競技水準の向上等……………………………………………… 115
　　第25条　優秀なスポーツ選手の育成等……………………………… 115
　　第26条　国民体育大会及び全国障害者スポーツ大会……………… 117
　　第27条　国際競技大会の招致又は開催の支援等…………………… 119
　　第28条　企業、大学等によるスポーツへの支援…………………… 121
　【コラム】大学スポーツチームの法人化と法 ……………………… 123
　　第29条　ドーピング防止活動の推進………………………………… 124
第4章　スポーツの推進に係る体制の整備…………………………… 129
　　第30条　スポーツ推進会議…………………………………………… 129
　　第31条　都道府県及び市町村のスポーツ推進審議会等…………… 129
　　第32条　スポーツ推進委員会………………………………………… 130
第5章　国の補助等……………………………………………………… 132
　　第33条　国の補助……………………………………………………… 132
　　第34条　地方公共団体の補助………………………………………… 133
　　第35条　審議会等への諮問等………………………………………… 134
　附　則…………………………………………………………………… 135
　【コラム】アントニオ猪木と憲法13条 ……………………………… 136

第3章　スポーツ法の現代的課題

Ⅰ　スポーツとドーピング
　〔ロシアとリオデジャネイロ・オリンピック・パラリンピック〕……… 137

1	発覚の端緒	137
2	WADAの調査	138
3	WADAの勧告	138
4	IOCの決定	138
5	IOCの決定への評価	139
(1)	賛成意見	139
(2)	反対意見	139
(3)	著者の見解	140
6	パラリンピックではロシア選手を全員排除	141
7	ロシア事件が残したもの	142
(1)	武器を使わずにロシアを屈服させたスポーツの力	142
(2)	スポーツ法としての機能	142
(3)	IOC・WADAの地位とチェック──国際連合の活用	143
(4)	正義と権力	144
(5)	さらに前へ	144
	【コラム】 クラブ活動における連帯責任	144
8	まとめ	146
	【コラム】 甲子園とソ連のチェコ侵略	146

Ⅱ スポーツにおける法と弁護士の役割 …… 147

1	個人的な思い出	147
2	モスクワ・オリンピック不参加と法律問題	148
3	スポーツの「平和創造機能」の着想について	149
4	スポーツ代理人	149
(1)	古田敦也選手のこと	149
(2)	野茂英雄選手のこと	151
(3)	宮本恒靖選手のこと	153
5	全柔連女子15人の選手を守る	155
6	スポーツと弁護士の職責・職域	156
(1)	事　故	157
(2)	契約問題	157

（3）　スポーツビジネス……………………………………………… 158
　　　（4）　人権問題全般………………………………………………… 159
　Ⅲ　スポーツと平等について………………………………………… 160
　　1　法の下の平等……………………………………………………… 160
　　2　実際上の問題点…………………………………………………… 161
　　3　私人間の問題……………………………………………………… 162
　　4　具体例……………………………………………………………… 162
　　　（1）　国籍＝外国人のスポーツをする権利……………………… 162
　　　（2）　性による差別………………………………………………… 166
　　　（3）　その他の差別………………………………………………… 168
　　　【コラム】〔民族問題その2〕　ソ連・ロシアの思い出…………… 169
　Ⅳ　スポーツと障がい者……………………………………………… 170
　　1　スポーツ基本法の規定…………………………………………… 170
　　2　障「害」者の文字………………………………………………… 170
　　3　障がい者の定義…………………………………………………… 171
　　4　障がい者スポーツの歴史………………………………………… 171
　　5　障がい者とノーマライゼーション……………………………… 172
　　6　パラリンピック…………………………………………………… 173
　　　（1）　ストーク・マンデビル病院の挑戦………………………… 173
　　　（2）　パラリンピックへの承継…………………………………… 173
　　　（3）　パラリンピックの名称……………………………………… 174
　　7　障がい者がスポーツや運動をする場合の条件………………… 174
　　8　障がい者がスポーツ観戦する場合の配慮……………………… 175
　　9　障がい者の施設利用などにおける不法行為…………………… 176
　　10　障がい者を普通に考えること…………………………………… 176
　Ⅴ　スポーツと体罰・暴力行為……………………………………… 178
　　1　2つの事件………………………………………………………… 178
　　　【コラム】　楽しむ原点に戻る──スポーツと体罰について（読売新聞）… 178
　　2　法律による体罰・暴力の禁止…………………………………… 179
　　3　体罰・暴力が続く理由…………………………………………… 180

(1)　明治以降の教育制度………………………………………………… 180
　　　(2)　上命下服・上意下達の隷属状態…………………………………… 181
　　　(3)　放置・無自覚による体罰・暴力の連鎖…………………………… 182
　　4　体罰・暴力に関するアンケートから………………………………… 182
　　　(1)　一般のアンケート結果……………………………………………… 182
　　　(2)　ぼくが行うアンケート……………………………………………… 182
　　　(3)　アンケートの具体的回答とそこから見えてくるもの…………… 183
　　5　指導者の暴力行為の4類型…………………………………………… 184
　　　(1)　指導者が暴力に訴える理由とその影響…………………………… 184
　　　(2)　指導者のあるべき姿など…………………………………………… 185
　　　【コラム】　モンスターペアレンツ……………………………………… 186
Ⅵ　スポーツ指導者の法的地位……………………………………………… 188
　　1　スポーツ基本法での「指導者」、「指導」……………………………… 188
　　2　指導者の資質…………………………………………………………… 188
　　　【コラム】　プロのすごさと慈善事業…………………………………… 189
　　3　指導者の現場と法的地位……………………………………………… 191
　　　(1)　トップアスリートの育成・強化の指導者………………………… 191
　　　(2)　学校教育法での教師………………………………………………… 192
　　　(3)　各種学校・専修学校での教師（指導者）………………………… 192
　　　(4)　教師以外の学校でのコーチ（指導者）…………………………… 193
　　　(5)　民間のスポーツジム・クラブ、ＮＰＯ法人、総合型地域スポーツ
　　　　　クラブなどでのインストラクターとしての指導者……………… 193
　　　(6)　いわゆるボランティア（無償）としての指導者………………… 193
　　　(7)　プロスポーツ選手に対する指導者………………………………… 193
　　　(8)　学校での部活指導者………………………………………………… 194
Ⅶ　スポーツ指導者の義務と責任…………………………………………… 196
　　1　スポーツ事故における指導者の義務あるいは責任………………… 196
　　　(1)　高槻市落雷事故の概要……………………………………………… 196
　　　(2)　被害者の提訴と訴訟の結果………………………………………… 197
　　　(3)　訴訟の評価と指導者………………………………………………… 197

2　スポーツ指導上の義務あるいは責任……………………………… 198
　　(1)　科学的指導を行っていますか……………………………… 198
　　(2)　懲戒と体罰（学校教育法11条）…………………………… 198
　　(3)　セクハラ問題（セクシャル・ハラスメント）…………… 199
　　(4)　パワハラ問題（パワー・ハラスメント）………………… 199
　　(5)　内部通報者保護制度の設置………………………………… 200
　3　少年・少女に対するスポーツ指導者の義務と責任…………… 201
　　(1)　身体酷使によるオーバーユース…………………………… 201
　　(2)　バーンアウト（燃え尽き）問題…………………………… 202
　　(3)　身近な指導者としての親の義務あるいは責任…………… 203
Ⅷ　スポーツにおけるガバナンスとコンプライアンス……………… 204
　1　ガバナンスとコンプライアンスの意味………………………… 204
　　（governance）　　（compliance）
　　【コラム】「競技者への敬意を持て」トップなぜやめぬ（毎日新聞）…… 205
　2　スポーツにおけるガバナンスとコンプライアンス…………… 206
　3　具体的事件・事例………………………………………………… 207
　4　スポーツにおけるガバナンスとコンプライアンス体制……… 208
　　(1)　法令による規制……………………………………………… 208
　　(2)　補助金・助成金による牽制………………………………… 208
　　(3)　スポンサーによる牽制……………………………………… 209
　　(4)　上部団体などによる牽制…………………………………… 209
　5　日本スポーツ界におけるガバナンス・コンプライアンスの確保…… 209
　6　日本スポーツ界におけるガバナンス・コンプライアンスの特徴…… 210
　7　国際的なスポーツ界でのガバナンス・コンプライアンス…… 211
　　(1)　組織内部の自浄作用：三権分立的体制…………………… 212
　　(2)　外部の監視体制：国際連合の活用………………………… 212
　　(3)　スポーツ関係者の自立と自律……………………………… 212
Ⅸ　スポーツ仲裁の意義とその活用…………………………………… 213
　1　司法権＝裁判所について………………………………………… 213
　2　スポーツ仲裁の必要性…………………………………………… 213

3　日本スポーツ仲裁機構（JSAA＝Japan Sports Arbitration Agency）… 214
　　4　民事裁判とスポーツ仲裁の比較……………………………………… 215
　　　〔民事裁判とスポーツ仲裁の比較〕……………………………………… 217
　　5　スポーツ仲裁機構の運用の実態……………………………………… 218
　　6　競技団体の決定が取り消される場合………………………………… 218
　　7　スポーツ調停…………………………………………………………… 219
　　8　自動応諾条項の導入…………………………………………………… 219
Ⅹ　スポーツ予算と法………………………………………………………… 220
　　1　スポーツ予算と財政原則……………………………………………… 220
　　2　国のスポーツ予算……………………………………………………… 220
　　3　サッカーくじ、公営ギャンブル競技などによるスポーツ財源…… 221
　　　(1)　日本スポーツ振興センター（JSC）の助成金制度………………… 221
　　　(2)　公営ギャンブル競技や宝くじによるスポーツ振興財源………… 222
　　　(3)　公営ギャンブルの問題点…………………………………………… 223
　　　【コラム】　1兆円の話：100億円＝10万人×10万円 ………………… 223
Ⅺ　野球型経営・サッカー型経営とスポーツ文化………………………… 227
　　1　文化としてのスポーツの意味………………………………………… 227
　　2　スポーツと企業………………………………………………………… 227
　　3　野球型スポーツ経営：フランチャイズ型文化……………………… 228
　　4　サッカー型スポーツ経営：ホームタウン型文化…………………… 229
　　5　スポーツ文化としての優越性………………………………………… 231
　　6　野球とサッカーどちらが好きか：アンケート結果から…………… 232
　　　【コラム】　頑張れプロ野球、FA制の課題 ………………………… 233
Ⅻ　地域スポーツと法………………………………………………………… 235
　　1　学校体育………………………………………………………………… 235
　　　(1)　教育の中の体育……………………………………………………… 235
　　　(2)　スポーツ（体育）と金銭問題……………………………………… 236
　　　(3)　スポーツ少年団、総合型地域スポーツクラブとの関係………… 237
　　2　スポーツ少年団………………………………………………………… 237
　　　(1)　スポーツ少年団の創設……………………………………………… 237

(2) スポーツ少年団とスポーツ少年団員……………………… 237
　(3) スポーツ少年団の特色……………………………………… 238
　(4) 日本スポーツ少年団の綱領………………………………… 238
 3 総合型地域スポーツクラブ………………………………………… 239
　(1) 総合型クラブ推進の背景…………………………………… 239
　(2) 地域スポーツでの総合型クラブ、学校体育、スポーツ少年団の
　　　関係…………………………………………………………… 240
XIII アメリカのスポーツ法と日本の契約社会…………………………… 241
 1 アメリカ社会とスポーツ法………………………………………… 241
　(1) 市民的権利に関する法律　1964年………………………… 241
　(2) スポーツ法への関心とタイトルIX　1972年……………… 242
　(3) 障害者差別禁止諸法　1973年……………………………… 242
　(4) アマチュアスポーツ法　1978年…………………………… 242
　(5) 1980年モスクワ・オリンピックボイコットをめぐる訴訟………… 243
 2 契約社会としてのアメリカと日本………………………………… 244
　(1) スポーツ経営でのスケールの違い………………………… 245
　(2) 遅れた契約社会……………………………………………… 245
　(3) スポーツの体育化…………………………………………… 245
　(4) まとめ：アメリカと日本の差……………………………… 246
　【コラム】　ある杜撰な野球専門学校の事件から………………… 246
XIV スポーツ事故と法律……………………………………………………… 248
 1 一般の不法行為……………………………………………………… 249
 2 民法上の特殊な不法行為…………………………………………… 249
 3 特別法による不法行為……………………………………………… 250
 4 スポーツ事故での契約法上の責任………………………………… 250
 5 本書で載せた事故事例について…………………………………… 250
　(1) 落雷事故……………………………………………………… 250
　(2) 騎馬戦落下事故……………………………………………… 250
　(3) 野球のファウルボールによる失明事故…………………… 251
　(4) その他の事故………………………………………………… 251

6　スポーツ事故被害への将来的展望・国家の補償……………… 251
XV　現代スポーツビジネスとスポーツ法……………………………… 252
　　1　スポーツ振興法とスポーツビジネス……………………………… 252
　　2　スポーツ基本法とスポーツビジネス……………………………… 253
　　3　現代スポーツビジネスと法………………………………………… 254
　　　(1)　スポーツ選手のマネジメント…………………………………… 254
　　　(2)　スポーツ選手の育成事業………………………………………… 255
　　　(3)　IOC マーケティングと JOC…………………………………… 255
　　　(4)　スポーツと独占禁止法…………………………………………… 256
　　　(5)　スポーツと不正競争防止法……………………………………… 257
　　　(6)　スポーツと著作権法……………………………………………… 258
　　　(7)　スポーツと商標法………………………………………………… 259
　　　(8)　スポーツ選手の肖像権問題……………………………………… 259
　　　(9)　スポーツ選手のパブリシティ問題……………………………… 260
　　　(10)　スポーツ放映権…………………………………………………… 260
　　　(11)　スポーツとスポンサー権………………………………………… 261
　　　(12)　スポーツとネーミングライツ（命名権）……………………… 262
　　　(13)　スポーツとアンブッシュ・マーケティング：便乗商法……… 263
　　　(14)　スポーツ興行ビジネス…………………………………………… 264
　　　(15)　ライブイベントの映像配信……………………………………… 265
　　　【コラム】　1億円プレーヤー（野球選手やJリーガー）の税金………… 266

第4章　スポーツの平和創造機能

I　スポーツと国際社会……………………………………………………… 268
　　1　スポーツの普遍的価値……………………………………………… 268
　　　【コラム】　ティラノザウルス滅亡と人類滅亡………………… （NHK）268
　　2　スポーツ基本法とスポーツ庁、さらにスポーツ省へ…………… 269
　　3　国際的視野からのスポーツ関連法規など………………………… 269

4　国際連合の活用………………………………………………270
　　　(1)　国際連合の由来と目的………………………………………270
　　　(2)　日本と国連と日米安全保障体制……………………………270
　　　(3)　国連の存在意義………………………………………………271
　　　(4)　国連憲章の前文と1条………………………………………271
　　　(5)　国連憲章から世界人権宣言、国際人権規約………………274
　　　(6)　国際社会とスポーツ権………………………………………274
　　　(7)　何をなすべきか………………………………………………275
　　　【コラム】　本当の意味の国連軍……………………………………276
Ⅱ　オリンピック運動………………………………………………278
　1　オリンピックの歴史……………………………………………278
　2　オリンピック憲章（2014年版）………………………………278
　　(1)　オリンピズムの根本原則……………………………………278
　　(2)　人権としてのスポーツ、スポーツの平和創造機能………279
　　【コラム】　参加することに意義がある……………………………280
Ⅲ　大阪オリンピック招致活動……………………………………282
　1　阪神淡路大地震（1995年）とオリンピックの招致活動……282
　2　大阪オリンピック招致運動の意義……………………………283
　　(1)　平和の理念……………………………………………………283
　　(2)　環境保護の理念………………………………………………283
　　(3)　大阪市民ハーフマラソン……………………………………284
　　【コラム】　大阪オリンピックと国際平和主義 ………………（朝日新聞）284
Ⅳ　東京・オリンピック・パラリンピック——2020年みんなが
　　メダリスト………………………………………………………286
　1　大阪から東京へ…………………………………………………286
　2　東京開催決定：平和な世界を目指して………………………287
　3　国際連合での「スポーツ省」と「防衛省」…………………288
　4　2020年みんながメダリスト……………………………………288

〔参考資料１〕　日本国憲法……………………………………………… 290
〔参考資料２〕　スポーツ基本法…………………………………………… 300
　　　　　　　　〔付〕　スポーツ振興法………………………………… 309
〔参考資料３〕　『Q&Aスポーツの法律問題』設問一覧………………… 313
〔参考資料４〕　参考図書一覧……………………………………………… 328

・あとがき …………………………………………………………………… 331
・著者略歴 …………………………………………………………………… 335

※　忙しい人はコラムだけでもお読みください。

―――――――＜コラム目次＞―――――――

・大学の青春キャンパス……………………………………………………… 6
・体育の先生…………………………………………………………………… 15
・「汗と涙の法的根拠」、大学でスポーツ法学を説く………（産経新聞）20
・戦争での悲しみと憎悪……………………………………………………… 33
・〔民族問題その１〕　中国・朝鮮半島と日本…………………………… 37
・スポーツにおける「負けるが価値」、吉田沙保里の涙 ……………… 44
・スポーツ振興法制定の頃、1961年………………………………………　46
・「体育の日」から「スポーツの日」へ、そして
　「世界スポーツの日」の提案 ……………………………………………… 113
・大学スポーツチームの法人化と法……………………………………… 123
・アントニオ猪木と憲法13条………………………………………………… 136
・クラブ活動における連帯責任…………………………………………… 144
・甲子園とソ連のチェコ侵略……………………………………………… 146
・〔民族問題その２〕　ソ連・ロシアの思い出…………………………… 169
・楽しむ原点に戻る――スポーツと体罰について………（読売新聞）178
・モンスターペアレンツ…………………………………………………… 186
・プロのすごさと慈善事業………………………………………………… 189

目 次

- ・「競技者への敬意を持て」 トップなぜやめぬ……………（毎日新聞）205
- ・１兆円の話：100億円＝10万人×10万円 …………………………… 223
- ・頑張れプロ野球、FA制の課題 ………………………………………… 233
- ・ある杜撰な野球専門学校の事件から ………………………………… 246
- ・１億円プレーヤー（野球選手やJリーガー）の税金 ………………… 266
- ・ティラノザウルス滅亡と人類滅亡 ……………………（NHK）268
- ・本当の意味の国連軍 …………………………………………………… 276
- ・参加することに意義がある …………………………………………… 280
- ・大阪オリンピックと国際平和主義 ……………………（朝日新聞）284

序章
スポーツ法へのお誘い

Ⅰ　スポーツへの思い

　現代社会においてスポーツの必要性・重要性を否定する人はいません。1991年、関西でスポーツ好きの友人たちと設立した「スポーツ問題研究会」で、私たちは次のようにスポーツの必要性・重要性・課題などを訴えました。

　25年もの時間が経ち、言葉遣いなど多少まずい箇所もありますが、今もその気持は変わっていません。少し長くなりますがそのまま引用します。

〔スポーツ問題研究会・スポーツ119番〕

設　立　趣　旨

1．スポーツの必要性

　(1)　健康とスポーツ

　人間の財産は、肉体とそれに宿る精神である。より速く、より高く、より遠く、より巧く、これまでできなかったことができるようになった時の喜びは、何人も体験するところである。肉体を鍛え、精神を磨き、心身の健康を維持・増進する。

　スポーツは、人生の楽しみである。

　(2)　余暇の利用とスポーツ

　スポーツは、人間の活力の源泉である。各個人が切磋琢磨し、競い合うこ

とにより、コミュニケーションを育てる社交の場である。人間の寿命の伸長と労働時間短縮による余暇の増大は、人生の実質を増大させる。余生は決して余った人生ではなく、余暇は決して余った時間ではない。健康に老いることの重要性は、これからますます強調される。

　スポーツは、人生の最良の栄養である。

　　(3)　世界平和とスポーツ

　ところで、人間にとって闘争本能は本質的属性であることは否定できない。そして、人間の歴史は、この闘争本能のもっとも赤裸々な現象形態である戦争によって幾多の生命・身体を犠牲にしてきたのである。もとより、闘争本能だけから戦争が発生したわけではないが、今後予想される戦争の最悪のシナリオは、核戦争による人間の破滅であり、このような事態は何としても避けねばならない。幸いスポーツは、世界共通のルール化により、人間の闘争本能を満足させる側面を有する。私たちは、武器をスポーツ用具に持ち替えねばならない。

　互いに競い合うことにより生み出される友情と連帯の絆は、人生の大きな糧である。スポーツは、国籍・民族・人種・言語・主義・思想・宗教等の相違を払拭し、平和を象徴する。

　すなわち、スポーツは人間社会の生存・平和の礎である。

2．スポーツ界における現代的問題点

　このように、スポーツを愛することは、人間を、そして平和を愛することであり、スポーツは、個人的にはもちろん、社会的にもますます有用なものになりつつある。これを反映して、現代の日本におけるスポーツの振興には著しいものがある。

　アマチュアスポーツは、レジャー時代を象徴して種々に展開され、プロスポーツも、マスコミ媒体の定量を占有し、話題に尽きない。

　しかし、スポーツについては、教育・指導の過程から、競技実践の場、さらに安心してスポーツに親しむための社会制度の構築に至るまで、さまざまな問題を抱えている。個別的なルールの問題、義務教育課程での体育授業、高等教育機関での推薦制度、身体的負傷に伴う紛争処理、アマチュアとプロ

の垣根の問題、といった一般的問題のほか、例えば、スポーツを利用した詐欺商法、ゴルフ場における農薬散布といった個別的問題等、いくつも大きな問題を残している。

　要するに、現代の日本においては、スポーツにまつわる病める領域、これから検討を要する領域が厳然として存するのである。

　さらに、これらのスポーツに関する問題を扱う国家機関が文部省の一部でよいのか、スポーツ省を創設すべきではないのか、と言う国家施策上の問題も存する。

　これらの問題点を踏まえて、各方面から将来を展望し、総合的・世界的視点から、スポーツを語り合うことが必要と考える。

3．私たちの当面の課題……スポーツ119番

(1)　昨年秋、私たちは、あるプロスポーツ選手の現実に直面し、その法的問題を考える機会に巡り合った。

　　熟練したスポーツマンが、その技能を活かし、プロ選手として活躍するのは自然な発想であり、それは職業選択の自由でもある。そして、これを観る者にとって、プロフェッショナル同士の最高技能の激突は、ときには自分がプレーする以上の感激・興奮を伴う。しかし、それら選手の話を聞き、現在のプロスポーツ選手の置かれている地位が、法的に極めて不安定であり、人権擁護の観点から問題ではないかと思ったのである。

　　そこで、私たちは、このような実態をより正確に把握し、まずプロスポーツ選手の不安定な法的地位を改善し、彼らが安心して競技に打ち込める条件の整備に努める必要性を痛感した。同時に、その研究の過程で判明してくる社会的問題についても焦点を当て、憧れの職業と呼ぶに相応しい実質にする必要があると考える。また、同様な事態はアマチュアスポーツ界にも存在している。

(2)　こうして私たちは「スポーツ119番」と言う考えを提唱すべきだと思うに至った。それは、華やかなスポーツ界の、ともすれば見落とされがちな、影の部分に光を当てることを意味する。

　　スタープレーヤーの影で理不尽に泣く選手はいないのか、あるいは、ス

> タープレーヤーと言われたその人が、スポーツマンであったことを後悔する日々を送っていないかと言うことである。国威発揚のためのスポーツの利用、企業による使い捨て、怪我・疾病への無保障、身体酷使による選手生命の断絶、等々の問題である。
>
> 　そして、このような形で流される涙が、一所懸命に闘って敗れた時のスポーツマンの熱い涙と異質であることは言うまでもない。これらは、人が生まれながらに有する権利、基本的人権に深く関わる事柄である。
>
> 　生命の喜びであり、讃歌たるべきスポーツが、人権を軽視する結果に導かれて良いはずはない。
>
> ⑶　そこで、私たちは、スポーツにまつわる人権侵害の諸問題について、スポーツを愛する多くの人たちからの問題提起を受けるとともに、当面スポーツ選手の法的地位の実態を把握するための研究を行うものとする。
>
> 　私たちは、全人類にとってのスポーツの価値が、いっそう高まることを念願するものである。
>
> 　スポーツを愛する方々のご指導とご理解・ご協力・ご支援を切にお願いする次第である。
>
> 　　1991年　スポーツの秋
>
> 　　　　　　　　　　　　　大阪市北区西天満4丁目8番2号
> 　　　　　　　　　　　　　北ビル本館4階　太陽法律事務所内
> 　　　　　　　　　　　　　　　　　スポーツ問題研究会

Ⅱ　スポーツ法学会の設立

　その直後の1992年、学者の先生方を中心にして東京で「日本スポーツ法学会」が設立されました。

　そして、スポーツと法をめぐり、精力的に多くの論文や著作が発表されてきました。その結果、現在では全国57の大学でスポーツ法に関する講座が設けられて

います。ぼく自身も、1997年の龍谷大学をはじめとし、1999年以降関西大学でも講師として講座を持たせていただいています。

ところでスポーツ法学・スポーツ法は、法律学の中では憲法を始めとする六法はもちろんのこと、これまで法学部で講義されてきた多くの法学の講座に比して、極めて特殊な部分を担っているといえます。

そして、具体的に扱われる、①スポーツ事故、②スポーツ選手の地位、③スポーツをめぐる契約関係、④スポーツビジネス・マネジメント、⑤スポーツと地域との関係、⑥スポーツと犯罪などの多くのテーマは、それぞれ、たとえば民法709条以下の不法行為、民法521条以下の契約法、また特許法などの知的財産法、体育としての教育基本法・学校教育法、社会教育法、そして刑法その他それぞれの分野での一部門として扱われても良いように思われます。

現にこれまでスポーツ関係の事故や紛争については多くの判例があり、その中で、該当する各法律の条文などが引用され実務界で取り扱われてきました。

しかしぼくは、スポーツ法学・スポーツ法は、独自の法分野として扱われるほうが良いと考えています。というのは、スポーツには独自の「スポーツの本質的価値」があり、スポーツをめぐる法律問題を考える場合、常にそのことを意識しながら解決にあたるべきだと考えるからです。

スポーツの本質的価値が何かは、以下の記述から読み取っていただく必要がありますが、ぼくには、人間にとって、また人間社会、とりわけ現代の複雑な国際社会の中でスポーツがもっともっと重要な地位を占める必要があり、占めることができるはずだとの思いがあります。

もっとはっきりいえば、スポーツが世界平和にとって必須のアイテム（道具）であるとの視点を明確に指し示したうえで、スポーツ問題、スポーツ法学・スポーツ法に取り組む必要があると思うのです。ただ、実際には意外と、そのあたりに言及した著作、論文などにめぐり会えなかったのです。

長年、大学の担当者にいわれながら、自身の能力のなさからどうしても講義録・教科書を作成できなかったのですが、今回、ただ上記一点のために、この書物を作成させてもらうことにしました。本書のタイトルを『平和学としてのスポーツ法入門』とさせていただいたゆえんです。

「21世紀をスポーツの世紀にしたい」とのぼくの願望は、とりもなおさず21世

紀を平和な社会にしたいとの思いです。

　それは、学生時代のベトナム反戦運動の延長線上にあるともいえます。つまり1960年代、ベトナム侵略戦争で理不尽に多くのベトナム人民が殺され、また、自由の旗の下にかり出された、ぼくと同世代のアメリカの若者も多数亡くなったこと、これら一連の不条理に反戦を唱えて友人たちと抗議して闘い、そして負けた過去と関係しています。

◆コラム◆　大学の青春キャンパス

　これは日刊スポーツ（大阪本社）紙に「熱血サイト」というコラム欄があり、ジャーナリストの大谷昭宏さんや衆議院議員辻元清美さん等と交替で書かせていただいていたもので、2002（平成14）年10月4日に掲載されたものです。

　この5～6年、週1回大学で学生達と一緒に勉強をしています。先に声を掛けてもらったのは龍谷大学、次に関西大学でした。科目は「スポーツ法学」。それ何ですか？と、必ず聞かれます。スポーツと法律のさまざまな関係を勉強しますと言っても、やはり分かってもらえません。学んでいる本人が今いち分かっていないのですから、疑問に思われても仕方ないのですが。

　これまで、スポーツと法律の関係はあまり意識されていませんでした。それは、スポーツに対する特殊な考え方、即ちスポーツが単なるエネルギーの発露の問題であり、文化の一種としての法律や契約と関連させることは無意味であり邪悪であるとの、いわゆる「心身二元論」と、日本人の遅れた法意識のせいだと思います。

　その典型例は、ぼくが初めてプロ野球選手の代理人としてヤクルトスワローズの古田敦也君の契約更改に名乗り出たとき、「スポーツ選手がお金や契約のことでもめるのはスポーツ選手らしくない」と批判的に語られた言葉です。この奇妙な批判が、一般市民にも妙に説得的で、年末の契約更改の交渉が2～3回行われると、「あの選手はお金に汚い」とか「銭闘・ゼニゲバ」等とマイナス的に書き立てられ、一発更改だと「スカッとしていい男だ」と誉められる？わけです。

　しかし、考えてみると、野球にしてもサッカーにしても、特にプロとして活躍できる期間は限られています。5～7年で退団させられるケースが多いのです。ですから稼げるときにどんどん稼いでおくべきで、遠慮はいりません。皆さんだって、3000～5000万円のマンションや一戸建を買うとき、2回や3回の交渉

で結論を出さないでしょう。それで優柔不断だ、お金に汚いと非難されますか？

　まして彼らはスポーツのスーパーエリートです。米国で代理人が普通なのはなぜでしょう？

　スポーツには怪我や事故はつきものですが、どのような場合に合法（適法）なのか、逆に違法になるのはどんな場合か、そもそもプロスポーツ選手の契約は、雇用契約なのか請負契約なのか、そのどちらで考えるかで効果は違うのか？八百長は犯罪になるか？審判が意図的に不正な判定をするのは犯罪か？犯罪だとすれば何罪か？

　まあ、例えばこんなことを学生と一緒に考える訳で、結構楽しいのです。で、いまも学生諸君に「野球とサッカーどちらが好きですか」という「アンケート」をするのですが、今回ワールドカップの後だったためか、サッカーの方が好きだという人の割合が、昨年までと比べると増えていました。

　この結果が果たして一過性かそれとも継続的なものなのか、来年のアンケートが楽しみです。

第1章 スポーツの意義と歴史

I スポーツの意義

1 スポーツの語源

　私たちは、日常普通にスポーツという言葉を使っており、それぞれの人がスポーツにそれぞれのイメージをもっていると思いますが、スポーツの語源は何でしょうか。

　スポーツの語源は、ラテン語のデポルターレ（deportare）を発祥としているとされます。その元々の意味は、楽しむ・遊ぶ・はしゃぎ回る・戯れる・暇つぶしをするの意味です。そしてこの言葉が、騎士道のイギリスに移り、14世紀頃、英語でのディスポート（disport）に変化したとされています。もちろんそれも、楽しむ・遊ぶ・戯れるの意味ですが、ぼくは英語の辞書での簡単な例文でこれを説明します。

　The bears were disporting themselves in the water.（『新英和中辞典』研究社）
　熊さんたちがいかにも楽しそうに水遊びしていたようすがうかがえます。
　そして、その「di」が消えてスポーツ（sport）になったようです。
　ですから、スポーツは、遊びを原点とする楽しいもの、まずその点を最初に確認しておきましょう。
　本当は、この歴史的事実も正確にはわかっていないようですが、スポーツ史を研究されている学者の先生方によると、大体そのようにして、スポーツという言葉が現在使われているようです。

I　スポーツの意義

2　スポーツの定義

　語源はそうだとして、では、スポーツはどう定義したらよいのでしょうか。国内での辞書などから引用してみます。
① 人間が生活の自由時間を用いて、楽しみを目的に自主的に行う、多少とも競技的要素をもった身体運動の総称（『世界大百科事典』平凡社）
② 陸上競技、野球、テニス、水泳、ボートレースなどから登山、狩猟に至るまで、遊戯、競争、肉体的鍛錬の要素を含む運動の総称（『広辞苑〔第5版〕』岩波書店）
③ 運動競技及び身体運動（キャンプ活動その他の野外活動を含む）であって、心身の健全な発達を図るためになされるもの（旧スポーツ振興法2条）
④ 心身の健全な発達、健康および体力の保持増進、精神的な充足感の獲得、自律心その他の精神の涵養等のために個人又は集団で行われる運動競技その他の身体活動（スポーツ基本法前文）

などとされています。
　ただし、④は定義ではなく、実質的機能面からの説明だとされています。
　ぼくは、読者の皆さんがそれぞれイメージされているスポーツのイメージでかまわないと思いますが、一応
⑤ 楽しみをもって、他人と競り合う刺激をもつ、一定のルールによる、心身の運動

だと考えています。

3　スポーツの本質的4要素

　スポーツといえるための要素としては、①楽しむ要素、②競り合う要素、③一定のルール、④心身の運動、という要素が必要です。
　ここで2つのことを注意してください。
　スポーツについて、心身の運動ではなく、身体の運動であると狭く考える定義です。この考え方だと、たとえば囲碁や将棋、チェスなど、また、芸術作品などはスポーツの概念からは外れることになります。しかし、ぼくは、広くゆるくスポーツを考えても良いと思っていますし、現在のIOCのオリンピック競技には

ありませんが、アジア競技大会では、囲碁・チェスなどが競技種目として採用されたこともありますし、芸術なども将来、スポーツの一種として競技種目にあげてもかまわないと思います。

もう1つは、特にルールなど必要なく、また、特に競り合う要素も必要なく、自分1人で楽しむような運動もスポーツだという考え方です。つまり、上記①、④だけでよいとの考えです。ぼく自身、このゆるい考えも好きなので、そのような広義の定義でも一向にかまわない気もしますが、後で述べるように、スポーツの「平和創造機能」を意識すると、やはり4つの条件は必要かなと、今は考えています。

なお、アメリカのR・D・Mandell（マンデル）が、1984年にスポーツの本質的三要因説を唱え、それによると、①特定の身体的行動による競争、②それを規制する一定の規則、③実現を目指す特殊な象徴的様式だとされます。柔道で一定の柔道着を着用する、ボクシングで定められたグラブを付け、ノックダウンでテンカウントまで数えられる、相撲の土俵で足の裏以外の体の一部が土俵に触れると勝敗が決する等々です。

余談ですが、リオ・オリンピックで見事銅メダルを獲得したシンクロナイズドスイミングがあります。この競技、ぼくの予想では2020年東京までに芸術性を意味するアーティスティックスイミングに名称が変更されます。

同時とか同調性という、やや機械的なsynchronizedよりも、創造性を含む芸術性を意味するartisticのほうがふさわしく、ぼくは賛成です。

II　スポーツの歴史

何ごともそうですが、スポーツの場合も歴史をひもとくことは大切です。これまで、スポーツの歴史といえば、ギリシャ古代オリンピックあたりをスタートとして説き起こすのが普通でした。

しかし、古代史の研究が進むに従い、古代以前の未開社会（primitive society）、より正確には無文字社会から説き起こすようになってきました。

1 人類の歴史

その前に、そもそも人類の歴史について、おさらいしておきます。

(1) 人類の誕生と進化

地球ができたのは約50億年前といわれています。その後、長い年月を経て、諸説ありますが、生物、その中でも特に人類の始まりとされる猿人が生まれたのは、700万年前のアフリカとされています。

その猿人は、地上を2本の足で立って歩くようになって脳が発達し、前足（両手）を使って石などを道具として使うようになりました。その後、原人・旧人・新人の順に進化したとされています。

20万年ほど前にアフリカに現れた新人は、剥片石器を作る技術を進化させ、骨や角で作った骨角器を用いて生活をより豊かにする努力をしました。人類が、このように打製石器を用いて狩猟・採集生活を営んでいた時代を、旧石器時代といいます。

約1万年前に氷河期が終わると、地球は温暖化し自然環境が大きく変化したため、新人は多様な環境に適応しなくてはならなくなりました。

(2) 四大文明と文字の誕生

人類が環境に適応する中で最も重要だった出来事は、約9000年前の西アジアで麦の栽培や、山羊・羊・牛などの飼育が始まったことです。すなわち農耕・牧畜の始まりです。これにより人類は、今に続く、積極的に自然環境を改変する能力を身に付け食料を生産する生活を営むようになりました。人類史が、狩猟・採集が中心である「獲得経済」から農耕・牧畜による「生産経済」に移るという重大な変革を遂げたのです。

初期の農耕は、雨水だけに頼り肥料も使わない方法によっていたため、収穫も少なく耕地も移動していたとされます。

しかし、メソポタミアで灌漑農業が始まると食料生産が発達し、さらに多くの人口を養うことが可能になり、多数の人間を統一的に支配する国家という仕組みが生まれました。

こうして、紀元前3500年頃にはティグリス・ユーフラテス川でメソポタミア文明が、紀元前3100年頃にはエジプト文明が、紀元前2300年頃にはインダス文明が、

紀元前1600年頃には中国文明（黄河・長江文明）が誕生したとされます。これがいわゆる四大古代文明です。

そして、大雑把にいってこれらの文明以降「文字」が生まれたとされています。

2　スポーツの発生

では、スポーツは、いつ頃生まれたのでしょうか。

(1)　四大文明以前のスポーツ

現在の研究では、上記の、文字が生まれた四大古代文明の以前にすでにスポーツの原型があったとされています。

すなわち、今から4000〜5000年以上前、四大古代文明以前のこの時期を、英語圏では、Primitive Society（プリミティヴ・ソサイテイ）と呼ぶことがあります。日本語では原始社会、未開社会と訳されます。

そして、研究者によるとこの頃に、すでに現在行われているスポーツの原型が、ほとんどできたとされています。繰り返しますが、上記四大文明の前に、スポーツの原型が存在したというのです。

具体的には、ボールゲーム・格闘技・走・跳・投競技などが行われ、場所的にも陸上はもとより水上、空中、雪上・氷上に至るまで、広がりもあったことが、最近の研究でわかってきました。

具体的なボールゲームとしては、動物の膀胱を膨らませたり、何らかの核を植物の蔓や動物の皮などで巻いたボールを使った遊技がありました。また、現在の相撲やレスリングのような格闘技系の遊びの存在についても、上記の熊さんの例で容易にわかるでしょう。そして陸上や水上・水中・氷上だけでなく、現在もオセアニアのペンテコスト島に残る20メートル近くのバンジージャンプに見られるように、空中遊技もあったことがわかってきたのです。

(2)　楽しむ時間の存在

実証的研究によると実際には、当時、食料を得るため必要な時間としては、男女とも1日せいぜい2〜3時間であり、それで、約2300キロカロリーを摂取していたと考えられています。摂取カロリーは現代人とあまり変わらないというのです。ちなみに、現在の日本人での必要量は、20代の男性が2500キロカロリー、女性は2000キロカロリーが標準の摂取カロリーです。

当時の食生活は、植物性7、動物性3という割合で、基本は菜食主義でした。そして、もちろん私たち日本人を含む現代先進諸国での団欒時のような、いわゆる和・洋・中といった豪華なごちそうが出ていたわけではありません。全く地味で質素だといってよいでしょう。木の実や野菜・野草、時々貝や魚でしょうか。また、電気などありませんから、日の出から日の入りまでが活動時間です。でも、2～3時間引いた残りの時間は、まるまる自由時間だと研究者はいいます。実際は、厳しい気象条件、野生動物などの外敵などもいましたから、そうのんびり生活していたとも思えませんが、それでも、余暇、何らかのルールを作ってスポーツを楽しみじゃれ合っていた（スポーツをしていた）ことは十分推測されます。

学生に対して、「食料を得るために1日何時間ぐらい働いただろうか」と質問すると、ほぼ間違いなく、10時間以上の答えが返ってきます。中には16時間、20時間などと回答する学生もいます。そして、学者の上記研究の成果を話すと驚きます。

(3) 未開社会と現代社会

一方、ぼくも含む現代人が、生活するために、1日どの位の時間をかけて仕事をしているのか、またその結果、本当に豊かに暮らしているのかなどを考えてみましょう。

残業代ももらえずに働いている正規社員、その正規社員になれない非正規社員、年間3万人の自殺者、今は減りましたが年間死者1万7千人、負傷者も併せると100万人の交通戦争、これが日本の現実です。もっといえば、常時世界のどこかで殺戮・戦闘状態が続いている現代地球社会を、豊かな社会として誇ることができるのでしょうか。

もともと「未開社会」という呼称は、19～20世紀前半の西欧思想の影響であり、選良者意識の濃い言葉です。いま風にいえば上から目線の用語です。

しかし、最近では、この用語を避け、「無文字社会」、あるいは自由な時間が十分あるという意味で、「初めの豊かな社会」といわれることも多いようです。

(4) 仮　説

さらに、ひるがえって考えると、ぼくの仮説ですが、スポーツの「楽しむ・戯れる」といった本来の意義から考えると、上記に引用した熊さんたちのじゃれ合いからも推測できるように、人間社会でなくてもスポーツはあると、ぼくは考え

ています。ルールについても、私たちが理解できないだけで、動物たちなりのルールが決められていると考えられます。その意味では、生き物としてスタートしたはるか昔の時点から、スポーツがあったといってもよいと思います。弱肉強食の世界、生物として生きるために必死なのはそのとおりだと思いますが、動物たちに生まれてから死ぬまで「楽しむ」時間が全くなかったと考えるのは、間違いだと思います。

　　(5)　他の時代のスポーツ

　それはともかく、スポーツの歴史については、未開社会のスポーツ以後、「古代のスポーツ」、「前近代のスポーツ」、「近代のスポーツ」、「後近代のスポーツ」または「現代のスポーツ」と続き、それ自体大変面白い分野ですが、ここではこれ以上触れません。関心のある方は巻末の参考資料4の参考図書をお読みください。

3　スポーツと体育

　スポーツと体育は同じでしょうか、違うのでしょうか。違うとすればどのように違うのでしょうか。

　　(1)　スポーツと体育

英語の辞書からこれを考えてみましょう。

　　㋐　スポーツ（sport）（『新英英辞典』研究社）

①　an athletic game or outdoor amusement, such as baseball, golf, tennis, swimming, racing, hunting, fishing, etc

②　amusement

③　fun

④　outdoor exercise or recreation

などとされています。

　楽しみ、面白さ、娯楽、戯れ、気晴らしなどの意味です。

　　㋑　体育（『新和英中辞典』研究社）

①　Physical training（culture）

②　Physical Education（PE）

①は体育そのもの、②は教科としての体育です。

◆コラム◆　体育の先生

　市民スポーツ＆文化研究所代表で日本体育大学の森川貞夫名誉教授は、体罰禁止のため、小学校段階から「スポーツと人権」教育の、さらなる強化が必要であるといわれます。

　そして、その前提として、桜宮高校の自殺事件を含む「体罰教師」には「被害者的側面」があるとして、自身高校体育教師であった経験から、次のような指摘をされています。

　これまで、体育教師は「思想穏健な便利屋」として、学校管理職や教育委員会から扱いやすい存在と見られてきた面があります。それゆえ、生徒の生活指導係など、他の教師がやりたがらない役目を期待されてきた教師も多くいます。他の教科教師や保護者からは内心さげすまれてきました。私も新任のころ、「ああ体操の先生ね。体が丈夫でいいわね」とあからさまにいわれ、水泳授業を真面目にやると、進学主要教科の教師から「泳いで疲れさせませんように。肝心の授業で寝てしまうから」と釘を刺されました。

　こうなると本来の体育授業では評価されず、部活動が生きがいとなります。部活で成績を上げれば、全校生徒の前で校長からお褒めの言葉をいただき、ありがたいと思うおめでたさ。部活に力が入るのも無理からぬ話です。

　こうした事情に加えて、競争主義・成果主義による「運動部優先政策」が学校に導入されれば「勝利至上主義・スポーツ部活第一主義」が入り込むのは目に見えています。これに、無自覚な体育・部活教師、さらには管理職の黙認・奨励、他教師からの軽視・無視が加わり、「体罰」温存体制が完成するのです。

　そして、森川教授は「子どものいのちとからだを守り育てる」体育・スポーツへの深い理解と社会全体の後押しなしには「負の連鎖」は断ち切れない、といわれています。

　正しい立論です。ただ、別の箇所でも述べたとおり、現実に今でも一定の「体罰・暴力」を肯定する見解が多いことを踏まえると、これは到底一朝一夕に叶うものではありません。

　「教育」の本質、「明治以降の日本の教育制度」のあり方、「知育・徳育・体育」の関係、憲法13条の個人の尊重（尊厳）を中核とする「人権」とは、「スポーツの定義」は、「体罰・暴力」とは何かといった、堂々めぐりの議論を、そもそもこれには「数学のような正解はない」のだと承知し覚悟しながら、粘り強く続けていかなければならないのでしょう。

　そして、そのような永続的な議論や実践の積み重ねが、徐々に社会に根を下ろ

し根を張ることによって、スポーツが真の文化として地上に繁栄していくのだと思います。

(2) 体育と学校教育

スポーツの定義についてぼくは、「楽しみをもって、他人と競り合う刺激をもつ、一定のルールによる、心身の運動」（9頁）と考えています。

体育は、わが国では「健全な身体の発達を促し、運動能力や健康で安全な生活を営む能力を育成し、人間性を豊かにすることを目的とする教育。教科の名称でもある」（広辞苑〔第5版〕）とされています。すなわち、教育の「知育・徳育・体育」の1つとしての位置づけです。要するに国語・英語・数学・理科・社会などと同じく、小・中・高での教育の一環として位置づけられています。

スポーツは、欧米から輸入された概念です。時期的には19世紀後半の徳川時代末期から明治初期に、欧米の軍人や商人らとともに入ってきました。特に明治政府になってから、招聘された外国人によって、野球（ベースボール）、陸上競技、競泳、ボート、ラグビー、テニス、サッカー（フットボール）などがどんどん入ってきました。

学制発布は1872（明治5）年で、教育の重要性を意識した明治政府のこの改革は、迅速で立派だったと思います。そして、教育機関、とりわけ、大学・高等師範学校・旧制高校など高等教育機関などの若者を中心にスポーツが浸透し始めました。珍しいものに好奇心を持つのは若者として当然のことで、しかもスポーツは、やってみれば楽しく面白いのですから、どんどんやらせればとも思いますが、明治政府として、「楽しい遊び」をそのまま遊びとして放置することはできませんでした。

それというのも、早急に近代国家を作り上げないと、欧米諸国の帝国主義的侵略に蚕食される可能性も十分あったからです。富国強兵、殖産興業を急がなければなりませんでした。特に富国強兵のためには、天皇の赤子（臣民）として元気な成年男子・壮丁は絶対に必要でした。

そこで、スポーツの本質的部分である、最も大切な「楽しい遊び」部分を棚上げにして、スポーツに国家目標をつけ、体を鍛えるとともに精神の修養を行う道

具としてスポーツを活かそうとしたのです。そして、日本古来の武道的要素も取り入れながら、学校教育の中の「体育」として位置づけようとしたのです。

要するに、政府は教育の重要性は十分認識しており、スポーツを知育・徳育と並ぶ体育の一部として位置づけ、臣民育成の学校教育の一環として学校体育＝スポーツを推進しました。運動会もその頃始まったとされています。

スポーツは、基本が楽しみであり遊びですから、本来好きな時に始め、嫌になったらやめればよいのです。ところが、教育の中の体育となるとそうはいきません。

(3) 学校教育の問題点と体育（スポーツ）の特殊性

この点で、2つのことを指摘しておきます。

1つは、教育全般の問題です。教育は押し込むものではありません。ぼくの理解では、学ぶとは、まねる（真似る）ことを基本としつつ、幼い意見で議論などを闘わせながら、より良い、よりましな結論のために、各自の白いカンバスに、それぞれの色彩を付けていくのです。技術の習得なども、何度も失敗して得る場合の方が本物の技能になるのです。

その間、子ども達は、各自の意識の互換性を前提に、行きつ戻りつ、また時には全く逆の発想などをしながら、徐々に各自の正しいと思う方向、技能の修得などに歩を進めるのです。

そして、教師は教育現場で、子ども達のそれら意見や未熟な議論を聞きながら、また下手な技術を見ながら、ときどき触媒的に自身の意見を述べたりアドバイスや指導を行い、子ども達が自我や意見を形成したり、技能を修得するのを助けるのです。

その意味では、教育は民主主義における寛容性にも連なる、根気のいる大変な仕事なのです。そして、子ども達に上から押し込むというより、子ども達各自の特性を「引き出す」のが教師の役目であり教育の本質だと思います。

ところが、前記のとおり、明治の初期、わが国はそのような悠長な状態ではなかったのです。西欧列強との関係で、子ども達に早く一定の知識や技能などを修得させることが必須でした。そして、元気な青年をつくることも。

そのため、子ども達に、結論的部分を促成的に与える、言葉をきつくいうと、押し込む、詰め込むことが教育とされてきたと思われます。

大日本帝国憲法（明治憲法）で、その条文上「教育」の規定を置かず、天皇の勅令などによる家父長的な制度を採ったことも、それに輪をかけたと思われます。

市民革命不在ともいわれ、一般的に私たち日本人が、発想や行動において、どうしても自発性・自主性に乏しいといわれるのは、教育におけるこのような沿革や時代背景があったと思います。この点、日本語の言語としての特徴（結論が最後に出てくる）も関係するかも知れませんが、ぼくは、それよりもやはり明治以降の教育システムの問題の方が多いと思います。

2つめは、体育（スポーツ）の場面での問題です。

元気な青年の必要性から、教育の中の体育として、スポーツ的なものが授業の体育として採用されたのは間違いありません。そして体育授業は、動物としての基本的属性から、ほとんどの人が好きだったと思われます。

ところが、今述べた教育での一般的背景を前提に、他方体育科目としての特殊性から、上命下服・上意下達の人間関係が他の科目以上に強く、上記傾向が一層進んだと思われます。まして戦時体制の一時期、軍人が学校に来て教練のような形で、特に体育（スポーツ）への介入・指導を行ったのでなおさらです。

日本国憲法に替わり約70年、教育基本法、学校教育法、社会教育法、そして近時のスポーツ基本法などにより、状況はかなり変わったと信じたいところです。

しかしスポーツ指導者などの話を聞くと、わが国では現在でも、教師（指導者）のいうことは素直に聞き、与えられた練習メニューなどはきちんとこなすけれども、自発的・自主的な行為が苦手であったり、自身の意見をはっきりといわないとの傾向が、なお続いているように思います。

そしてその点が、後述する体罰などの温床になっているようにも思います。

(4) 日本のアスリートと国際的リーダー

明るいニュースとして、この2016年10月、国際体操連盟（FIG）の会長に、日本の渡辺守成氏が選ばれました。大変うれしいことですが、たくさんあるオリンピック競技種目のうち、IF組織の会長としては卓球の荻村伊智朗氏以来、実に23年ぶりとのことです。

もちろん、会長になったから偉いと短絡的に考えるのも良くないのですが、日本のアスリート出身者で、国際的リーダーとしてぐいぐい引っ張っていく人材が少ないのは、残念ながら事実です。ぼくには、これもやはり上記日本的教育の結

果のように思えてなりません。

(5) **スポーツの体育化**

　ぼくが講義を担当する大学のアンケートでも、高校まで体育の授業が楽しかったという学生が圧倒的に多いのですが、ごく少数ですが体育が苦手で大嫌いで、仮病など何かと理由をつけて休んだり見学していたという学生もいます。運動会の徒競走だけは、晒し者にされるようで絶対に嫌だったと書き込む学生もいます。

　いずれにしても、欧米では楽しむを本来の意味とするスポーツですが、日本では教育の中に取り込まれたため、違った意味づけ、位置づけが与えられたのです。ぼくは、これを日本における「スポーツの体育化」といっています。この変容の影響や具体的な現れ方については、後に述べる「スポーツにおける法と弁護士の役割」の中の「スポーツ代理人」(149頁)や「アメリカのスポーツ法と日本の契約社会」(241頁)のところでも説明します。

第2章 スポーツと法

I　スポーツにおける法とは何か

1　法（Law）の意義

　法は、社会規範の1つです。法は、社会生活維持のための支配的な規範で、従わざるを得ないものです。すなわち、こうあるべきであると指示され、それに抗うと制裁を受けるものをいいます。

　実は、法律学では、法の意義や法源自体、大変難しい大問題で、それが社会規範の1つであることは間違いないとしても『新法律学辞典〔第三版〕』（有斐閣）で「法」の箇所を引くと、「法は規範か事実か、法と道徳の関係、強制や命令は法の本質的要素か、正義はその本質的要素か、悪法も法かなどをめぐって争いがあり国際法、慣習法、教会法等が法か否かという論争と結びついている。……」などと記載されています。これでは、ほとんど定義が放棄されているといってもおかしくなく、いずれにしても説明自体大変難しいのです。

　ただ、ここでは上記のように簡単に、「規範（こうあるべきだ）として従わざるを得ないもの」としておきます。

◆コラム◆　「汗と涙の法的根拠」、大学でスポーツ法学を説く

平成15（2003）年11月26日、産経新聞大阪本社版夕刊一面［月僧正弥］（要約）
　　投げすぎによる投手の故障の責任は？
　　ドラフト会議は憲法の「職業選択の自由」に反しないのか？

こんなスポーツと法律のさまざまな関係を考えるスポーツ法学をテーマとした講義を龍谷大学（京都市）と関西大学（大阪府吹田市）で、週1回続けている。「根性」、「勝利至上」に偏りがちなスポーツ界を法的観点から見つめ、よりよい発展を目指す。根底は、「スポーツは感動の文化」という熱い思いだ。
〔野球少年のいたずらと責任〕
　少年野球の監督をしています。練習が終わって解散宣言をした直後、子どもたちが悪ふざけをして、小学3年生の少年が、近くに駐車していた自動車の上に飛び乗ってしまいました。そのため、自動車のワイパーが壊れ、車体にも傷が付き、車の所有者から15万円の弁償を求められています。
　この場合、野球の監督である私は責任を負うのでしょうか。責任を負うとしたらどのような責任を負うのでしょうか（巻末の参考資料3の第3章「スポーツ紛争・スポーツ事故」Q10）。
　この実際にあった事例を題材に、学生に質問していく。ここでは、不法行為の要件となる能力を示し、「小学校3～4年生では、自分の行為を判断する責任能力に欠け、監督義務責任者の親が責任を負う」、「現場で注意をせずに見ていたら、解散宣告後でも監督に責任」など、条文をあげながら法的論理を説明した。
　辻口さんは、古田敦也選手（ヤクルト）の契約更改交渉、宮本恒靖選手（ガンバ大阪）の移籍交渉の代理人を務めるなど、多くの選手と交流。講義では、報道された事件の法律論だけでなくスポーツ界の「裏話」も披露する。小久保裕紀選手のダイエーから巨人への無償トレードも話題に。その途端、教室から学生のざわめきが消えた。
　辻口さんは、約10年前、弁護士仲間らと「スポーツ問題研究会」を発足。その後、龍谷大・関大で教鞭をとっている。
　これまで取り上げた事例としては、ドラフト会議、FA（フリーエージェント制）、個人の不祥事による部活での連帯責任、故障・事故の責任など。
　たとえば、ドラフト会議は、同会議を経なければプロ選手になれない＝事業者団体による競争制限行為の可能性（独禁法8条）、自分の望む球団に入れないのは、民法の契約自由の原則や憲法22条の職業選択の自由に反するのではないかなどを学生と話し合う。
　選手の契約や参加資格など、スポーツも法律と密接な関係を持つ。ところが、これまで両者の関係が議論されることはあまりなかった。スポーツを、文化の一種である法律や契約に関連させるのは無意味で邪悪であるという、日本人の遅れた法意識のせいだと分析する。
　実際、契約更改でもめる選手は、「金にきたない」、「スポーツ選手らしくない」などと批判的に語られることも多い。

> だが、辻口さんは、「稼げる時に稼ぐのはプロとして当然」と反発する。そして「スポーツは文化。社会全体に感動を呼び、人々を幸せにする」が持論だ。11月14日の講義では、高校野球「夏の甲子園」の過酷さにも言及。「身体のでき上がったプロの選手でも中4日・5日の登板間隔なのに、高校生を連日登板させ、何百球も投げさせるなんて、医学的に許されるものではない」と批判し、「投手生命を奪われるような悲劇を目の当たりにしながら、具体的な改善策を講じなければ、主催者は安全配慮義務違反として、民事上の不法行為責任を問われる可能性もある」と警告した。

2　スポーツと法

　スポーツ法とは、スポーツに関係する法のことをいいます。ですから、ぼくはある法がスポーツに関係すれば、その関係する限度でその法はスポーツ法だといって良いと思います。

　ここに、『スポーツ六法2014』（信山社）があり、その目次の中で引用されている法律などを、一部ですが順不同でピックアップしてみます。

〔スポーツに関連する法律など〕

・日本国憲法　・スポーツ基本法　・教育基本法　・学校教育法　・社会教育法　・熊本県スポーツ推進審議会条例　・21世紀出雲スポーツのまちづくり条例　・琵琶湖のレジャー利用の適正化に関する条例　・北海道アウトドア活動振興条例　・兵庫県スポーツ賞規則　・苫小牧市スポーツ都市宣言　・国際連合憲章　・オリンピック憲章　・世界人権宣言　・ヨーロッパ・みんなのためのスポーツ憲章　・体育およびスポーツに関する国際憲章（ユネスコ）　・児童（子ども）の権利に関する条約　・IOC倫理規程　・スポーツにおけるドーピングの防止に関する国際規約　・世界ドーピング防止規程　・日本ドーピング防止規程　・文部科学省設置法　・民法　・国家賠償法　・製造物責任法（PL法）　・独立行政法人日本スポーツ振興センター法　・スポーツ振

I　スポーツにおける法とは何か

> 興投票の実施等に関する法律（toto 法）　・私的独占の禁止及び公正取引の確保に関する法律（独占禁止法）　・不正競争防止法　・著作権法　・特許法　・実用新案法　・意匠法　・商標法　・環境基本法　・自然公園法　・都市公園法　・刑法　・競馬法　・自転車競技法　・商法　・体育の日について　・スポーツ立国戦略　・生涯学習の振興のための施策の推進体制等の整備に関する法律　・健康増進法　・食育基本法　・医師法　・児童福祉法　・男女共同参画社会基本法　・障害者基本法　・日本プロフェッショナル野球協約　・プロ野球統一契約書様式　・学校の体育行事等における事故防止について　・サッカー活動中の落雷事故の防止対策についての指針　・日本スポーツ仲裁機構スポーツ仲裁規則　・労働基準法　・建築基準法　・公益社団法人及び公益財団法人の認定等に関する法律　・公益財団法人日本体育協会定款　・公益財団法人日本オリンピック委員会定款　・公益財団法人日本障害者スポーツ協会定款　　等々

　これらはごくごく一部で、また、ここに載っているものがすべて法というわけではなく、単なる宣言もありますが、少なくとも法的関連がある点では、目次に載せられる意義はあるわけです。

3　法の分類と効力

　ところで、法にはいろいろな分類の仕方があります。ここでは、以下の４つに分けて検討します。上記の法律などがどこに該当するかについて考えてください。

(1)　国　法

　国の法としては、効力の強い順に、憲法、法律（民法・刑法など）、政令、省令という法があります。

　国会は国権の最高機関であり、国の唯一の立法機関です（憲法41条）。狭義で法というと国会が制定する法律（憲法59条）を指し、その法律の範囲内、または委任により、内閣が政令を、各省が省令を作ります（憲法73条など）。

　当然ですが、上位の法は下位の法より強く、下位の法は上位の法に違反することはできません。したがって、憲法に抵触する下位法はいずれも憲法違反として

無効です。

また、同じレベルの法同士、たとえば法律と法律では後法優位、後法は前法を廃する（後にできた法が有効）といった原則があります。

憲法とスポーツ基本法、教育関係法規については、スポーツとの関連について、後で詳しく説明します。

(2) 地方自治体の法

地方独自のことは、その地方をよく知っている、そして利害関係のある各自治体にできるだけ委ねる、つまり「住民自治」と「団体自治」という地方自治の精神があります。憲法94条は、その自治体独自の法の制定を認めています。具体的には、地方議会による条例や首長（地方自治体の長）などによる規則の制定が認められますが、これら自治体の自主立法は国の法には劣後し、国の法に違反することはできません。

上記の、熊本県スポーツ推進審議会条例、21世紀出雲スポーツのまちづくり条例、北海道アウトドア活動振興条例、兵庫県スポーツ賞規則などがこれにあたります。狭い日本ではありますが、各地方にはそれぞれの特性もあります。したがって、海洋県であれば水上スポーツの関係で、山岳県であれば登山、また、冬季競技などの関係で特徴のある条例などを制定することもできるはずです。いずれにしても、それぞれが地方の特性に応じ、専門家の知恵も借りながら意見を出し合い、自主的・自律的にスポーツに関する事柄を決めることができ、場合によりまち興しの一助にもなると思います（スポーツ基本法4条参照）。

(3) 条約（国際社会の法）

国と国の間での約束ごとの法として条約があります。そして、国法としての憲法と国際法としての条約、どちらの効力が強いかについて、以前から争いがありますが、

① 条約の締結、承認が憲法の授権によること、
② 条約の締結手続は憲法改正手続に比べてはるかに容易で、改廃の手続の難易により形式的効力の優劣が決められることが多いこと、

などから、憲法の方が条約より効力が強いとされています。

現代国際社会は依然として各国が主権国家として並立して存在しているので、憲法の方が条約より形式的効力が強いのはやむを得ないと思います。

I スポーツにおける法とは何か

　1945年10月に国際連合（国連）ができましたが、憲法の方が条約より効力が上であるこのことは現在でも変わりません。なぜなら、国連も、加盟諸国家の主権平等原則の上に成立しており、主権国家を否定する世界国家ではないからです。
　ただ、国連は、安全保障理事会での常任理事国の拒否権といった変形要素をもちながらも、曲がりなりに多数決原理が採用されており、その限度では国家主権を一定制限しています。また、特定の地域ではありますが、EUなどに見られるボーダーレスの時代が来つつあり、何世紀か後には、たとえば国連憲章が各国の憲法より優位な、すなわち、各国がどうしても守らなければならない規範になると思いますし、ぼくは早くそのような世界（世界連邦）にするため、各国、各自がみんなで努力すべきだと考えています。
　現代は、その世界連邦への長い長い道のりの過程にありますが、そのような中、上記スポーツに関する条約や国際的宣言は、大変理想主義的で、あるべき世界を目指していると考えられますから、個人としても国としてもできるだけ遵守し実現に向けて力を貸したいものです。
　上記に列挙したオリンピック憲章、国際連合憲章、世界人権宣言など以外にも多くのスポーツと関連づけることのできる国際社会の法があります（22頁）。
　そしてそれらが、現実の世界で実際の規範として機能していることは、後述のリオデジャネイロでのドーピング問題に対するロシアの対応からも理解できるところです（137頁）。

　　(4)　その他の法源

　わが国は、従来から国法はもとより地方自治体の法も成文法主義といわれており、例外的に、慣習法・判例法・社会的自治法規・条理などが法源としてあげられています。

　　㋐　慣習法

　慣習法は、実際に繰り返し行われる社会の実践的な慣行を基礎として法的効力を持つ不文法の典型です。
　2006（平成18）年にできた「法の適用に関する通則法」3条では、「公の秩序又は善良の風俗に反しない慣習は、法令の規定により認められたもの又は法令に規定されていない事項に関するものに限り、法律と同一の効力を有する」と規定しています。

慣習法の典型は、商法1条2項の「商慣習」ですが、民法にもその地方の慣習に従うといった規定がいくつもあります。たとえば土地の境界線付近の建物建築の規定などです（民法236条）。

また、法令の規定があっても、当事者が慣習に従う意思があればその慣習に従うとの規定もあります（民法92条）。

これらは要するに、公序良俗すなわち、公の秩序・善良な風俗に違反しない人間の行為については、法として肯定的に考えるということです。つまり、法が人間社会の歴史の中で不断に生成される生き物であることを正面から認めたものです。しかも、公序良俗の内容自体、流動的・浮動的であり歴史的に変化するので、実際の例としてはなかなか複雑な関係になります（たとえば、性風俗のわいせつの判断基準など）。

　(イ)　判　例

判例は、一般には個別の事件において判断された裁判所の結論をいいます。この関係で裁判所法4条は、上級審の判断が、その事件に関してのみ下級審を拘束すると規定しています。ですから、その反対解釈として、一般的に判例の先例的拘束力を認めるものではなく、それがわが国のような成文法主義の立場であって、判例は法源として認められないとの考えもあります。

しかし、最近は成文法主義の国々でも、先例としての判例に従う裁判実務上の慣行はしっかりと根を下ろしており、判例法主義を取る英米法系との間に原理的な差異はなく、程度の相違に過ぎないといわれています。

そして、実際上も、刑事訴訟法・民事訴訟法では、最高裁の判例に反することが上告申立理由・上告受理申立ての理由とされており（民事訴訟法318条など）、先例拘束力が認められているのであり、判例法は裁判官を拘束しているといえます。

　(ウ)　社会的自治法規

私的な社会自治法規として、労働協約、就業規則、定款、普通契約約款などがあります。そして、ぼくはそれらの中に、スポーツにおけるたとえばドーピング防止規程やプロ野球での統一契約なども入れて考えてみようと思います。

まず、労働協約とは、労働条件などに関して労働組合と使用者またはその団体との間で結ばれる団体協約です。

就業規則は、使用者が、その職場における労働者の就業条件などについて定めた規則です。

定款とは、会社などの法人の組織・運営の基本事項を定めたものです。

普通契約約款とは、保険・運送などの営業について、企業があらかじめ大量取引に画一的に適用するために作成する定型的な契約条項のことです。

これらの私的な自治法規については、通常の個別契約の契約の範囲で考慮・検討して解釈すれば十分であるとの立場で、法源性を否定する見解も有力です。

しかし、これらの自治法規は、個人的色彩の強い個別の契約とは異なり、また、一定の関係当事者を一律に拘束する意味で、一般的基準としての性質を持っており、そのことを考慮し、個別の契約という範疇にとどまらず裁判規範としての法源性を肯定すべきだと思います。

　㈤　スポーツ固有法

そして、これらとパラレルに、スポーツ界における競技規則（ルール：rule）やプロ野球の統一契約書も、法源の一種であると思います。なぜ、これを個別の契約や約束ごとにとどめず法源の１つにするかというと、それに基づく拘束性・違反した場合の制裁などが、スポーツ選手ら関係者に対する現実の影響としては上記に述べてきた個別の各法以上に厳しく、スポーツ関係者にとってとうてい無視できるものではない、つまり従わざるを得ないものだからです。

少し具体的にいうと、たとえば選手が、ドーピング違反で２年間の資格停止、その結果、オリンピックに出場できないと競技団体から決定されたとします。そのドーピング行為は、一般的には民事上も刑事上も国の法として違反と判断されることはありません。そして、仮にそれが覚せい剤のような刑事法（刑法）違反の薬物であったとしても、刑事罰として、１回目であれば、ほぼ執行猶予付きの懲役刑です。この事例では、社会一般の処罰観念・制裁の考え方からすれば、たとえ執行猶予付きでも、犯罪としての懲役刑のほうが重いのですが、当事者である選手らにすれば、明らかに出場停止処分の方が重く、拘束性があるのです。

これは、実際に選手の声を聞けば明らかです。

そこで、これらの拘束性あるスポーツルールなどを、スポーツ固有法と説明する学者もいます。

Ⅱ　憲法とスポーツ

　それでは、これから憲法とスポーツの関係に入っていきますが、まず、日本国憲法（参考資料１）について簡単に説明します。その後に日本国憲法におけるスポーツについて説明します。

1　日本国憲法の由来

　徳川幕府の江戸時代を経て、明治政府になり、1889（明治22）年大日本帝国憲法（明治憲法）が制定されました。

　ところが、昭和に入り、経緯については省略しますが、戦争に突入し、1945（昭和20）年８月15日、日本はアジア・太平洋戦争に負けました。

　その反省を踏まえ、大日本帝国憲法を改正する形で、日本国憲法が制定・公布され、1947（昭和22）年５月３日に施行されて現在まで約70年、全く改正されていません。

　憲法は、前記のとおり現代日本社会において、最も強い効力を有する法です。

2　日本国憲法の理念

　憲法の理念は、為政者（権力者）から国民を守る近代憲法の理念、すなわち立憲主義に基づいています。より具体的に日本国憲法の理念は、

① 　国民主権主義
② 　基本的人権尊重主義
③ 　永久平和主義

この３つです。

　国民主権は民主主義に基づく原理であり、統治の方法または形体に関する原理です。

　基本的人権尊重は、自由権・平等権・社会権などとして、原則的には憲法の各条文として規定されています。後で、スポーツ権が基本的人権であることを立証します。

日本国憲法での平和主義について、単なる平和主義ではなく、特に「永久」とつけるのは、明治憲法はもちろん、これまでの諸国の憲法や条約と異なる極めて理想主義的な意義を有するため、そのようにいわれるのです。

以下、この3つの理念について、もう少し説明します。

(1) **国民主権主義（民主主義）**

国の政治のあり方、統治の方法または形体について、最終的に決定する力を持つのは、一般国民であり、君主や貴族のような特殊な身分を有する人ではないとする原理です。

国民主権（民主主義）は、君主主権に対抗する考え方として、近代ヨーロッパの市民革命においてブルジョアジーによって主張されました。日本国憲法でも「日本国民は……ここに主権が国民に存することを宣言し」（前文、1条）、公務員の選定罷免権を国民固有の権利とし（15条）、国民を代表する国会を「国権の最高機関」（41条〜43条）と規定するなどして、これを明らかにしています。

ただ、わが国では、フランスなどと比べ、歴史上きちんとした市民革命が行われなかったため、ややもすると、国民主権意識が希薄で、旧態依然とした、上意下達、長いものには巻かれろ式の人々や意識が目立つことも指摘されています。

その意味も含め、今年（2016年）から選挙権が18歳・19歳の若者にも認められたので、その若者が自らの主権者意識を十分に発揮することができるか、大いに関心と期待が持たれるところです。

(2) **基本的人権尊重主義**

基本的人権は、人間が生まれながらにして有する自然権であるとか天賦の権利であるといわれています。そしてこの権利は、古くは古代ギリシャの思想、そして近代に至って、ホッブス、ロック、ルソーなど西洋の思想家によりその概念が明確化し、1776年のアメリカ独立宣言、1789年のフランス革命での人権宣言に、その具体的な姿を現したとされています。

人権思想は、世界史的にはこれらの流れを発展させながら、さらに第2次世界大戦後、「国連憲章」（1945年）や「世界人権宣言」（1948年）として引き継がれています。

日本国憲法では「第3章　国民の権利及び義務」として規定されています。基本的人権には、大きく分けて「自由権的基本権」と「社会権的基本権」があると

されています。簡単に説明します。

　(ア)　**自由権的基本権**

自由権的基本権としては、

① まず、人身売買など肉体的な奴隷的拘束・苦役からの各自の自由（18条）が認められること、

② 次いで、内心の思想および良心の自由（19条）、信教の自由（20条）が確保されることにより、各自が伸びやかで自由な精神状態を維持・研鑽・確保して自分の考えを持ち、自分の思想を広め布教などもできること、

③ さらに、表現の自由（21条）によって、自由に取材して情報を知り、それを対外的に発信・発表し、自身を磨くとともに、相手方と議論して切磋琢磨し、お互いを高めることで、より良い考え方や社会を目指すこと、

④ しかも、居住・移転、職業選択の自由（22条）により、どこへでも出かけ、出身地や身分などにとらわれず、どこにでも住んで自由に職業を選ぶことができること、

⑤ そして、先入観を持たず何ごとにも関心や疑問を持ち、それを究明するため、学問の自由はこれを保障する（23条）、

と規定されています。

これらが自由権と呼ばれる基本的人権です。

　(イ)　**社会権的基本権**

基本的人権としては(ア)で述べた自由権が基本ですが、それら自由をそのまま野放しにすると、どうしても弱者が虐げられたり放置されがちになります。このような弱肉強食社会は不合理な格差社会であり、人間社会の歴史としては相応しくないというのが、修正資本主義経済社会での福祉国家論です。

① その観点から、みんなが健康で文化的な生活を営むことができるようきちんと社会福祉を行うこと（25条）。

② その前提として、だれもが平等に教育を受ける権利を持ち、自分を発揮できる知識・体力を確保すること（26条）。

③ 勤労することや、実際の働く現場での労働者の団結権、団体交渉権、争議権などを保障すること（27条、28条）。

これらが社会権的基本権と呼ばれる基本的人権です。

(3) 永久平和主義

㋐ アジア・太平洋戦争の敗北

平和主義を語るとき、前提になった敗戦について考える必要があります。

上記で述べたとおり、日本はアジア・太平洋戦争に敗北しました。8月15日は、単なる終戦ではなく敗戦の記念日です。そして、この戦争、ぼくの個人的意見としては、確かにアジアに対しては間違いなく侵略戦争でした。

ただ、対アメリカの関係では、自衛戦争には宣戦布告はいらないとの論理を重ねての奇襲には、狡い面はありますが、帝国主義列強の間での遅れてやってきた後発帝国主義国家日本のもがきとして、中国をはじめとするアジア諸国に対する戦争とは異なる見方をすべきだと思っています。

一方でアメリカが、戦争末期、広島・長崎に原爆を投下したのは、対ソ連戦略の一環であったことは今では常識です。つまり、原爆を投下しなくても勝利できたのに、非情な国際社会のパワーポリティックスの中で、不幸な被爆者が生まれたのです。被爆問題は、このような一言で片付けるべき簡単なことではないのですが、これが現実の冷酷な国際政治です。

それはともかく、戦争に日本は負けました。それは認めざるを得ません。

問題は、敗戦後の日本の進路でした。

㋑ 永久平和主義

戦後新しい日本、新しい憲法を作る中で「国民主権」と「基本的人権尊重」は、その採用について特に問題はありませんでした。天皇制に関しては、国民主権の観点から問題はありましたが、これも当時の対ソ連戦略の観点から、民意の安定なども考慮し、「象徴」天皇制として残すこととし、整合性を図りました。

問題は平和主義でした。もちろん、それまでも各国は、自国を平和国家であると考え自ら戦争しないと宣言していましたし、たとえば国際法でもパリ不戦条約（1928年）などがあり、侵略戦争は禁止されていました。

ただ、平和主義の観点から、侵略のため武力を行使しないことは宣言しても、そもそも軍隊を持たないと宣言した国はありませんでした。それは、国際社会での平和は「正義の支配」ではなく厳然として「力による支配」だからです。力による支配それは、とりもなおさず武器による、軍隊による威嚇・制圧です。

ところが日本国憲法は、軍隊を持たないと宣言したのです。持たなければ使う

ことなどできません。日本国憲法は、この非武装で国家運営を行おうとしたのです。もちろんそれは占領軍アメリカの考えでした。日本がもう2度とアメリカに奇襲などできないように、そのためには軍隊を持たせなければ良いと。

　この軍隊を持たないとの発想は、日本の為政者の一部にもありました。戦争で他国の人民に多大な迷惑をかけただけでなく、何より自身の周りで多くの戦死者、傷病者を出し、また、最後には広島・長崎の被爆という悲惨な状況を経て、もう軍備を持たずに平和国家を目指そうという考えです。

　ちなみに、第2次世界大戦（アジア・太平洋戦争を含む）の軍人・民間人を合わせての死者数は5000万～8000万人（世界の人口の2.5％以上）とされています。

　この軍隊を持たない考えは、憲法前文に表されています。特に「日本国民は、恒久の平和を念願し……平和を愛する諸国民の公正と信義に信頼して、われらの安全と生存を保持しようと決意した」の箇所です。

　では本当に、諸国民の公正と信義に信頼できるのでしょうか。この点冷静に考えれば、残念ながら信頼できるとはいえません。正義よりも邪悪な権力が勝ることの多いのが現実の国際政治です。

　そもそも私たち1人ひとりのことを考えてみましょう。ぼくもあなたも、つまり1人の人間そのものが、良い心ばかり持っているわけではありません。誰もが良い心も持っていますが、邪悪な心も持っています。そして、人間社会がいつもそうであるように、邪悪な考えを実際悪いことに使う人はいます。同じく邪悪な行為を行う国の指導者は過去にもいましたし、現在も、そして今後もいるのです。

　そのような邪悪な不正行為が行われた場合に、これは憲法に記載されていませんが、国連軍が守ってくれるべきだとの世界連邦の考えが念頭にありました。つまり、自分の国（日本）としては軍隊を持たないが、いざというときには、力を持っている国連軍が正義の観点から介入し、守ってくれるとの考え方です。

　これを国内政治における私たちの生活との対比で比喩的に言えば、邪悪な無法者や隣家（某国）によるわが家（日本）への違法行為（侵略行為）に対し、正義の観点から警察官（国連軍）が守ってくれる、との考えなのです。

　このような理念と近未来への想定をもとに、「国として日本は軍隊を持たない」と、あえてこのような理想主義的、世界史における先駆的立場を採ったのが日本国憲法の平和主義なのです。

その意味で、極めて特殊であり「永久あるいは恒久」平和主義といわれるのです。

(4) 憲法の中心13条（個人の尊重）

これまで述べてきた、
① 国民主権主義
② 基本的人権尊重主義
③ 永久平和主義

この3つの主義は、理論的にも歴史的実現の順序においても互いに密接に関連しており、自由権・平等権・社会権そして平和主義は、どれも民主主義の前提であり同時に目標です。

では、これら相まっての憲法の最終的な目的・価値は何でしょうか。それは、人間を個人として尊重すること、個人の尊厳を大切にするとの憲法13条に帰着します。13条は、「すべて国民は、個人として尊重される。生命、自由及び幸福追求に対する国民の権利については、公共の福祉に反しない限り、立法その他の国政の上で、最大の尊重を必要とする」と規定しています。

この憲法13条を頭に入れていただきながら、スポーツと憲法の説明に移ります。

◆コラム◆　戦争での悲しみと憎悪

　これまで人類史での幾多の戦争は、相手方の侵略・挑発によりやむを得ず自衛のために戦ったというものです。いろいろと理屈をつけて「自衛戦争」、「正当防衛」だというのです。そう言わないと正義の良心がうずくからです。ここに後でも述べる、あるべき「正義」の国際社会へ向けての希望の光があるのです。
　アジア・太平洋戦争での日本もそうでした。その結果が、相手国の人民に対してはもちろん、わが国にとっても大変悲惨な結末だったわけです。
　ぼくは団塊の世代（1947年生まれ）ですが、この世代でも、身内・関係者を戦争で亡くさなかった人はほとんどいないでしょう。ぼくは、伯父（母の兄）が海軍で戦死していますし、祖父（父の父）が満蒙開拓団の現地で、複数の子どもを亡くし、家族が悲惨な目に遭い、結果として裸一貫で帰国しました。
　父は長男で満州へ行かず、幸い戦闘の現場に行く前に戦争が終わったため、母との間でぼくや妹・弟が生まれました。いずれにしても、当時戦争で、辛く悲しい涙を流さなかった人は皆無だったでしょう。そして一方、理由はともかく相手

方・敵国への憎悪（鬼畜米英！）も激しかったはずです。

　少し横道に行きました。元に戻ります。

3　明文のない基本的人権（新しい人権）

　日本国憲法の条文に掲げられている基本的人権の内容については、すでに述べました。大きく「自由権」、「社会権」の2つに分けられます。それでは、明文にない基本的人権は認められないのでしょうか。

　多くの憲法学者が、憲法制定時に明文として掲げられていなくても、その後の社会の進展、状況の変化などにより保障が要請される「新しい基本的人権」があると述べています。そして、ある利益を人権として保障していかなければならない状況になったときは、「新しい基本的人権」として、憲法上の保障を受ける場合があると指摘しています。

　もっとも実際には、その権利の歴史性、普遍性、他の権利との関係など種々の要素を考慮して慎重に決定すべきだといわれています。そして具体的には、人格権、プライバシー権、環境権、知る権利、日照権、眺望権、嫌煙権、平和的生存権などが新しい人権として主張されています。

　ただ、そこに「スポーツ権」をあげておられる学者がいないので、ぼくは常々不満に思っていました。

　この点についてもう少し詳しくいうと、芦部信喜先生は、幸福追求権からどのような新しい人権・具体的権利が実際に導き出されるかに関し、最高裁判所が正面から認めたものは、プライバシーの権利としての肖像権ぐらいであるとされたうえ、これら新しい人権については、「明確な基準もなく、裁判所が憲法上の権利として承認することになると、裁判所の主観的な価値判断によって権利が創出されるおそれも出てくる。そこで、憲法上の権利といえるかどうかは、特定の行為が個人の人格的生存に不可欠であることのほか、その行為を社会が伝統的に個人の自律的決定に委ねられたものと考えているか、その行為は多数の国民が行おうと思えば行うことができるか、行っても他人の基本権を侵害するおそれがないかなど、種々の要素を考慮して慎重に決定しなければならない」とされています。

そこで、ぼくなりに改めて「新しい基本的人権」の諸要素を考えると、要するに、現代社会において基本的人権として認められるためには、それらが抽象的ではなく具体的・実質的・現実的に、現代社会そして現代社会に生きる人間にとって必須の必要不可欠なものとして意義づけられるかが基準だと思います。

　もっと理念的にいえば、個人を大切にする現代社会を前提に、憲法13条の根源的価値（個人の尊重・個人の尊厳）に適合するかを指針に考えるべきだと思います。

　そしてぼくは、スポーツ権は、憲法の明文にはない「新しい基本的人権」、「現代社会における人権」として認められる価値が十分ある、これまで新しい人権として主張されてきた権利以上にその資格はあると考えるのです。

4　新しい基本的人権としてのスポーツ権

　今述べたとおり、スポーツ権が「新しい基本的人権」として認められるためには、その前提として、スポーツが現代社会において必要とされる具体的・実質的・現実的な意義がなければなりません。

　ぼくは、現代社会においてスポーツは、不可欠な3つの重要な意義、つまり「個人的」、「国家的」、「国際的」意義を有していると考えます。

(1)　個人的意義

　まず、個人的に、スポーツが楽しい、面白い、元気が出る点で人格的生存に不可欠であるということです。学生にアンケートを取ると、いつの年でもスポーツ好きな学生が圧倒的に多いとわかります。デポルテ、デポルターレの最も重要な部分です。楽しい、面白いし、友人もでき、時間を費すのに最適なのです。これは、一般の人にアンケートを取っても同じでしょう。

　そして、適度なスポーツは健康に良く、楽しく元気に老いることができます。高齢化社会になり、余暇が増え、自身の好きなスポーツに関わろうとする人が多くなっています。逆説的になりますが、元気に老いて元気に死ぬことが理想です。いくら平均寿命が延びても、寝たきりでは、正直楽しくはありません。いわゆる健康寿命を維持するために、老若男女さらに肉体的・精神的ハンデの有無を問わず、好きなスポーツをやりたい人は極めて多いのです。

　ぼくも小さい頃からスポーツは大好きです。今は下手なテニスとダラダラ走るジョギング、運動後のビールがより楽しみとの本音もありますが……。

もちろん、中にはスポーツ嫌いと回答する学生もいます。楽しく自由・自発的にやるのがスポーツですから、強制されてやるものではないのは当然です。だからといってスポーツが基本的人権でないとはいえません。それは、信教の自由（憲法20条）が認められる中、無神論者がいても良いのと同じです。

　そして、スポーツを「する」だけでなく、「観る」こと、「支える」ことの関係でも、個人的に有益であることがわかります（スポーツ基本法参照）。

(2) 国家的意義

　次に、国家的（社会的）意義としては、スポーツが国家あるいは社会にとっても有益であることがあげられます。適度なスポーツ（運動）により健康な人が増えることとも関係しますが、それは、医療費の削減に繋がります。この点については、既に医学的な統計資料も発表されています。

　わが国では2015年の国勢調査で、65歳以上が4分の1を超え超高齢化社会に突入との報告がありました。そんな中、元気で健康な熟年・老人が増えるのは、国家社会としても、一方でボランティア活動に従事してもらえること、次世代への知識・知恵の承継など、社会的財産（人財）としても有益・有効です。

　また、共通の趣味や話題としてのスポーツは、人と人をつなぎ、老若男女を問わず地域社会での交流を充実促進させる利点もあります。その結果、まち興しなど地域の活性化や地域の一体感の醸成にも役立ちます。

　ここで書くことのほどではありませんが、ぼくはタクシーに乗ると、まずタイガースの話をします。大阪では、だいたいそれで目的地に着くまで運転手さんと話が盛り上がり、同じ15分か20分、楽しく過ごせるのです。野球でなくても、スポーツは共通の話題としては、とても良い道具だと思います。

(3) 国際的意義

　この点は、あまり語られていないのですが、ぼくは、このスポーツの持つ国際的意義を強調したいと考えています。結論からいえば「スポーツの平和創造機能」についてです。

　スポーツにとって、この国際的意義が、世界史・人類史の中で大変大切な位置を占めており、ぼくは、今後21世紀の世界の中でますます重要性を増すと確信しています。

　理論的にいうと、これから徐々に武器を放棄していく（べき）国際社会の中で、

にもかかわらず人間の権力欲・闘争本能を満足させる方法として、スポーツは、いわば戦争の代替・補償機能としての意味を持つのです。

その意味で新しい基本的人権としてのスポーツは、憲法の解釈としても、これまでの「武器を放棄する＝受動的平和的生存権」だけでなく、「武器をスポーツ用具に持ち替える＝能動的平和的生存権」を確立するための有力な手段として意義づけられます。すなわち、後で述べる憲法９条の現代的課題とも直結して位置づけられるのです。

この点、もう少し詳しく説明します。

◆コラム◆　〔民族問題その１〕　中国・朝鮮半島と日本

　最近の東アジアですが、暴走する北朝鮮、同胞として複雑な韓国、きちんとチェックしない中国、注目はしているロシア、いらつく日本、気になりながら遠くから眺めるアメリカという構造でしょうか。

　スポーツによる平和創造機能を主張する本書の立場からいうと、それでも地道にスポーツ交流を続けていこうとなります。

　ところで、そもそも中国・朝鮮半島と日本の関係、人の流れや文化の移動ですがどのような位置づけでしょうか。ぼくは、高校まで能登半島で暮らした経験から次の記憶があります。

　毎年のように、能登半島に漂着する難破船や、ハングル文字の入った漂着物のことが地元北國新聞のニュースになっていた記憶があります。ときには密航を企てた人であり、漁船の遭難であり、人が乗っていない船であったりといろいろです。そしてそれは、対馬暖流に乗って自然に壱岐や隠岐、能登半島や佐渡島に来ると推測していたので、東アジアの関係でいうと、古くからわが国には、大陸や朝鮮半島から何でも流れてきて、その象徴がシルクロードの終着点日本という感覚です。その意味で、中国が両親、朝鮮半島が兄姉、そして私たち日本人は弟妹の感覚なんです。逆はないだろうと。

　そんな意識だったので、何回か韓国に行っていますが、たまたま慶州（キョンジュ）や扶余（プヨ）に行って寺院を見た時、「ああ、奈良や京都の寺院の姉や兄があるな」と思いました。

　ぼくは、基本的にそのように思っており、どちらが偉いとか優れているというわけでもありません。また、どの国・地域でも気の合う人、気の合わない人はいますし、また気のよい人、狡い人もどこにでもいます。その意味では、人間みな

> チョボチョボで、民族なんてナンボのもんじゃい、人間みな家族・兄弟の感覚で、中国とも朝鮮半島とも仲良くできるという楽観的な感覚でいます。
> 　そうはいっても、別の所でも書きましたが、最終的には、「正義の観点」から「力により」きちんと国際的な掣肘(せいちゅう)を加える「真の国連軍」は必要だと思いますし、その意味で国際連合をきちんとした組織にしていく努力は必要です。
> 　その努力、これまで日本政府は足りなかったんじゃないですか？

5　戦争の発生原因

4で述べた現代におけるスポーツの国際的意義を語る場合、戦争について説明する必要があります。

なぜ戦争が起こるのでしょうか。ぼくは、戦争発生には大きく分けて2つの要因があると思います。

(1) 外的要因

① 領土（資源）的要因……地下資源、海洋・漁業資源
② 政治的要因……相手方の政治体制を否定し自国の政治体制を押し付ける
③ 経済的要因……階級社会闘争、格差社会
④ 宗教的要因……十字軍、アラブ・イスラエル・パレスチナ問題、カシミール問題
⑤ 人種・民族・言語的要因……部族間闘争、ナチスドイツ、大日本帝国
⑥ その他……歴史的怨恨など

過去、これら外的要因が、実際は複合的にからみ合うことが多いでしょうが、大きな動輪となって、戦争が発生してきました。しかし、ぼくは、外的要因の他に、人間1人ひとりの内心に存在する要因も加わって戦争が起こっていると考えます。

(2) 内的要因

人間には権力欲・闘争本能があり、これは人間を含む動植物としての本能として、避けられない属性です。

ぼくは、この権力欲・闘争本能が、戦争開始、戦争遂行に際し、一方での重要な要素・位置・要因を占めると考えます。

これは本能であり、邪悪とかよこしまなものとして、排除したり片付けることはできません。本能ですから最終的な克服はできないのです。

ここで「権力」とは、「他を条件づける力」のことです。要するに、他を圧倒したい、ねじ伏せ制圧したい、君臨したい、自分の子孫を残したい等々です。そして生き物として、これを払拭すること、皆無にすることは、残念ながらできません。この権力欲・闘争本能は、殺害、とりわけ大量殺害としての戦争においてその最も赤裸々な姿を現すのです。

(3) 戦争の発生

当然私たちの先人は、理性により、また歴史から学んだ経験・教訓などから、この外的要因を減らそうと努力し（条約の締結など）、また、個人としても内的要因である権力欲・闘争本能について、経験や研鑽や宗教的修行などにより、自制し克服・抑制しようと努めてきました。

そして論理的にいえば、これらの外的・内的要因を少しでも減らすことができれば、それだけ戦争が回避される可能性が高くなるはずです。

しかし、実際には、これら外的・内的諸要因が、交差したり重なり合ったりし、場合により相互に誤解・猜疑心・嫉妬心などを挟み、それらが増幅し、時には偶発的事件を契機にして戦争が発生します。

そのプロセスは単純ではありませんが、時の権力者が、多くは危険の外に身を置き、自身の権力欲の満足や保身、また戦争により利益を得る「死の商人」らの後押しなどを受けながら、戦端が開かれるのです。

そして、いったん戦争が開始すると、戦争的ナショナリズムの赴くまま、破滅的結果まで至ってしまうことも多いのです。先のアジア・太平洋戦争を含む第二次世界大戦もそうでした。

そして、今後考えられる地球上の戦争の最悪のシナリオは、核戦争による相互破壊、人類の滅亡です。

6　スポーツの戦争抑止機能（スポーツの平和創造機能）

ぼくは、このうちの内的要因を減らすのに、スポーツが大きな意義を有すると考えるのです。すなわち、権力欲・闘争本能をスポーツによる競争レベルに「昇華」させることにより変形させるのです。端的にいって、「殺すところまで行か

ずに闘争本能を満足させる」のがスポーツです。

　上記のとおり、スポーツは「競争」をその要素とします。競争は、特に格闘技などでは闘争を意味します。スポーツでの勝負の結果はとても大切です。勝負に勝つことは、権力欲・闘争本能を、十分ではありませんが満足させる機能を有します。スポーツ競技において、勝って嬉し涙を流し、負けて悔し涙を流すのは、競技者の権力欲・闘争本能が、勝った方はそれなりに満足し、他方負けた方はそれが破壊されるからです。

　これまで皆さんだれもが、スポーツの勝負での勝ったときの嬉しさ、負けたときの悔しさを経験されたはずです。大きな大会、重要な大会や自分が必死に頑張った試合の後、勝敗いずれにおいても、間違いなく涙を流されたでしょう。また、たかだか学校での運動会やクラス、部活内部の練習試合、あるいは地域で行われた自治会のスポーツ大会、運動会、さらには親善競技大会でさえ、勝ったときの嬉しさ、負けたときの悔しさがあったことを思い出されるでしょう。

　繰り返しますが、スポーツでの勝利は、確かに権力欲・闘争本能の十分な満足ではありません。しかし、ルールを介在させ、ある程度の満足で終わらせノーサイドの結論に導く、それが人類の叡智、文化としてのスポーツなのです。そこにスポーツの良さ、スポーツの持つ「平和創造機能」があるとぼくは思います。

7　スポーツは人を殺さない

　ここで、戦争を考えてみます。戦争にも、戦時国際法というルールはあります。ただ、どれほどきれい事をいっても、戦争は所詮多くを殺戮することが最大の目的で勝利への近道です。完全に抵抗できなくするためには殺すことです。

　しかし、スポーツは、ボクシングやＫ１など最も危険とされる競技でも、人を殺戮することを目的（ルール）にしません。ボクシングでいえば、ノックダウンしたその時点で試合はストップ、勝者が決まります。

　そしてスポーツは、試合終了と同時にノーサイド。勝者が嬉しいのは当然ですが、敗者も負けた悔しさはあるものの、ルールにより力と技を出し尽くした結果を認め勝者を讃えます。その試合は、勝者・敗者を問わず、少し大げさにいえば、それぞれの人生の文化遺産として生涯の財産になります。

　ぼくがスポーツを、戦争と異なり文化であるといい、スポーツ基本法が冒頭で、

「スポーツは世界共通の人類の文化である」と規定するのは、これを意味します。

8 ナショナリズム（Nationalism）

この関連で、政治の世界でよく語られる「ナショナリズム」についても考えておきます。民族主義・国家主義・国粋主義などと訳されるナショナリズムもとても難しく厄介な概念ですが、それは、上記の「権力欲・闘争本能」と通底し、戦争時にそれが最も極大化する代物です。

ぼくは、ナショナリズムについて3つの態様があると考えます。

(1) 本来的ナショナリズム

第1は、「本来的ナショナリズム」というべきナショナリズムです。それは、自分の生まれた国・地域・郷里を愛おしむ心、すなわち、慣習・風習・食事内容・言語・人間関係などを大切にしたいとの自然な感性に基づくものです。これは極めて大切なナショナリズムとして尊重すべきものであり、否定する理由は全くありません。

(2) 戦争的ナショナリズム

その第2は、戦争時に極大化する「戦争的ナショナリズム」です。これは、理性ある人間としては克服すべき（でも容易に克服できない）心情です。後で冷静に考えれば反省すべき邪悪な心情といって良いでしょう。

この戦争的ナショナリズムは、市民や個人というより国政を担う為政者（権力者）が、往々にして利用しようとするイデオロギーです。過去の多くの例はもちろん、現代の国際政治状況を見てもわかるとおり、それぞれの国の為政者が排外主義的見地から、常にこれを利用しています。

それは、内政における国民の不満をそらしたり、権力者の失政を隠蔽するため、また、国民の求心力を一定の方向に持っていくため、これほど好都合なイデオロギーはないからです。私たち市民は、権力者の戦争的ナショナリズムの挑発に乗らないよう、常に最大限注意する必要があります。

(3) 競争的ナショナリズム

そして、この2つのナショナリズムを架橋する第3の概念として、ぼくは「競争的ナショナリズム」を考えるのです。それは、一方で「本来的ナショナリズムを」を大切にしつつ、他方、排外的な「戦争的ナショナリズム」にまで至らない

範疇です。言葉をかえると、スポーツでのノーサイドの思想にたどり着くナショナリズムといって良いでしょう。

　人間の誰もが有する「権力欲・闘争本能」と「ナショナリズム」を、ルール化によるスポーツで、競争的ナショナリズムの限度で満足させること、これが人類文化の地平であるとの考えです。

　ここにスポーツの良さ、歴史的価値があり、「スポーツの平和創造機能」に連なる重要な意義だと思います。

　身近でわかりやすい応援の例でいうと、「ニッポン　チャチャチャ！」の合唱は良いのですが、「ジャパニーズ・オンリー」の横断幕はダメということです。

9　スポーツの憲法上の位置づけ

　以上のとおり、スポーツには極めて有意義な現代的価値のあることが理解できたと思います。そこで、学説は新しい人権としてのスポーツ権を、憲法上次のように位置づけ整理します。

(1)　憲法13条（幸福追求権）

　スポーツ権を日本国憲法の中に位置づけるとすれば、やはりその中心になるのは13条の「幸福追求権」です。それは、スポーツの語源であるラテン語の「デポルト・デポルターレ」が「楽しみ」であることからも十分根拠づけることができるでしょう。個人の尊重を規定する13条の内容の1つとして「スポーツ権」を位置づけることができるのは明らかです。

(2)　憲法21条（表現の自由）、22条（職業選択の自由）

　他方でスポーツ権は、自由権的側面として、従来のスポーツ活動はもちろん、新しい創作的なスポーツ活動（ニュースポーツ）も、表現の自由としての意味を持ちます（21条）。

　それだけでなく、特にプロスポーツ選手にとっては、職業選択の自由とも関係します（22条）。

　このようにスポーツ権は、自由権としての意味がありますから、国や地方公共団体など公権力からの干渉を排除すべき側面もあります。この点、旧スポーツ振興法は、1条2項で「この法律の運用に当たっては、スポーツをすることを強制してはならない」との規定し、自由権的側面をきちんと表現していました。

ところが、スポーツ基本法では、この規定はありません。ただ、それは、スポーツを自由に行えることは当然であり、かつ国家不介入も自明であるからであって、決して国家の統制が可能という意味ではありません。

(3) 憲法25条（生存権）、26条（教育を受ける権利）、27条（勤労する権利）

他方、スポーツ権は、25条「健康で文化的な生活を保障」する中身、社会権的基本的人権として、つまり伸びやかに生き健康に老いてゆく権利としても位置づけられます。

より具体的には、社会権としての教育を受ける権利（26条）の一部としての意味があり、学校教育だけでなく、広く社会生活上においても、国家や地方公共団体がスポーツに対して最大限配慮すべきであることを意味します。この点、教育基本法、学校教育法、社会教育法の箇所を参照してください（46頁）。

また、スポーツ基本法前文第3段落、2条2項、13条にもこれを受けた規定があります。

さらに、勤労する権利の前提としての憲法27条にもその根拠を見つける見解もあります。

(4) 従来の学説

これまで説明した点を、整理して述べますと、スポーツ権は、憲法の条文では、13条、21条、22条、25条、26条、27条などで根拠づけられます。そしてこの考えは、スポーツ権を新しい人権を肯定する立場から正しいと思います。

(5) 憲法前文、9条（永久平和主義）

ただぼくは、それらに加えて、上記に述べた「スポーツの平和創造機能」との関係で、さらに、憲法前文、憲法9条の関係でもスポーツ権を位置づけたいと思うのです。

日本国憲法制定からこれまで、憲法前文や憲法9条は、「武器を持たない・武器を放棄する」趣旨で解釈されてきました。もちろんその解釈は、憲法制定当時の解釈としては正当だったと思いますし、これからも理念的には大いに追求されるべきでしょう。

しかしぼくは他方で、前文、9条を、「武器をスポーツ用具に持ち替える」思想・理念を表示した規定と解釈します。これまでの9条の解釈が「受動的平和

生存権」であるのに対し、ぼくの考えは、闘った後で仲直りできる、もっといえばノーサイドの満足感にひたれる「能動的平和的生存権」といってよいでしょう。

確かに、激しくていやな戦争もいつかは終戦になります。しかし、人を殺し合っての戦争の終わりと、体力・知力を出し切って闘い終わったスポーツの後のノーサイド、この違いをよく考えてください。

戦争で息子や夫を殺されたときの母や妻の悔し涙と、スポーツ競技で負けたときの悔し涙にはあまりに差がありすぎます。前者では必ず恨みが残りますが、後者の涙は将来必ず人生の糧になる涙です。幸い日本では、この70年間、前者の涙を流した人はいません。

スポーツやオリンピックでの「勝つことではなく参加することに意義がある」との言葉は、勝負直後も有効ですが、それだけでなく、むしろ人生を長い目でとらえたときにより輝きを増します。このことは、スポーツ好きであり人生を長く生きた人であればあるほど、よく理解していただけると確信します。

◆コラム◆　スポーツにおける「負けるが価値」、吉田沙保里の涙

　ぼくは、大学の最終講義で、「負けるが価値」という言葉を受講生に贈っています。それは、慰めでも負け惜しみを弁護することでもありません。

　スポーツにおける勝敗が一番わかりやすいので話をするのですが、たとえば、甲子園の夏の高校野球選手権大会です。全国約4000校が出場しますが、第1回戦でその内の半分が負けます。そして順次半分ずつ負けて、最後に残るのが優勝校1校。それ以外の高校はすべて負けるのです。いや、優勝校であってもこれからずっと勝ち続けることはありません。

　では、「負けたら、それは価値がないのですか？」、ぼくはその答を聞きたいと思います。負けて悔しいのは当然です。

　下馬評で有利といわれていて負けた場合はもちろん、互角といわれていた場合、さらに不利だといわれていて負けた場合であっても、負けたらやっぱり悔しいはずです。

　負けて泣くこともあったでしょうし、これからもあるでしょう。でも、間違いなく、負けてわかること、理解できることもあるのです。

　「負けたら価値がないのですか？」、負けて命を取られ、人生それで終わり、即あの世行きの勝負であれば、それも理解できます。

> しかし、そんなことはありません。スポーツで、ルールによる力を尽くしての負け、よいライバルよい仲間、その負けから学ぶことはたくさんあり、何より将来それは財産になります。
> 　リオ・オリンピックで、絶対王者・吉田沙保里が決勝戦で負けて号泣していました。ぼくは、皮肉でも嫌みでも何でもなく、「負けて良かった、これで良い指導者になれる」と思いました。負けた彼女を非難する人は誰もいません。
> 　もちろん、国民栄誉賞受賞者、不敗のまま引退する結論もあったかもしれません。しかし、彼女は負けて具体的に敗者の気持がわかる人間になれました。
> 　そのほうが、これからの人生、彼女によい幸せがめぐってくる、ぼくはそう思うのです。
> 　「負けるが価値」、よい言葉だと思いますがどうでしょうか。
> 　ただ、努力もせずにこの言葉を使われると、ぼくとしては「？？？」となるのですが。

Ⅲ　法律とスポーツ

　スポーツ権が憲法上の権利であるとして、下位法である法律で、スポーツはどのように現れ位置づけられているでしょうか。憲法にスポーツ権の明文がないので、法律でも、2011年に制定されたスポーツ基本法を除いては明確な文言は見当たりません。ただ、スポーツとの関連を法律の条文から推認することは可能で、ここでは以下の3つに分けて考えてみます。

　①　スポーツ基本法
　②　教育関係法規
　③　その他のスポーツ関連法規

1　スポーツ基本法

　東日本大震災の年に制定されたスポーツ基本法は、スポーツ関係の法律では最も大切な法律ですが、これについては、コンメンタール（逐条解説）として、53頁以下に収録しています。

> ◆コラム◆　スポーツ振興法制定の頃、1961年
>
> 　本書では、何度か「1961年、スポーツを冠とする初めての法律ができました」と書いています。この年、スポーツ振興法ができたのはスポーツ法を学ぶまで全く知りませんでしたが、ぼくは、その前年の12月頃、コマーシャルというのは、こんなふうに作るのか、面白いなあと思ったことがありました。
> 　というのは、まだ白黒テレビの頃、「来年はどちらに転んでも良い年ですね」と、お姉さんが1961の数字をひっくり返して、「○○○○○をよろしく」、とにっこり微笑むのです。
> 　確かにそのとおりで、なるほど、こういう閃(ひらめ)きは1つの才能だなと、13歳の年の瀬、妙に納得して感心したのを覚えています。

2　教育関係法規

なぜ、スポーツ関係法規の中に、教育関係法が入るかといえば、スポーツの歴史でも説明しましたが、日本では、「楽しい」、「面白い」、「ひまつぶし」の本来のスポーツが、学校体育を中心に発展してきたからです。

ぼくはこれを、日本における「スポーツの体育化」と説明しています。

(1)　教育基本法

(ア)　教育基本法の位置づけ

この法律は、文字どおり教育の「基本法」で、日本国憲法26条の教育を受ける権利の精神を受け、民主主義社会における教育の重要性の観点から、1947（昭和22）年にわずか11条の条文として制定されたものです。戦後民主主義社会における教育の目的、方針などを定めていました。

ただし、教育基本法は2006年に全面的に改正され、条文も18条に増やされました。この改正については賛否あります。新法が前文に「公共の精神を貴び」、「伝統を承継し」との文言を入れたことに象徴されるように、個人への縛りを意識させたり、内向き姿勢を強調しており、ぼく個人としては改正前の方が良かったと思っています。

しかし、「世界の平和と人類の福祉の向上に貢献」、「個人の尊厳を重んじ」な

どは、きちんと明文で残っているので、旧法がそれほど変質したとは考えていません。改正後の文言にある「伝統承継」の文言も、ワールドワイドの国際人に育つために、生まれた日本の伝統もきちんと理解し、良いところは承継し、場合により国際的に広めることも大切である（本来的ナショナリズム）、との意味だと理解しましょう。決して偏狭なナショナリズムによる排外主義につなげてはいけません。

　(イ)　体育（スポーツ）

　教育には、「知育」、「徳育」、「体育」の3要素があります。そして、体育の関係では、まさしくスポーツが関係しています。体育とは「健全な身体の発達を促し、運動能力や健康で安全な生活を営む能力を育成し、人間性を豊かにすることを目的とする教育」（広辞苑）です。決して、単純に体を鍛えるだけの意味ではありません。ぼくは、スポーツの定義を「楽しみをもって、他人と競り合う刺激をもつ、一定のルールによる、心身の運動」と考えています。

　体育とスポーツの違いについては、14頁を読んでいただきたいですが、両者は重なり合いながら、人間性を豊かにする要素は共通しています。

　(ウ)　心身の健康

　教育基本法は、1条（教育の目的）として、「教育は、人格の完成を目指し、平和で民主的な国家及び社会の形成者として必要な資質を備えた『心身』ともに健康な国民の育成を期して行わなければならない」と規定しています。

　ここでの「心身」の用語は、上記で述べたぼくのスポーツの定義での「心身」と同じ意味です。この共通性から考えれば、教育基本法が、体育、すなわち、日本的スポーツについても視野に入れた法律であることが理解できます。

　2条の「教育の目標」の箇所でも、「個人の価値を尊重」し「その能力を伸ばし」、「創造性を培い」、「自主・自律の精神を養う」、「自他の敬愛と協力」、「生命を尊び、自然を大切にし、環境保全に寄与する」、「伝統と文化の尊重」、そして「国際社会の平和と発展に寄与」などの規定があり、スポーツとの親近さは明らかです。

　すなわち、スポーツと教育は、目的において共通し、効果、結果においても、十分意義が認められる文化的制度であると理解できます。

　(エ)　文化としての教育・スポーツ

もう少し別の角度から考えると、教育基本法では、前文の「民主的で文化的な国家」、「新しい文化の創造」、2条5項の「伝統と文化を尊重し」と、3箇所で「文化」という言葉を使っています。

これは、スポーツ基本法の前文が、「スポーツは、世界共通の人類の文化である」で始まり、続けて「心身ともに健康で文化的な生活を営む」と続く表現とも調和し、〔教育→体育→スポーツ→文化〕の流れで説明でき、教育基本法とスポーツ基本法が、相互に支え合っていると見ることもできます。

(オ) 国と地方公共団体

もう1つ注意していただきたいのは、教育基本法にもスポーツ基本法にも、それを担ったり運営などするのは、国だけでなく地方公共団体でもあると、何度も述べられている点です。

この、地方公共団体を国と並べて強調している意味は、教育やスポーツが身近な日常生活に根を張って考えられたり行動すべき事柄だからです。したがって、教育についてもスポーツについても、国が地方公共団体に指図したり命令するのではなく、国と地方公共団体が相まって、その充実化への責任を担っているといえます。

(カ) 世界平和と教育・スポーツ

そして最後に、教育基本法で「平和」という言葉が、前文「世界の平和と人類の福祉の向上に貢献」、1条「平和で民主的な国家及び社会の形成者」、2条5項「国際社会の平和と発展に寄与する態度を養う」と、3箇所も使われていることも重要です。

これは、教育の中の体育（スポーツ）だけではなく、知育、徳育の問題としても論じられているのですが、ぼくの理解では、スポーツのもつ「平和創造機能」とも通底しリンクしています。すなわち、スポーツ基本法の、さらにいえば憲法の永久平和主義に繋がる思想として一貫していると考えられます。

(2) 学校教育法

(ア) 学校教育と教育を受ける権利

学校教育法も、憲法26条の教育を受ける権利の趣旨を受けて1947（昭和22）年に制定されたものです。ただ、教育基本法の全面改正を受け、学校教育法も大きな改正がありました。

この法律では、学校の範囲を定めるとともに、それぞれの学校の目的などを定めています。

　(イ)　1条校

　学校教育法は、1条で学校の範囲を定めています。これを1条校といいます。具体的には、「幼稚園」、「小学校」、「中学校」、「高等学校」、「中等教育学校」、「特別支援学校」、「大学」、「高等専門学校」です。

　この1条校に該当するか否かで、たとえば外国人でも国体（国民体育大会）に参加できるかなどの関係で差別の問題が生じます（「スポーツと平等について」160頁）。

　(ウ)　学校の目的と心身の発達

　では、学校教育法はスポーツとどのように関わっているのでしょうか。それは、1条校とされる各学校の冒頭の条文にヒントがあります。たとえば29条です。ここでは「小学校の目的」として、「小学校は、心身の発達に応じて、義務教育として行われる普通教育のうち基礎的なものを施すことを目的とする」とされています。すなわち、この心身の発達という文言の中に、体育（スポーツ）のことが掲げられ前提とされているのです。

　スポーツの定義として「楽しみをもって、他人と競り合う刺激をもつ、一定のルールによる、心身の運動」と説明しました。その関係でいうと、心身を発達させることは、とりもなおさず「心身の運動」との関係で、小学生の学生としての発達が促され成長することを意味します。つまり心身を、教育の中の体育（スポーツ）を通じて高めていこうとするものです。

　その意味で、同様に、幼稚園、中学校、高等学校、中等教育学校にも「心身の発達」文言がみられます（22条、45条、50条、63条）。したがって、その時々の年齢や条件、環境などの中で、体育（スポーツ）を位置づけ、学校教育を通じて人格的発展に資するような対応が求められます。

　1条校の中では、特別支援学校、大学、高等専門学校の章には、「心身の発達」文言は記載されていませんが、幼・小・中・高に準ずる教育の要請などとして、それぞれ教育という文言があり、教育の一環として体育（スポーツ）についても配慮がなされていると考えます（72条、83条、115条）。

(3) 社会教育法

㋐ 社会教育とは

教育基本法12条では、「公民館、学校の施設の利用などにより『社会教育』の振興に努めなければならない」と規定しています。

そして、それを受け社会教育法が1949（昭和24）年に制定されました。

そもそも社会教育とは、「学校の教育過程として行われる教育活動を除き、主として青少年及び成人に対して行われる組織的な教育活動（体育・レクリエーション活動を含む）」のことです（同法2条）。

同法1条では、「この法律は、『教育基本法』の精神に則り、社会教育に関する国及び地方公共団体の任務を明らかにすることを目的とする」とされています。つまり学校教育は、年齢的、また時間的にも地域的にも限られますが、社会教育は、それ以外の時間、場所において実践され、教育基本法の精神を、長くそして実質的に幅広く実現すべきだという趣旨です。

㋑ 社会教育とスポーツ

平均寿命が延び余暇が増大する現代社会において、教育、そしてその一環としての「スポーツ（体育）」の重要性は、増えることはあっても減ることはありません。

一般に私たち日本人は、学校などの制度があると、それに従うというか寄りかかって行動し、しかも円滑に行動できるのですが、学校を卒業し解き放たれると、自発的にといっても、実際上はなかなか教育の機会に恵まれないのが現実です。

個人主義が十分浸透していないとされる私たち日本人を、冷静に外から観察すると特にそう見えると指摘する外国人もいます。その意味で、自発性、自立性を促す活動とは別に、公的サポートの下、社会教育の機会が与えられるのは大切なことです。

㋒ スポーツ活動の自由

社会教育としての実際上のスポーツ活動は、公民館、学校などの公的施設などを利用して行われることが多いと思われます（同法20条）。

そして、公民館などでの活動では、「特定の政党」、「宗教」活動については制約がありますが、スポーツ活動についてはそのような問題はありません。ですから、大いに公的施設を利用させてもらいましょう。ただ、それが、もっぱら営利

を目的とした事業になると許されないので、その点注意してください（23条）。

　(エ)　社会教育におけるスポーツと費用

　社会教育の1つとしてスポーツをする場合においても、やはり費用はかかります。この場合、ぼくは2つの点を意識してほしいと思います。

　1つは、自分で払うお金の問題です。私たちは学校での「公教育（体育）＝無償」を受けてきたので、スポーツ（体育）には、お金がかからないと考えがちです。しかし、元々スポーツは「楽しいこと」です。したがって、楽しい・面白いことをするのに、一定のお金がかかるのは当然だと自覚しましょう。

　2つめは、財政の逼迫を理由に、国や地方公共団体から社会教育関係への補助金などが、極めて限られている点です。有限である財政からすれば、ある意味やむを得ませんが、社会教育の重要性の観点から、様々なチャンネルを通じて予算化・施設利用の実質化などを要求していくことが大切です。

　そして実際の補助金については、行政が民間の社会教育関係団体への活動を統制しないとのルールがありますので、そのことも意識しておきましょう（同法12条。Support but No Control：お金は出しても口出ししない）。

　(オ)　生涯教育・生涯学習

　社会教育と似た言葉に「生涯教育」、「生涯学習」がありますが、これは、「学校教育」、「社会教育」も含む、より包括的な教育・学習活動のことです。教育、学習という表現からは、一般にはどうしても体育以外のことに目が向きがちですが、当然、その中には体育（スポーツ）も含まれます。

3　その他のスポーツ関連法規

　その他のスポーツ関連法規としては、「スポーツと法」（22頁）のところに一部ですが、かなりたくさん例示・列挙しました。

　スポーツ法とは、スポーツに関係する法のことをいいますが、ある法がスポーツに関係すれば、その関係する限度でその法はスポーツ法だといって良いのです。特によく例に出されるものとしては、以下のとおりです。

　①　民　法

　　私法の一般法です。スポーツの関係では、債権発生原因としての、事故などの不法行為（709条以下）や契約法関係、特に労務供給契約（623条以下、雇

用・請負・委任）が問題になります。また、これまで代理問題（99条以下）が話題になったことがあります。

　なお、民法の解釈基準としても、「個人の尊厳と両性の本質的平等を旨として解釈しなければならない」（2条）とされている点に注意して下さい。

　民法不法行為の特別法としての国家賠償法や製造物責任法（PL法：Product Liability）、労働三法（労働基準法・労働組合法・労働関係調整法）なども関係します。

② 独立行政法人日本スポーツ振興センター法

　スポーツ振興と、学校での事故（災害）の際に利用される災害共済給付制度、医療費と死亡・障害見舞金の給付などについて規定しています。

③ スポーツ振興投票の実施等に関する法律（toto法）

　いわゆる、サッカーくじの法律です。スポーツの振興のために必要な資金を得るため、勝敗予想のクジを販売します。ただし、この法律・制度について、ぼくは批判的で、スポーツ振興は、国や地方自治体の正規の予算として確保するのが筋です（220頁参照）。

④ 私的独占の禁止及び公正取引の確保に関する法律（独禁法）

　経済憲法といわれ、自由主義経済を維持・発展させるため、私的な独占を禁止する法律です（256頁参照）。

⑤ 不正競争防止法

　自由な競争は現代日本社会での基本ですが、不正な競争は許されず、業者間の公正な競争を確保するための法律です（257頁参照）。

⑥ 知的財産諸法（著作権法・特許法・実用新案法・意匠法・商標法など）

　動産、不動産のような有体物ではなく、情報など無体物を客体とする財産権であり、スポーツビジネスの世界で、現在花形的地位にある法律群です。ただし、スポーツの振興と背馳する可能性もあり、要注意です（263頁参照）。

⑦ 環境基本法

　環境の保全により、現在および将来の国民の、健康で文化的な生活の確保に寄与するとともに、人類の福祉に貢献することが、この法律の目的です。

　自然に対する畏敬の念を持つべきとの視点は、過去の札幌（1972年）・長野（1998年）の冬季オリンピックでの自然（環境）破壊の反省からもいえます。

つまり、スポーツを振興・推進する際にも環境に配慮すべきであり、これは、2020年の東京オリンピック・パラリンピックでも考えなければなりません。

⑧　自然公園法

国立公園、国定公園、都道府県立自然公園などについて定める法律ですが、国民の保健、休養および休暇に資するよう、そして生物の多様性の確保に寄与することを目的としています。⑦と同じく、私たちが自然に生かされていることの自覚が必要です。

⑨　刑　　法

スポーツを行う際の身体接触などは、たとえば、ルールに基づくボクシングのように基本的に正当行為（35条）として違法性が阻却されます。ただし、不適切な指導（体罰など）による暴行罪（208条）、傷害罪・傷害致死罪（204条、205条）、業務上過失致死傷罪（211条）などが問題になります。また、セクハラと関連しての強制わいせつ罪や強姦罪（176条、177条）、賭博罪（185条以下）なども要注意です。

⑩　男女共同参画社会基本法

憲法14条から派生し、スポーツ社会の中でも男女の平等が求められており、今後、人権意識の向上、国際化の中で一層重要性を増すと思われます。

等々の法律があり、スポーツでのそれぞれの具体的事例の中で、その適用や限界などがさまざまに論じられることになります。スポーツに関係する法規集としては、『スポーツ六法』（信山社）を参照してください。

Ⅳ　スポーツ基本法の逐条解説

1　はじめに——スポーツ基本法の制定

2011年3月11日は、東日本大震災・福島原発事故が発生し長く歴史に残ることでしょうが、スポーツ界においてもこの年は、「スポーツ基本法」が制定された年として記憶されます。

この法律は、突然にではなく、関係者の努力により何年もかけてできたものですが、改めて考えると、国民を元気づけるのに最適な年に成立した法律として歴史上の意味があります。

　実際スポーツ界では、東日本大震災直後、困難を克服して開催された春の選抜高校野球大会での高校球児による選手宣誓、プロ野球東北楽天ゴールデンイーグルス・嶋基宏選手会長の「見せましょう、野球の底力を」との力強く感動的なメッセージ、そしてサッカー「なでしこジャパン」のFIFA女子ワールドカップ優勝での感動などがありました。

　これらはいずれも、スポーツには人を勇気づけ元気にさせる普遍的な力があることを、改めて私たちに教えてくれました。

　そして、スポーツの感動は、本書執筆中に繰り広げられた、2016リオデジャネイロ・オリンピック・パラリンピックでも、多くのみなさんが味わわれたと思います。

　なぜスポーツが、これほど感動を呼び、人々に勇気と元気を与えてくれるでしょうか。

　ぼくは上記で述べた生物としての「生きる」に繋がる「権力欲・闘争本能」に根拠があると思っていますが、この感動・勇気・元気の原動力となるスポーツを、法的に支えるのが「スポーツ基本法」です。

　その意味でぼくは、やはり、2011年が「悲惨な大震災・原発事故」と「元気の出るスポーツ基本法」の年として記録され、記憶されると確信します。

　なお、スポーツ基本法は、形式的にはスポーツ振興法を全面的に改正し、今後の日本のスポーツのあり方を定めた法律で、衆参両議院とも全会一致でした。詳細については以下に解説しますが、スポーツ権を基本的人権として位置づけ、新たに障がい者スポーツやプロスポーツが対象に含まれたなどの特徴があります。

　そして、何よりも本書との関係でいえば、「スポーツの平和創造機能」について言及している点に注目したいと思います。

2　スポーツ基本法の構造

　この法律は、前文があり、条文が35条、附則と、以下の全体構造になっています。

> ・前文
> 　第1章　総則
> 　第2章　スポーツ基本計画等
> 　第3章　基本的施策
> 　　第1節　スポーツの推進のための基礎的条件の整備等
> 　　第2節　多様なスポーツの機会の確保のための環境の整備
> 　　第3節　競技水準の向上等
> 　第4章　スポーツの推進に係る体制の整備
> 　第5章　国の補助等
> ・附則

　スポーツ基本法は、「スポーツと法」の文字どおり基本になる法律なので、本書では前文を含め全条文を、一部読みやすく直していますが、できるだけそのまま引用し、各条文ごとに、注意すべき点をいくつか注釈します。

　法律の条文としては特に難しいわけではありませんが、条文の趣旨や背景・経緯など、ぼくが気づいた点を簡単にコメントしました。

　今後この「スポーツ基本法」を活かす形でいろんな法律や条例などが制定されますし、また、私たち自身提案していく必要もあるので、十分読み込んで自分のものにして活用しましょう。まずは、気になる条文だけ読んでください。

　なお、正式な条文は本書の巻末の参考資料2に掲載しています。

3　逐条解説

> ・前文
> （第1段落）　　スポーツは、世界共通の人類の文化である。
> （第2段落）　　スポーツは、心身の健全な発達、健康及び体力の保持増進、精神的な充足感の獲得、自律心その他の精神の涵養等のために個人又は集団で行われる運動競技その他の身体活動であり、今日、国民が生涯にわたり心身ともに健康で文化的な生活を営む上で不可欠のものとなって

いる。スポーツを通じて幸福で豊かな生活を営むことは、全ての人々の権利であり、全ての国民がその自発性の下に、各々の関心、適性等に応じて、安全かつ公正な環境の下で日常的にスポーツに親しみ、スポーツを楽しみ、又はスポーツを支える活動に参画することのできる機会が確保されなければならない。

（第3段落）　スポーツは、次代を担う青少年の体力を向上させるとともに、他者を尊重しこれと協同する精神、公正さと規律を尊ぶ態度や克己心を培い、実践的な思考力や判断力を育む等人格の形成に大きな影響を及ぼすものである。

（第4段落）　また、スポーツは、人と人との交流及び地域と地域との交流を促進し、地域の一体感や活力を醸成するものであり、人間関係の希薄化等の問題を抱える地域社会の再生に寄与するものである。さらに、スポーツは、心身の健康の保持増進にも重要な役割を果たすものであり、健康で活力に満ちた長寿社会の実現に不可欠である。

（第5段落）　スポーツ選手の不断の努力は、人間の可能性の極限を追求する有意義な営みであり、こうした努力に基づく国際競技大会における日本人選手の活躍は、国民に誇りと喜び、夢と感動を与え、国民のスポーツへの関心を高めるものである。

　これらを通じて、スポーツは、我が国社会に活力を生み出し、国民経済の発展に広く寄与するものである。また、スポーツの国際的な交流や貢献が、国際相互理解を促進し、国際平和に大きく貢献するなど、スポーツは、我が国の国際的地位の向上にも極めて重要な役割を果たすものである。

（第6段落）　そして、地域におけるスポーツを推進する中から優れたスポーツ選手が育まれ、そのスポーツ選手が地域におけるスポーツの推進に寄与することは、スポーツに係る多様な主体の連携と協働による我が国のスポーツの発展を支える好循環をもたらすものである。

（第7段落）　このような国民生活における多面にわたるスポーツの果たす役割の重要性に鑑み、スポーツ立国を実現することは、21世紀の我が国

> の発展のために不可欠な重要課題である。
> (第8段落)　　ここに、スポーツ立国の実現を目指し、国家戦略として、スポーツに関する施策を総合的かつ計画的に推進するため、この法律を制定する。

【注釈】

前文は、基本法のさらに基本で、8段落に分かれています。たまたまですが、2条の基本理念も、8項から成り立っています。

(第1段落)

「スポーツは、世界共通の人類の文化である」。前文のこの文言で、スポーツ基本法はスタートしています。

ここでスポーツを、世界共通の人類文化としているのは、スポーツが人類の普遍的価値をもつ基本的人権であるという意味です。ぼくは「文化とは、人類が作ったものでこれからも残すべきもの」と価値関係的に考えています。本書との関係でいうと、「スポーツ」は文化ですが「戦争」は文化ではありません。

「スポーツ」という文言については、オリンピック憲章、ヨーロッパ・みんなのためのスポーツ憲章、体育およびスポーツに関する国際憲章など、国際的な憲章では唱われていますが、国際連合憲章や世界人権宣言などでは、文言としては見当たりません。

しかし、日本国憲法で、前記のとおり文言がなくてもスポーツが新しい人権であると認められることとパラレルに考えれば、スポーツは、国際連合憲章や世界人権宣言、また世界人権規約（Ⓐ社会権規約、Ⓑ自由権規約）においても当然内包されている基本的人権の1つであると思います。

そして、日本国憲法の下、スポーツ基本法で「スポーツが基本的人権」であることを確認した今、私たちとしては、声を大にして、スポーツを世界に普及させる国際的な責務があると考えます。

(第2段落)

⑴　スポーツについて、「スポーツは、心身の健全な発達、健康及び体力の保持増進、精神的な充足感の獲得、自律心その他の精神の涵養などのために、個人ま

たは集団で行われる運動競技その他の身体活動」であると説明しています。しかしこれは、機能面からの説明でありスポーツの定義ではありません。

　ちなみに、スポーツ基本法の前身であるスポーツ振興法は、2条で「この法律でスポーツとは運動競技及び身体運動（キャンプ活動その他の野外活動を含む）であって、心身の健全な発達を図るためにされるものをいう」と定義規定をおいていました。以下スポーツ振興法を「旧振興法」といいます。

(2)　「生涯にわたり、心身ともに健康で文化的な生活を営む」というのは、スポーツが、特定の年代だけでなく生涯にわたり重要なものであること、古い言葉でいえば「ゆりかごから墓場まで」認められる権利であるということです。つまりスポーツ権が、憲法25条の生存権、「健康で文化的な生活」と直結していることを意味しています。先に述べた、健康に老いていくことを国および地方公共団体が法的にサポートしようとの意味があるのです。

(3)　「スポーツを通じて幸福で豊かな生活を営むことは、全ての人々の権利である」との表現については、憲法13条の幸福追求権の1つとして、「新しい基本的人権＝スポーツ権」を実定法上初めて文言として肯定したものです。

　もっとも、この段落での規定の仕方については、スポーツはそれ自体楽しむものであるのに、スポーツを手段的に考えているとして、批判的にとらえる考えもあります。

(4)　「全ての国民がその自発性の下に」と規定されているのは、スポーツが強制されてやるものではなく、自発性・自主性に基づくことを意味しており、スポーツの自由権的規定として大変重要な点です。楽しむことを本義とするスポーツの本質からすれば当然のことです。

　この点、旧振興法1条2項で「スポーツをすることを強制してはならない」と規定されていたことが参考になり、同じ趣旨です。

(5)　「安全」についても、前文で規定しました。スポーツには危険がつきものであり、危険を伴う行為があるものだけをスポーツだとする見解もあります。いずれにしても、事故などによる死傷はできるだけ避けなければならず、スポーツ法で最も大切な事故防止への願いを鮮明にしています。

　スポーツ事故は、そもそもスポーツ法発生の源であり、現在に至るまで不法行為などとして多くの判例の集積があり、これからも事故そのものを起こさない工

夫・努力、万一不幸にして事故が起こった場合の損害の合理的公平な分担など、研究すべき課題が山積しています。

なお、「安全」文言は、本文中の2条、5条、12条、14条、21条でも出てきますが、スポーツにおける安全は、それだけ重要な位置を占めているということです。

また、「安全」は、実際のスポーツの中で、最も基本的で重要な点ですので、参考資料3の個別事例でも多く触れられています。

(6)　「公正」とは、スポーツにおいてはフェア（fair）さが大切であることを意味しています。ルール自体が公正・合理的でなければならないのはもちろん、審判員の構成、競技の進行や判定、代表選手の選考過程、ドーピング問題など、また、団体・組織の運営でのコンプライアンスやガバナンスを含む内容といえます。

これらは、それぞれ、個別の箇所で議論します。

(7)　「スポーツに親しみ、スポーツを楽しみ、スポーツを支える」との表現は、スポーツ権には、「する」、「観る」、「支える」の要素があり、それぞれ相まってスポーツの意義が発揮されるとの意味です。

つまり、することが一番楽しく中心でしょうが（アスリート・ファースト）、観て応援したり、裏方で支えたりする中で、楽しむことや感動すること、また満足感を得ることができるのもスポーツです。人生の糧となるスポーツの奥深く多面的な側面が、いろいろあるのです。

2020年の東京・オリンピック・パラリンピックに「する」形で参加できるのはごく一部のアスリートですが、「観る」、「支える」それぞれの立場で大いに参加し、スポーツ人生を満喫したいと思います。

(第3段落)

(1)　スポーツが、特に次代を担う青少年にとって大切であることを宣言しています。青少年とスポーツについては、2条の基本理念2項でもその重要性を強調していますので、そこを参照してください。

(2)　スポーツが「青少年の体力を向上させる」とともに、「人格の形成」に大きな影響を及ぼすとの文言は、スポーツがそれ自体の楽しみを基本としつつ、最終的に「人間力」を養成する大切な人生の道具、もっといえば「人生の武器」になることを意味しています。

これは、競技などでのその時々の即物的・即効性のある喜びや結果だけでなく、

スポーツを、人生の長い目で見た場合に理解できる、大変意義のある奥深い言葉だと思います。

(第4段落)

⑴　また、「スポーツは、人と人との交流及び地域と地域との交流を促進し」から始まる項目は、各自が生活する身近な地域社会の充実・再生にスポーツが寄与できること、地方分権の精神に資することを意味します。

　この規定の趣旨は、憲法92条以下の地方自治の規定とも合致し、現在過疎化などで疲弊している地方の再生にもスポーツがヒントになるはずです。ただ、国としては、単に地方に任せきるのではなく、スポーツ立国の観点から、資金的あるいは人的な協力も惜しんではいけません。この点、「地域スポーツと法」の項を参照してください（235頁）。

⑵　この段落では、スポーツが「健康で活力に満ちた長寿社会に不可欠」であると述べています。これは、スポーツが「健康に老いるため」に不可欠であること、つまり、単に長く生きる意味での長寿ではなく「健康長寿」の社会にするためにもスポーツが必須であるとの意味です。

　そのためには、医学的、生物学的見地からのさまざまな研究、またガイドラインや研修制度などを策定して実践し、遂行する必要があります。

(第5段落)

⑴　「スポーツ選手の不断の努力が、人間の可能性の極限を追求する有意義な営みである」との文言は、一般の社会生活にも通じる多分に啓発的な言葉です。

　これは、特にトップ選手の、たゆまぬ努力とその結果が、また、工夫と精進により自己の能力を最大限引き出そうとするそのプロセスが、スポーツ選手への敬意（リスペクト）と、観る人に感動を与えることを意味します。

　つまり、劇画やフィクションの世界ではなく、生身の人間による、失敗も含めた営為が、人をスポーツに引き付けるのです。

⑵　国際競技大会における日本人選手の活躍が、国民に誇りと喜び、夢と感動を与えるというのは、「観る人」、「支える人」にとってのスポーツの楽しさと、すでに説明したナショナリズムの中の「競争的ナショナリズム」を評価することを意味します（41頁）。この点も、リオのオリンピック・パラリンピックで、皆さん感じられたことと思います。

⑶　これらを通じ、結果としてスポーツが、わが国の社会に活力を生み、国民経済の発展にも広く寄与するとしています。この点、たとえばオリンピックやワールドカップなどの国際大会誘致が経済の発展に繋がるなどとして、スポーツを推奨する人もいますが、これは方法論的に誤った考え方です（コラム「大阪オリンピックと国際平和主義」284頁）。

⑷　また、スポーツの国際的交流や貢献が、国際相互理解を促進し、「国際平和」に大きく貢献するというのは、「スポーツの平和創造機能」について述べているのです。そして、それがわが国の国際的地位の向上にも、極めて重要な役割を果たすというのです。

　すなわち、積極的なスポーツの国際交流や貢献を行えば、おのずと国際的な相互理解が促進され、結果として世界の平和に役立つのです。それは現代社会におけるスポーツの国際的意義なのです（268頁など）。

　その意味でぼくは、スポーツ問題を、単に個人や地域、国内だけの問題としてとらえるだけでなく、世界の中の日本を意識したスポーツの位置づけ、もっというと、ワールドワイドの歴史認識を幼い頃からしっかりと持つこと、教育の中でも不断に啓発していくことが大切だと思います。

　ちなみに、あまり知られていませんが、現在の困難な国際政治状況の中でも、関係者の努力で日韓、日中などの民間スポーツ交流は継続して行われています。

（第６段落）

⑴　地域から生まれた優れたスポーツ選手が、その地域のスポーツ推進に寄与するとの内容は、このような育成と還元により、らせん的循環型の地域スポーツ社会発展に連なっていくことを意味しています。

⑵　ここでの規定は当然、総合型地域スポーツクラブなど、さまざまな地域スポーツを念頭においた規定です。上記でも述べた、まち興し、むら興しにも連なるヒントがあります。

　この点、第４段落でも述べましたが、国としては、一方で適切な財政援助などを行いながら、他方強圧的にならない（口を出さない）ことが大切です（地方自治の尊重）。

（第７段落）

⑴　21世紀のわが国発展のための不可欠な重要課題として、「スポーツ立国」の

実現に触れています。それは、前文のこれまでの規定、そして本体である1条以下の条文を通じての目的を掲げているといえます。

(2) 「スポーツ立国」の実現が、わが国の21世紀の重要課題であると述べています。その理由として、多面にわたってのスポーツの果たす役割が重要であるからというのです。それは、スポーツを人権として位置づけること、楽しむことを基本としながらの競争、というスポーツの持つ現代的意義が、国民生活に多様で重層的な利益をもたらすことを、法律自体が理解しているからだと思います。

(第8段落)

(1) 最後にまとめです。この法律は「スポーツ立国」の実現を目指し、「国家戦略」として、スポーツに関する施策を総合的かつ計画的に推進するため制定されたと宣言しています。

(2) ここでは、スポーツ立国が「国家戦略」であると大仰な宣言をしています。一般的に国家戦略の基本は、国家の施策として、「国民生活を守ること」と「国を守ること」です。我田引水を覚悟でいえば、ぼくは次のように考えます。

身近な地域生活、つまり国民生活を守り発展・充実させることに、楽しいスポーツが重要な役割を果たしていることは、皆さんも異論はないでしょう。

問題はもう1つ、国を守ることとスポーツの関係です。ぼくは、世界の中の日本という視点を踏まえ、スポーツ基本法は「戦争の世紀であった20世紀」を克服し「平和な世紀の21世紀」にするため、国、地方公共団体、スポーツ団体、そして何よりも国民1人ひとりに、スポーツを最大限活用し、世界史の中で、スポーツを通じて平和な国際社会創造のため奮闘するよう求めていると考えるのです。

より理念的にいえば、スポーツ基本法の「国家戦略」には、憲法9条や憲法前文の国際協調主義という国家戦略に連なる思想があります。スポーツは「平和の道具」、「平和な国際社会創造への武器」だから、スポーツを国家戦略として使おうという強い決意表明、つまり「スポーツの平和創造機能」を宣明にしているのです。

ここで、参考までにスポーツ基本法ができる前年の2010（平成22）年8月26日に文部科学省（以下、「文科省」という）が策定した「スポーツ立国戦略」の項目だけ示しておきます。

Ⅳ　スポーツ基本法の逐条解説（第1条）

★スポーツ立国戦略★

1　スポーツ立国戦略の目指す姿
　　・新たなスポーツ文化の確立
　　・すべての人々にスポーツを！
　　・スポーツの楽しみ・感動を分かち、支え合う社会へ
2　基本的な考え方
　(1)　人の重視　　人とは、「する人、観る人、支える（育てる）人」のこと
　　・すべての人々の、スポーツ機会の確保
　　・安全・公正にスポーツを行うことができる環境の整備
　(2)　連携・協働の推進
　　・トップスポーツと地域スポーツの好循環の創出
　　・新しい公共の形成等による社会全体でスポーツを支える基盤の整備
　(3)　5つの重点戦略
　　①　ライフステージに応じたスポーツ機会の創造
　　②　世界で競い合うトップアスリートの育成・強化
　　③　スポーツ界の連携・協働による「好循環」の創出
　　④　スポーツ界における透明性や公平・公正性の向上
　　⑤　社会全体でスポーツを支える基盤の整備

　上記に述べられている5つの重点戦略が、スポーツ基本法の中でどのように位置づけられ展開されているか、以下の各条文で各自確認してみてください。
　なお、スポーツ立国戦略について詳しくは、文科省のHPを参照してください。

第1章　総則

第1条（目的）
　この法律は、スポーツに関し、基本理念を定め、並びに国及び地方公共

> 団体の責務並びにスポーツ団体の努力等を明らかにするとともに、スポーツに関する施策の基本となる事項を定めることにより、スポーツに関する施策を総合的かつ計画的に推進し、もって国民の心身の健全な発達、明るく豊かな国民生活の形成、活力ある社会の実現及び国際社会の調和ある発展に寄与することを目的とする。

【注釈】

⑴　わが国には約40の基本法があるといわれています（教育基本法、公害対策基本法、消費者基本法など）。それらの法律と同じく、スポーツ基本法は第1条で「目的」を掲げています。

　したがって、この「スポーツ基本法」は、スポーツに関し今後制定される法律、政令、省令、条例など、また個別の施策における理念や方向性を示すものであり、解釈の基準にもなります。

⑵　そこで、まず、
　①　基本理念を定め（これは2条に8項目にわたって規定があります）、
　②　国および地方公共団体の責務並びにスポーツ団体の努力などを明らかにし、
　③　スポーツに関する施策を総合的かつ計画的に推進する、
これを宣言しました。

⑶　それが何のためかといえば、
　①　国民の心身の健全な発達、
　②　明るく豊かな国民生活の形成と活力ある社会の実現、
　③　国際社会の調和ある発展に寄与すること、
この目的のためだというのです。

　これは、ぼくの現代社会におけるスポーツの3つの有用性、つまり「個人的意義」、「国家的意義」、「国際的意義」と対応させて考えることができます。

　①は、スポーツの個人的意義についてです。つまり、「楽しむ」ことを中心にして健康を育む、健康に老いるの視点です。

　②は、国家的（社会的）意義に関する視点です。つまり、国内の社会制度としてスポーツを推進することは、健康な国民の増加や医療費削減などによる予算の

他の分野への有効活用など、結果的に国家（社会）にとっても有用であるとの視点です。

③は、国際的視点での有用性です。ここで国際社会の調和ある発展という表現は、多少わかりにくいですが、「みんなで仲良く発展する」、すなわち格差社会のない平和な国際社会の実現への寄与だと理解することができます。

この点、国内における格差社会のことを考えてもある程度理解できますが、国際社会の中での格差社会は、発展途上国の不満を契機に国際社会での軋轢(あつれき)を生み、世界不安の元凶になりかねません。現にそれが進行中だともいえます。

その意味で、各国の法制度が一律でないので難しい点はありますが、憲法の国際協調主義（憲法前文、9条）の精神に倣(なら)い、たとえば難民問題などに関し、特に先進国が自国のことのみにとらわれない寛容・譲歩の姿勢が大切です。

この点、わが国のことではないのですが、平和を目指す本書の観点から通底するので一言すると、今年（2016年）のイギリスのEU離脱決議、アメリカの次期大統領のトランプ氏の政治姿勢などは、反世界史的であり批判されるべきだと思います。

自国のことにのみとらわれない姿勢というのは、当然、豊かな国が発展途上国に富の一部を配分する、その分先進国の国民は、場合により多少は生活水準が落ちることを覚悟することをも意味します。しかし、この点実際には極めて困難が伴うでしょう。でもスポーツ基本法は、「国際社会の調和ある発展」との文言であえてこのことについても触れていると考えられます。

第2条（基本理念）

1　スポーツは、これを通じて幸福で豊かな生活を営むことが人々の権利であることに鑑み、国民が生涯にわたりあらゆる機会とあらゆる場所において、自主的かつ自律的にその適性及び健康状態に応じて行うことができるようにすることを旨として、推進されなければならない。

2　スポーツは、とりわけ心身の成長の過程にある青少年のスポーツが、体力を向上させ、公正さと規律を尊ぶ態度や克己心を培う等人格の形成に大きな影響を及ぼすものであり、国民の生涯にわたる健全な心と身体を培い、

豊かな人間性を育む基礎となるものであるとの認識の下に、学校、スポーツ団体、家庭及び地域における活動の相互の連携を図りながら推進されなければならない。

3　スポーツは、人々がその居住する地域において、主体的に協働することにより身近に親しむことができるようにするとともに、これを通じて、当該地域における全ての世代の人々の交流が促進され、かつ、地域間の交流の基盤が形成されるものとなるよう推進されなければならない。

4　スポーツは、スポーツを行う者の心身の健康の保持増進及び安全の確保が図られるよう推進されなければならない。

5　スポーツは、障害者が自主的かつ積極的にスポーツを行うことができるよう、障害の種類及び程度に応じ必要な配慮をしつつ推進されなければならない。

6　スポーツは、我が国のスポーツ選手が国際競技大会又は全国的な規模のスポーツの競技会において優秀な成績を収めることができるよう、スポーツに関する競技水準の向上に資する諸施策相互の有機的な連携を図りつつ、効果的に推進されなければならない。

7　スポーツは、スポーツに係る国際的な交流及び貢献を推進することにより、国際相互理解の増進及び国際平和に寄与するものとなるよう推進されなければならない。

8　スポーツは、スポーツを行う者に対し、不当に差別的取扱いをせず、また、スポーツに関するあらゆる活動を公正かつ適切に実施することを旨として、ドーピングの防止の重要性に対する国民の認識を深めるなど、スポーツに対する国民の幅広い理解及び支援が得られるよう推進されなければならない。

【注釈】

　第2条は、スポーツ基本法での8項目の基本理念を定めている大変大切な条文です。

　8項目すべてが「スポーツは」で始まっていて、平易な文章なので、さらさら

（1項）スポーツ権とスポーツの推進

⑴　1項では、国民のスポーツを行う（する）権利を中心に規定しています。

ただし、文言として「人々の権利」とされているのは、前文の冒頭でスポーツが「人類の文化」とされたこととも関連し、これまでの国際的な憲章や宣言などの中で言われているように、国民だけではなく人類＝人々すべてを名宛人と考えている意味です。

⑵　ここでは、直接には行う（する）権利を念頭に置いていますが、スポーツ権の他の2つ、つまり「観る権利」、「支える権利」を無視しているわけではありません。

⑶　「だれでも」、「いつでも」、「どこでも」スポーツができるよう、施策を講ずるよう規定しています。つまり、年齢を問わず生涯、あらゆる機会に、あらゆる場所で、自主的・自律的に、適性や健康状態に応じて推進することを理念としているのです。幼・老の運動能力やレベルを考え、障がいの有無・程度による違いや病気の予後としてのスポーツなどを、家庭・学校・スポーツ団体・職場・地域などいろいろな場所、いろいろな機会での推進が約束されています。

⑷　2条1項は、前文とセットになっていて、幸福で豊かな生活を営むことの権利性を宣言しており、「スポーツ権」という「新しい人権」が、憲法13条、25条などに起源を有することがわかります。

ただ、幸福で豊かな生活を営むことが人権であることは間違いないとしても、「スポーツを通じて」幸福で豊かな生活を営むことが権利であるという表現は、スポーツ自体が楽しいものであり人権であることを看過しており、スポーツを手段的に考えるのはおかしいとの見解もあります。

スポーツ自体が人権であり、結果として豊かな生活になるのであり、スポーツをしない自由もあることを考えると、その疑問にも一理はあるといえます。

ただ、表現の自由（憲法21条）なども、それ自体、幸福で豊かな生活を営む前提であることを考えれば、本項の規定も間違いとはいえないでしょう。

⑸　スポーツ権という新しい人権が実質的に確保されるためには、「金（かね）、暇（ひま）、場所（ばしょ）」、つまり、経済的なゆとり、自由時間、スポーツ施設・用具が必要です。しかし、現状では世界でこれらを享受できるのは、ごく一

部の先進国であり、どこの国・地域でも、これらが確保されているわけではありません。

（２項）青少年のスポーツ

⑴　ここでは、特に心身の成長過程にある青少年のスポーツについて規定しています。

　常識的に理解できるとおり、可塑性(かそせい)に富む青少年時代のスポーツは、体力向上、公正さと規律を尊ぶ態度や克己心を培うのに適しています。この時期のスポーツが人格の形成・発展に大きな影響力を及ぼし、豊かな人間性を育む基礎になることは明らかです。ぼくの言葉では「スポーツが人生の武器」になるのです。

⑵　ここでの「青少年」とは、具体的年齢で決める必要はありません。学説としては18歳未満との考えがあります。児童（子ども）の権利条約や、わが国の児童福祉法での児童が18歳未満であること、スポーツでの国民体育大会の少年の部参加資格が、開催年の４月１日現在で18歳未満との規定なので、そういわれているのだと思います。

　画一的でわかりやすいようにも思いますが、基本理念のここでは、より柔軟に抽象的に「若者としての青少年」と考えておいて良いでしょう。

　もちろん、今後の個別立法や具体的競技規則・施策などで、その競技の特性などから年齢制限をする場合があると思いますが、そのケースごとに「公平」の観点から年齢制限をすれば足りると思います。

⑶　この規定は、1989年に国連が採択した「児童（子ども）の権利に関する条約」の影響を受けているといわれ、同条約31条での「休息及び余暇についての児童の権利並びに児童がその年齢に適した遊び、及びレクリエーションの活動を行い、並びに文化的な生活及び芸術に自由に参加する権利」と関連しているとされます。つまり、遊び、レクリエーション活動、文化的な生活の中に、楽しさや遊びを原点とするスポーツを含めて考えて良いと思います。

⑷　青少年が対象なので、家庭、学校、スポーツ団体、地域の相互の連携の重要性が記載されています。条文上は「学校」が先になっていますが、ぼくは、一番身近な「家庭」が先の方が良かったと思います。学校の関係については17条を参照してください。

⑸　スポーツ団体は、ここでは「スポーツの振興のための事業を行うことを主た

る目的とする団体」と定義されています。もっとも、スポーツ基本法施行についての通知によれば、この団体には、本法18条の住民が主体的に運営する地域スポーツクラブ、競技団体など各種団体を含むとされています。

(6) ぼくは、青少年時にスポーツによる国際交流を行うことの重要性を強く感じており、「100億円ちょうだい」といっているのですが、この点は別に述べたいと思います（コラム「1兆円の話」223頁）。

（3項）地域スポーツ

(1) 地域におけるスポーツの重要性についての規定です。スポーツは、それぞれが楽しむことが基本ですが、触れ合いや競争性など他人との関係や社会性を持ちます。したがって、地域の住民が協働し「全ての世代の人々の交流が促進され」、かつ「地域間の交流の基盤が形成されるよう」推進されることが期待されているのです。

(2) 上記の観点からすると、国や地方公共団体は、たとえば地域住民が主体的に設立・運営する「総合型地域スポーツクラブ」に対し、アドバイスなどで力を貸すべきです。当然、資金面や活動場所、指導者など人的支援も必要です（4条、10条、21条、22条など）。なお、「地域スポーツと法」の項を参照してください（235頁）。

(3) また、この規定は、スポーツが身近な地域を基本としながら、地域間の交流の基盤が形成されるように推進されなければならないとしています。これは、直接的には、国内の友好都市間でのスポーツ交流などが念頭にあると思いますが、もっと広く、国際的なスポーツ友好都市などを展開する根拠規定としても活用すべきでしょう（7項）。

（4項）スポーツと健康・安全

(1) 「心身の健康の保持増進」と「安全」についての基本理念です。安全については、前文、5条、12条、14条、21条にも規定があり、基本法での最も重要な文言の1つです。

(2) 「スポーツを行う者」、つまり「スポーツをする人」の「心身の健康の保持増進と安全」についての規定です。ただ、この規定は、実際上スポーツを「する人」が、一番健康や安全に関係するので、この表現になりましたが（アスリート・ファースト）、正確には炎天下でのスポーツ応援やファールボール問題など、

「観る人」、場合によっては「支える人」にとっても関係する規定です。

　その意味では、今後、具体的な法律や条例などを制定したり施策を行う場合、スポーツを「する人」に狭く限定せず、「観る」「支える」人も考慮した規定や施策にしなければなりません。

(5項) スポーツと障がい者

⑴　スポーツ基本法では、障がい者に関する規定が、2条5項・6項の他、12条、26条、27条でも出てきます。障がい者文言は、スポーツ基本法の前身である1961年のスポーツ振興法（以下、「旧振興法」という）には規定がありませんでした。

　もっとも旧振興法も、障がい者スポーツを否定していたわけではありません。現に、同法3条では「……ひろく国民が……その適性及び健康状態に応じてスポーツをすることができるよう諸条件の整備に努めなければならない」と規定されており、障がい者を無視していなかったことがわかります。

　しかし、一方旧振興法では、青少年スポーツ（8条）や職場でのスポーツ（9条）を、それぞれ条文で規定していました。そのことの比較からすれば、時代背景もありやむを得ない点があったとはいえ、旧振興法は、やはり障がい者スポーツには冷淡ないし関心が薄かったといわざるを得ません。

　ただ、1951年に東京都で身体障害者スポーツ大会が開催されたのを契機に、1963年にはほとんどの都道府県で、障がい者のスポーツ大会が開催されるようになりました。

⑵　1970年の障害者基本法2条は、障害者について、

①　身体障害
②　知的障害
③　精神障害（発達障害を含む）
④　その他の心身の機能の障害

がある者であって、「障害及び社会的障壁により、継続的に日常生活または社会生活に相当な制限を受ける状態にある者」と定義しています。

　ちなみに、社会的障壁とは、「障害がある者にとって、日常生活または社会生活を営む上で障壁となるような社会における事物、制度、慣行、観念その他一切のものをいう」とされています。

　同基本法には、「すべての障害者が、個人の尊厳が重んじられ、その尊厳にふ

さわしい生活を保障される権利を有し、社会生活を構成する一員として、社会、経済、文化その他あらゆる分野の活動に参加する機会が与えられる」(3条)と定めました。これは、憲法13条や25条に根拠を持つ規定です。

そして、障害者基本法は文化的諸条件の整備などとして「国及び地方公共団体は、障害者が円滑に文化芸術活動、スポーツまたはレクリエーションを行うことができるようにするため、施設、設備、その他の諸条件の整備、文化芸術、スポーツ等に関する活動の助成、その他必要な施策を講じなければならない」(25条)と規定しています。その意味では、スポーツ権の享有主体者として、スポーツ基本法上、障がい者を平等に扱うための橋渡しはできていたといえます。

いずれにしても、この半世紀の障がい者の社会における地位の変化を感じます。今後、規定だけでなく、実際の施策がどうであるかの検証が必要です。

(3) スポーツ基本法で重要なのは、障害者基本法で述べられていることと重なりますが、障がい者が「自主的かつ積極的」にスポーツを行うことができるよう、必要な配慮をすべきだとしている点です。すなわち、自主性・自律性、積極性の肯定です。楽しみを基本とするスポーツにおける共通の大切な点です。

障がい者スポーツについては、「スポーツ法の現代的課題」(137頁)でも説明しています。

(6項) エリートスポーツ

(1) 6項は、主としてエリートスポーツの関係で、諸施策相互の有機的連携について規定するものです。

(2) 6項の特徴は、プロを含むエリートスポーツ選手を主体として規定したことです。旧振興法ではプロスポーツに関する規定はなく、逆に3条で「営利のためのスポーツを振興するためのものではない」と否定的でした。

ただし、正確にいうと、プロについては唯一、旧振興法16条の2には、「プロスポーツの選手の競技技術の活用」規定がありました。しかし、この規定は、1998年に制定されたいわゆる「サッカーくじ法」(toto法)の関係で追加された弥縫（びほう）的な処理であり、旧振興法がプロスポーツを正面から肯定していたわけではありません。

(3) オリンピックでのアマチュアリズムは、オリンピック運動の創始者であるピエール・ド・クーベルタンが「オリンピック出場者はスポーツによる金銭的な報

酬を受け取るべきではない」と考えたことに始まります。そして、たとえば1972年冬季札幌・オリンピックでは、スキーメーカーから年間5万ドルのスポンサー料をもらっていたオーストリアのカール・シュランツが、ミスターアマチュアといわれていたIOCのブランデージ会長に参加資格を剥奪され、帰国を余儀なくされました。このシュランツ事件については、当時、共産圏国家が実質プロ（ステートアマ）であるのにおかしいと猛反発があり、カナダがアイスホッケーチームの派遣を拒否するといった事件もありました。

しかし、時代も変わりプロスポーツがオリンピックにおいて肯定的に扱われるようになったのは、1974年ウイーンでの第75回IOC総会で、オリンピック憲章から「アマチュア規定」が削除されてからです。

そしてその後、1984年ロサンゼルス・オリンピックで、ピーター・ユベロス（大会委員長）がオリンピックコンテンツの商業化に成功しました。以来、放映権収入とスポンサー収入について、それを利用しようとするIOCのメディア戦略とグローバル化したメディア社会が共生化し、スポーツ界に新しい流れができたのは間違いありません（「IOCマーケティングとJOC」255頁参照）。

⑷　これらの経過を踏まえ、実質的にオリンピックの競技へのプロ選手の参加が認められたのは、1986年からでした。

⑸　いずれにしても、基本法のこの規定は、プロの選手も含むエリートスポーツ選手が、国際競技大会や全国的規模のスポーツ競技会で優秀な成績を収めることができるよう、そして競技水準の向上に資するよう、いろんな施策相互の有機的な連携を工夫してくださいとの趣旨です。

この、スポーツ界が一体となって、そのスポーツを発展させようとの観点からすれば、プロ野球界での1961年の柳川事件、つまり、プロ側がアマチュア選手を強引に引き抜いたことから発生した野球界のプロ・アマ対立は、野球界の発展を阻害する確執だったといえます。具体的には、プロ野球選手がアマチュアに戻れない、プロがアマ（学生）を指導できないなどとして継続し、今でこそかなり雪解けになりましたが、大変残念で不幸な状態が続いたのです。

⑹　国際競技大会とは、オリンピック競技大会、パラリンピック競技大会、世界陸上競技選手権大会などの総合的競技大会はもちろん、サッカー、ラグビー、バレーボールなど単独競技のワールドカップや世界選手権、アジア大会、パンアメ

リカン競技大会など、その他の国際的な規模のスポーツ競技会をいいます。

　そして、ここでの国際競技大会という文言からすると、たとえば日韓2国間の定期戦などは入らないように読めますが、それは特に目立つ大きな大会を例示しているだけで、あえて2国間の競技会を排除する意味ではないと考えます。

(7)　ちなみに、ユニバーシアードは、ベルギーのブリュッセルに本部のある国際大学スポーツ連盟（FISU）が主催する総合スポーツ競技大会です。大学（University）とオリンピアード（Olympiad）の合成語で、大学スポーツの発展や体育教育の振興のために、オリンピックの前年と翌年の2年おきに夏季・冬季の両大会が開催されます。

　出場資格は、開催年度の1月1日現在で17歳以上28歳未満。大学または大学院に在学中、もしくは大会の前年に大学または大学院を卒業した人とされています。

　日本でも過去、夏季は1967年東京、1985年神戸、1995年福岡、冬季は1991年札幌と開催されています。

　ただ、年齢がかなりの割合でオリンピック選手と重なるため、全体として影が薄いきらいがあります。ぼくは、大学、大学院生という特質やネットワークを活かして、ユニバーシアードを一般文化・芸術なども含む、より多角的観点から活用することができれば、世界平和に貢献できると思います。

(8)　全国的な規模のスポーツ競技会とは、国民体育大会や全国障害者スポーツ大会、全日本大学対抗大会（インカレ）、高等専門学校選手権大会、全国高等学校総合体育大会（インターハイ）、全国中学校体育大会など、全国と冠のあるものが念頭に置かれます。

　しかし、ここでも、たとえば、関東選手権、関西選手権、北信越選手権などもあえて排除する必要はないと思います。

（7項）　スポーツの平和創造機能

(1)　ぼくは、この規定こそ、「スポーツの平和創造機能」を正面から肯定した規定だと考えます。スポーツに係る国際的な交流や貢献が国際相互理解の増進や国際平和に寄与するのは自明です。

　まず、スポーツで触れ合ってお互いを知ること、すべてそこから始まります。知らなければ理解は始まりません。

(2)　スポーツによる国際的な交流・貢献が、国際相互理解の増進に寄与したこと

について、わかりやすい例でいえば、日本とアメリカでのスポーツ、主として野球を通じてですが、相互理解増進に果たした野茂英雄やイチロー選手の貢献です。この2人には、残念ですが、この間の日本の歴代首相全員がかかっていってもかなわないのではと思われます。

(3)　スポーツの国際平和への寄与も、同じように明らかだと思いますが、ぼくは、国際平和に寄与するスポーツの国際交流の例として、より積極的に、特に「スポーツ青少年の国際交流」を強力に進めたいと考えています（コラム「1兆円の話」223頁参照）。

(4)　この規定は、「新しい基本的人権」として「スポーツ権」を憲法的に位置づけるに際し、他での説明とも重複しますが、理論的には次のように理解すべきだと考えています。

すなわち、憲法前文「日本国民は、恒久の平和を念願し、平和を維持するために国際社会において名誉ある地位を占めたいと思う」との立場や、憲法9条の「正義と秩序を基調とする国際平和を誠実に希求して戦争を放棄」した規定を淵源とし、国際交流としてスポーツを推進することが世界史の中で戦争回避の有力な武器になることを指し示しているとの趣旨です。

つまり、スポーツ基本法の立場を積極的にどんどん推進することが、国際平和に繋がるのです（268頁以下）。

(5)　2020年の東京・オリンピック・パラリンピックも、正にこの精神・理念から推進しなければなりません。当然、「する」、「観る」、「支える」、それぞれの立場において重要なことであり、いずれの立場でも「スポーツの平和創造機能」の理念が中核になるべきなのです。

というより、それぞれの立場で参加すれば、おのずと平和創造へのエネルギーになるのです。オリンピック・パラリンピックの選手として「する」のは容易ではありませんが、「観て」応援する、ボランティアとして「支える」ことは、その気さえあれば誰にでも可能です。たとえば、外国人に道を聞かれてていねいに教えてあげるのは、立派な平和への貢献です。

(8項) スポーツにおける差別の禁止と公正さ

(1)　スポーツの基本理念としての2条の最後のまとめの項です。ここでは、この規定の末尾にある、「スポーツに対する国民の幅広い理解及び支援が得られるよ

う推進されなければならない」との文言が大切です。

(2)　そのための方策としての第1は、スポーツにおける差別禁止です。現代法において平等であること、つまり差別がいけないのは、どの分野でも確認されている重要な原則です（根本は憲法14条）。

そして、ここの文言では「スポーツを行う者」に対する差別を掲げていますが、それは、行うものに対する差別的行為が一番目立つので例示しているだけで、上記スポーツへの国民の理解・支援との観点からすれば、これはあくまで例示的であり、実際は、「観る」、「支える」、すなわち、スポーツに参加するいずれの場面でも差別は禁止される意味だと理解すべきです。たとえば、観る権利の関係でいえば、障がいのある人でも自由にスポーツ観戦できるプログラムであったり、スタジアムの観客席の構造などに留意すべきでしょう。また、支える関係でいえば、支える側の外国人指導者（監督・コーチ）への差別のない敬意も大切です。

(3)　差別の克服は難しく根深いのですが、実は選手（する人）同士の間では、競技者として上手い人、強い人に対する敬意や評価は、ほとんど差別と関係ありません。トップ選手に聞くとわかりますが、「悔しいけれど彼はすごい」などと率直に認めます。競技を通じて直接、文字どおり肌で感じる感覚がそういわせるのでしょう。

ところが、往々にして「観る人」、「支える人」たちによる差別的発言や行動が問題になります。古くは1950年頃のアメリカメジャーリーグでの黒人ジャッキー・ロビンソンの問題や、最近のサッカーの試合などでの差別的行為、バナナを競技場に投げ込んだり、ジャパニーズ・オンリーの横断幕を掲げるなどです。

これら差別問題に対しては、FIFAなどが、その都度、問題行動を行った観客やチームに対し制裁を加えながら、差別への牽制・抑制、差別撲滅への啓発活動を行い行動しています。それでも容易になくならないのが差別意識で、本当に難しい問題ですが、ぼくや本書を読まれる皆さんも、常に自身に問いかけ研鑽しながら、克服を目指したいものです。

(4)　差別的行為は、排外主義、ひいては「戦争的ナショナリズム」に繋がる危険性があります。そして、特に権力者がこれを悪用することが多いので、1人ひとりの国民として大いに警戒しなければなりません。

(5)　本項は次いで、スポーツでの公正（フェア）さについて規定しています。差

別禁止も公正さの1つですが、スポーツにおける公正さは、ルールの制定、適用、審判などだけでなく、競技環境、スポーツ団体の運営や指導、組織の構成員などあらゆる分野で貫徹される必要があります。具体的には学閥、出身母体、地縁・血縁などによる組織・団体執行部の独占なども注意する必要があります。

(6)　公正さに違反する意味で、ドーピングは重要な問題です。わが国では、2003年の静岡国体から導入されましたし、プロ野球など各種競技団体、スポーツ大会などで実施されています。わが国ではまだそれほど深刻な問題は報告されておらず、1988年ソウル・オリンピックでの陸上100メートル走のベン・ジョンソン（カナダ）や、アメリカのプロスポーツ界など海外の有力選手の話題が多いようです。

ただ、スポーツ以外のことでも多いのですが、特にアメリカで問題になっていることは10～20年後に日本でも問題になったり影響されることが多いので、アンチ・ドーピング活動は、国内でも予防的に積極的に推進しておくべきです。

ドーピングを、2条のまとめのここで例示する必要があるのか、疑問視する向きもありましたが、リオデジャネイロ・オリンピック・パラリンピック直前、大きな話題となったロシア問題を考えると、ここでの規定は大変啓発的な意味があると思います。

ドーピングの29条とスポーツ法の現代的課題「スポーツとドーピング」(137頁)を参照してください。

第3条（国の責務）
　国は、前条の基本理念にのっとり、スポーツに関する施策を総合的に策定し、及び実施する責務を有する。

【注釈】

(1)　2条の基本理念を受け、スポーツに関する施策を「総合的」に策定し、実施する責務（責任と義務）を国に課しています。「スポーツ立国」を目指す立場として当然です。

(2)　基本法では、「国は」で始まる規定の他、「国及び地方公共団体は」で始まる

規定も多くあり、前者は、国が中心として担うべき事柄について、特に意識して規定していると考えられます。

後者は、国が地方公共団体と共同・協働して推進すべきことなどを定めています。国と地方公共団体を、上下関係でとらえる考えではないことに注意してください。

(3) 基本法では、アマチュアだけでなく「プロスポーツ」に関しても、国の施策を考慮しなければならない点が、旧振興法時代と異なります。

(4) ところで、国の責務といえば、「総合型地域スポーツクラブ」が重要です。これは、誰もが生涯にわたってスポーツを楽しむことができる社会をつくるために、2000年、文部科学省が「スポーツ振興基本計画」の中で、「全国各市町村に少なくとも1つの総合型地域スポーツクラブをおく」としたものです。

その結果、少し古い統計ですが、2010年7月1日現在、「設立済みの総合型クラブがある」、「設立準備中の団体がある」と回答のあった、いわゆる「育成市町村率」は、全体の71.4%とされています。

第4条（地方公共団体の責務）
　地方公共団体は、基本理念にのっとり、スポーツに関する施策に関し、国との連携を図りつつ、自主的かつ主体的に、その地域の特性に応じた施策を策定し、及び実施する責務を有する。

【注釈】

(1) ここでも2条の基本理念を受け、地方公共団体に対する責務（責任と義務）を課しています。本条では、特に「自主的かつ主体的」の文言が重要です。

(2) 地方公共団体とは、憲法92条の地方公共団体のことであり、国の領土の一部をもって自己の区域とし、その区域内に居住滞在するすべての人に対し、法の認める範囲内において支配権をもつ団体のことをいいます。スポーツ基本法では、この地方自治、地方分権の観点から、各地方公共団体が「地域の特性に応じ」積極的にスポーツに関与することを期待しています（10条参照）。

(3) 地方公共団体は住民自治・団体自地の観点から憲法94条で自主立法権（条例など）を有します。したがって、地域の特性に応じ、自主的に特徴のある条例などを制定して、地域住民のスポーツ権を実質化すべきです。

　たとえば、海洋県であれば水難防止、降雪地域の自治体であればスキー場の安全管理、暑さ対策が特に必要な地域での熱中症対策関係の条例などを制定することも可能ですし、現に制定している地方公共団体もかなりあります。具体的には、沖縄県水難事故の防止及び遊泳者等の安全の確保等に関する条例、富山県登山届出条例、野沢温泉村スキー場安全条例、草津市熱中症の予防に関する条例などで、その他「スポーツに関連する法律など」（22頁）を参考にしてください。

(4) そして、皆さんの住んでいる地方公共団体で、スポーツについてどのような条例などがあるのか調べてみてください。そして、すでにあるならその積極的活用やより良い改訂を、まだないならぜひ新しい条例や宣言などの制定に向けてスポーツ好き同士で知恵を出し合ってください。このような語らいや勉強もスポーツを楽しむ1つであり、スポーツがより好きになり、そのスポーツの発展だけでなく、地方自治の実質化にもつながると思います。

(5)　ここでも、旧振興法と異なり、「プロスポーツ」についても関与が認められ、地方公共団体がプロスポーツチーム誘致などに金銭的援助をすることも許されます。

　アメリカメジャーリーグで、スタジアムを公費で建設し、私的なメジャーリーグの球団に格安に貸与する制度がありますが、今後自治体が行う制度の設計、実施のヒントになるでしょう。

(6)　スポーツを地域と密着させるとの視点からいうと、3条で説明した、国の施策としての「総合型地域スポーツクラブ」が重要です。日本での「生涯スポーツ社会」の実現を目指すこの制度は、実際上は地方公共団体の下に置かれるわけですから、国と地方との連携は不可欠です。

　ここでは次の点に留意しましょう。

　最初にも述べたとおり、地域主権、できるだけ地方自治体の自主性・主体性を大切にし、国のマニュアルどおりではなく、その地域らしいクラブを作ってほしいということです。

　というのは、もともとスポーツ団体やスポーツ組織、スポーツクラブは、私的

なものです。したがって、あくまでスポーツを楽しむスポーツ好きな個人、住民が自発的、自主的に工夫しながら作っていくものなのです。

ただ、私たち日本人は、この自発的、自主的が、明治以降の教育システムの問題もあり苦手で、どうしても上から（この言い方自体問題ですが）の指導やマニュアルに頼りきる傾向があるのです。そうすると、結果的に出来上がったスポーツ団体、組織、クラブも、自分たちのものという愛着に乏しく、その運営や永続性に問題があるとなりかねません。

ここは、現実にはなかなか難しいところです。もちろん、行政のアドバイスやマニュアルも必要ですが、それぞれが知恵を絞り、自発性、自主性を持ったクラブにしてもらいたく、ぜひ、各地域の若者に期待したいところです。

第5条（スポーツ団体の努力）

1 スポーツ団体は、スポーツの普及及び競技水準の向上に果たすべき重要な役割に鑑み、基本理念にのっとり、スポーツを行う者の権利利益の保護、心身の健康の保持増進及び安全の確保に配慮しつつ、スポーツの推進に主体的に取り組むよう努めるものとする。

2 スポーツ団体は、スポーツの振興のための事業を適正に行うため、その運営の透明性の確保を図るとともに、その事業活動に関し自らが遵守すべき基準を作成するよう努めるものとする。

3 スポーツ団体は、スポーツに関する紛争について、迅速かつ適正な解決に努めるものとする。

【注釈】

⑴ スポーツは、基本的人権ですが、本来「楽しむ」ことを基本とする「私的な文化」です。

⑵ 本条は、国（3条）、地方公共団体（4条）と並び、スポーツ団体にも基本理念にのっとってスポーツの推進に取り組むことなどを定めています。

ちなみにスポーツ団体とは、2条2項に定義があり、「スポーツの振興のため

の事業を行うことを主たる目的とする団体」をいいます。

　ただ、条文上、国と地方公共団体に対しては「責務」とされていますが、スポーツ団体には「努力」とされています。

　この文言の違いは、責務（責任と義務）だと、自主性・主体性を重んじなければならないスポーツ団体・組織に対し、責務を理由として公権力の介入を招くおそれがあるため、「努力」という文言にとどめたものです。

(3)　本条での具体的なスポーツ団体は、公益財団法人日本体育協会（日体協）、公益財団法人日本オリンピック委員会（JOC）、公益財団法人日本障がい者スポーツ協会（JPSA）をはじめとして、各スポーツの国内統括団体など、私たちが日常マスコミなどで見聞するほとんどのスポーツ団体が入るといってよいでしょう。

(4)　旧振興法には、「スポーツ団体」という文言はありませんでしたが、実質は同じ「スポーツの振興のための事業を行うことを主たる目的とする団体」との文言がありました。そしてその団体に対し、国や地方公共団体が、必要経費を一部補助することができるなどと規定していました（旧振興法20条、22条）。ただし、以下で述べるような努力規定はありませんでした。

(5)　本条でのスポーツ団体の努力内容には3つあります。「スポーツ推進への主体的取組み」（1項）、「振興事業の適正化」（2項）、「紛争の迅速・適正な解決」（3項）です。

(6)　1項の「スポーツ推進への主体的取組み」は、「スポーツを行う者の権利・利益の保護」、「心身の健康の保持増進」および「安全の確保」にそれぞれ配慮してと書かれています。

　主としてスポーツを「する人」のことが意識されますが、スポーツ全体の権利性、文化性から、「観る人」、「支える人」のことも視野に入っていると考えるべきです。

(7)　2項の「振興事業の適正化」は、スポーツ団体のガバナンス（適正な統治）に関する規定です。

　　(1)　ガバナンスは、スポーツ基本法での基本理念（2条）の一翼を担うスポーツ団体の社会的責任として当然必要なことです。とりわけ国内の統括団体は、大会の開催、国際大会の代表や強化指定選手の選考、登録、昇段など、そのスポーツに関係する人にとって大きな権力・権限を有していますから、透明

性や適正さが求められます。ここでのガバナンスの必要性を、行政機関の権限と類似しているからと指摘する説もあります。

(2) まず、団体の意思決定の前提としての役員構成などにも配慮が必要です。組織についての規定が存在しなかったり規定自体が曖昧で、代表者や事務局が独走するのは論外として、規定がある場合でも、役員の性別、年齢構成、経歴、出身大学、企業など出身母体、そのスポーツ団体外の有識者の登用など、バランスのとれていることが大切です。

特に、近時の実務の例からすると、外部者のチェックのある方が、結果的に団体の利益になると思われます。

すなわち、お飾りでない公正な部外者が役員に入っていることが必要です。

(3) 実際の運営面でも、たとえば代表選手・強化選手選考においては、選考基準が公平で合理的であることや、一定期間までの文書（登録されたメールも可）による事前周知はもちろん、選考に至った経過説明なども、特に落選した選手には丁寧にすべきでしょう。

特定の一部の会員にしか通知しないのは、それ自体1つの処分と考えられ、スポーツ仲裁の対象になり、実際の仲裁判断例もあります。

(4) スポーツ団体の金銭の収支・経理内容の面においても、ガバナンスは重要です。2つの問題を指摘しておきます。

1つは、公的資金を受け取るためにはガバナンスがしっかりしている必要があることです。公金（公のお金）が使用されるのですから当然のことです。

もう1つは、非課税措置や、税の優遇措置を受けるためには、公益の社団・財団法人の方が有利なはずで、多くのスポーツ団体が「公益」社団・財団を目指してガバナンスの強化に努めています。

この点、私たちが担当した最近の事件で、主に公的なチェックが厳しくなるから公益性は要らないと、公益社団をわざわざ返上し一般社団法人に戻ったスポーツ団体がありました。組織面・資金面での脆弱さ、つまりガバナンスのなさが根本の問題ですが、スポーツ団体におけるガバナンス問題で、スポーツ基本法が実施された初期に、このような珍妙な現象があったことは、記憶されてよいでしょう。

(5) 独立行政法人日本スポーツ振興センターは、組織基盤強化事業の1つとし

て、「スポーツ団体ガバナンス強化事業」をスタートさせ、日体協、JOC、日レク協、JPSA、および、これら団体の加盟団体に対し、一定金額を助成し、ガバナンス強化に努めています。

(6) ガバナンスで最も大切なことの１つは、結果に対する責任です。もちろん、競技での勝敗に関する結果ということではなく、ガバナンス違反の結果に対する責任ということです。

　その意味では、2020年東京・オリンピック・パラリンピック開催決定後に発生した新国立競技場建設問題やエンブレム撤回問題での責任の曖昧さは、日本におけるトップスポーツ団体での悪い前例として、長く、記録・記憶されるべきです。

[8] ３項の「スポーツ紛争の迅速・適正な解決」に関する規定です。
 (1) スポーツに関する紛争としては、スポーツ団体規約の有効・無効問題、代表選手・強化選手選考の不服、監督・コーチの解任問題、スポーツ事故が発生した場合の、団体自体や関係者の責任問題など、いろいろと考えられます。
 (2) そして、紛争が生じた場合、速やかに解決する必要がありますが、その場合、まず内部的に、①当事者間での話し合い、②団体内部の紛争解決機関、③団体の上部機関による処理などが考えられます。

　ただ、それでも解決しない場合、私たちは一般的に、外部での解決手段として裁判所を念頭に置きます。

　もちろんそれは選択肢の１つとして正しいのですが、スポーツ関係の紛争解決手段として、基本法は15条でスポーツ仲裁制度を準備していますので、詳しくはそこをご覧ください（213頁も参照）。

第６条（国民の参加及び支援の促進）
　国、地方公共団体及びスポーツ団体は、国民が健やかで明るく豊かな生活を享受することができるよう、スポーツに対する国民の関心と理解を深め、スポーツへの国民の参加及び支援を推進するよう努めなければならない。

【注釈】

(1) 「国」、「地方公共団体」、「スポーツ団体」3者をまとめて主語にしている唯一の条文です。

(2) この3者が、基本理念（2条）にのっとり、重要な役割を担うことは、3条、4条、5条でそれぞれ規定されていますが、改めて3者に、有機的一体となって、「スポーツに対する国民の関心と理解を深め」、「スポーツへの国民の参加および支援を促進」するよう「努力義務」を定めているのです。つまり、3者に対し、スポーツ全体に対するサポーター的役割を期待しています。

具体的には、体育（スポーツ）の日に限らず、基本法の理念にのっとり、恒常的に、国、地方公共団体が、スポーツ団体の協力を得つつシンポジウムなどの啓発活動を行うこと、小・中・高の学校などを巡回する参加型模範演技講習会を行うことなどが考えられます。

(3) この場合、オリンピックメダリストや出場選手などトップアスリートが、子どもたちや一般市民の前で自身の努力体験や成功物語を話したり、実技披露や実技指導することになります。

そのとき、自身のことや家族・友人・指導者のこと、海外のライバル選手との友情や競技・試合の様子なども、いろいろと話してもらうのですが、その際、きれい事だけでなく嫌なこと困ったことなども含め、包み隠さず話してもらうようにすべきです。たとえば、練習中の体罰や暴力問題、お金のこと、相手方選手のえげつない反則行為、ドーピング問題なども含めてです。

中には、話しづらいこともあるでしょうし、もちろん、小・中学生あたりの場合には、一定の教育的配慮をしたうえでの話になると思います。でも、ありのままをトータルに話すことで、本当の意味で「スポーツに対する国民の関心と理解を深めることができ」、それでもやっぱりスポーツはすばらしいと国民に理解してもらえ、スポーツ立国の一里塚になると思います。これがぼくの確信です。

第7条（関係者相互の連携及び協働）
　国、独立行政法人、地方公共団体、学校、スポーツ団体及び民間事業者

> その他の関係者は、基本理念の実現を図るため、相互に連携を図りながら協働するよう努めなければならない。

【注釈】

⑴　ここでは、6条の主体に、「国」だけでなく「独立行政法人」、「学校」、「スポーツ団体」のほか「民間業者」、「その他の関係者」を加えています。努力目標ではありますが、民間業者やその他の関係者も入っていることで、スポーツに関係するありとあらゆる団体や人たちに、スポーツ権の実現に向け、連携・協働・努力しましょうと、いわば檄を飛ばしているのです。

⑵　独立行政法人は、独立行政法人通則法2条の「公共上の事務などを効果的かつ効率的に行わせるための特殊法人」です。これはもともと、国ではできず、また、する必要がない、しかし民間ができないとされていることをやる法人です。スポーツ基本法の関係では、日本スポーツ振興センターです。

⑶　その他の関係者の中には、スポーツ指導者はもちろん、スポーツドクター（医師）、スポーツロイヤー（弁護士）なども含まれ、あるべきスポーツ権実現のために尽力することが求められています。

　具体的には、指導者としての一層の研修、熱中症対策や心臓停止の場合のAED（自動体外式除細動器）設置とその使用方法の実演、若年スポーツでのオーバーユースへの法的提言などがあげられます。

　いずれにしても、関係者相互の連携と協働により、スポーツが真の文化として発展することが期待されています。

> 第8条（法制上の措置等）
> 　政府は、スポーツに関する施策を実施するため必要な法制上、財政上又は税制上の措置その他の措置を講じなければならない。

【注釈】

(1)　日本には、約40の基本法があります（障害者基本法など）。

　ただ、基本法は、あくまで当該分野での理念や基本の筋道を示すのが主目的ですから、それぞれの基本法の理念・趣旨を受け、今後私たちは、法律や条例、実際の施策などで実践的に具体化する必要があります。

　その意味で、スポーツ界においても今後具体的な法律・条例・施策などに盛り込む、団体・組織、財政、運営上の問題、税制上の措置などにつき、各自がそれぞれの立場で積極的に提案・提言して行動すべきです。

　基本法の理念・趣旨実現の関係でいえば、2015（平成27）年10月1日に設置された「スポーツ庁」は、正にその具体化への大きな前進です。新体制による実際の行動が大いに期待されます。私たちも1991年のスポーツ問題研究会の設立趣旨でより一段上のスポーツ省の設置を求めていました（3頁）。

(2)　8条の文言上は「金融上」の措置の明文はありませんが、文言がなくても金融上の優遇も当然あり得ます。たとえば、民間スポーツ施設の建設に際し、「政府系金融機関の低金利融資」を認めることもあり得るでしょう。

(3)　ここでも、この規定がプロスポーツにも適用される点がポイントとしてあげられます。また、当然、選手（する人）だけでなく観客（観る人）やサポーター・スポンサー企業（支える人）などにも適用されます。

　ぼくは、現実的・実践的な課題として、弱者特に障がい者スポーツへの支援、諸措置と、財政基盤の弱い中小競技団体への支援などを求めたいと思います。

(4)　この条文で「国」ではなく「政府」に法制上の措置などを講じるように命じていますが、何か意味があるのでしょうか。

　「政府」という文言は、法文上、たとえば憲法前文（……政府の行為によって再び戦争の惨禍が起こらないように……）のように、立法府・行政府・司法府を含め広く統治機関を指す場合もあります。

　しかし、ここでは実際に施策を運用するため「行政府」としての「政府」に対し、積極的な行動を求めているものと思います。同様の「政府」という文言は30条（スポーツ推進会議）、附則2条でも使われています。

第2章 スポーツ基本計画等

第9条（スポーツ基本計画）
1 文部科学大臣は、スポーツに関する施策の総合的かつ計画的な推進を図るため、スポーツの推進に関するスポーツ基本計画を定めなければならない。
2 文部科学大臣は、スポーツ基本計画を定め、又はこれを変更しようとするときは、あらかじめ、審議会等で政令で定めるものの意見を聴かなければならない。
3 文部科学大臣は、スポーツ基本計画を定め、又はこれを変更しようとするときは、あらかじめ、関係行政機関の施策に係る事項について、第30条に規定するスポーツ推進会議において連絡調整を図るものとする。

【注釈】

(1) 本条文は、1項、2項、3項とも文部科学大臣を主語とする規定です。

スポーツ基本計画とは、スポーツの推進に関する基本的な計画をいいますが、本条では、文部科学大臣が国家行政組織法による審議会やスポーツ推進会議などの意見を聴いたり、調整を図ったりしなければならないと定めています。

(2) これまで、文部科学省以外にスポーツ関連で事業化・予算化されていたスポーツ関連施設の関係省庁は、以下のとおりでした。

障がい者スポーツや健康増進担当の「厚生労働省」、スポーツ施設を含む都市公園の整備を行う「国土交通省」、企業スポーツやスポーツ産業を振興する「経済産業省」、スポーツの拠点づくりの「総務省」、レクリエーションの森の「林野庁」などがあげられていました。

また、サッカーくじは「文部科学省」が監督しますが、競馬は「農林水産省」、競輪・オートレースは「経済産業省」、競艇は「国土交通省」が監督するなど、バラバラでした。

しかし、スポーツ庁ができたのですから、無駄な縦割り行政による縄張主義や

散漫化を防ぎ、責任を持って、スポーツ立国を目指しての、機能的・有機的なスポーツ政策の一元化を図るべきです。

　ただ、そうはいってもスポーツの現代社会における多様性、奥行きの深さなどからすれば、「する」、「観る」、「支える」いずれの立場からも、スポーツ庁が独りよがりになるのではなく、今後とも関係行政諸機関との意思疎通など、事実上の連携・調整などは必要でしょう。

(3)　スポーツ推進会議については、30条に規定がありますが、スポーツ庁が設置された現在、スポーツ庁主導で、スポーツ行政の総合的・一体的・効果的な推進を図るべきです。

(4)　2012年、本条の理念を具体化し「スポーツ基本計画」が策定されました。

　(1)　基本計画は、まず背景と展望として、目指すべき具体的な社会の姿として、5つを掲げています。
　　①　青少年が健全に育ち、他者との協同や公正さと規律を重んじる社会
　　②　健康で活力に満ちた長寿社会
　　③　地域の人々の主体的な協働により、深い絆で結ばれた一体感や活力がある地域社会
　　④　国民が自国に誇りを持ち、経済的に発展し、活力ある社会
　　⑤　平和と友好に貢献し、国際的に信頼され尊敬される国

　(2)　今後10年間を見通したスポーツ推進の基本方針を次のように示しています。
　（年齢、性別、障がいなどを問わず、課題ごとの政策目標）
　　①　子どものスポーツ機会の充実
　　②　ライフステージに応じたスポーツ活動の推進
　　③　住民が主体的に参画する地域のスポーツ環境の整備
　　④　国際競技力の向上に向けた人材の養成やスポーツ環境の整備
　　⑤　オリンピック・パラリンピックなどの国際競技大会の招致・開催などを通じた国際貢献・交流の推進
　　⑥　スポーツ界の透明性、公平・公正性の向上
　　⑦　スポーツ界の好循環の創出

　(3)　今後5年間に総合的かつ計画的に取り組むべき施策を次のように示しています。

① 学校と地域における子どものスポーツ機会の充実
② 若者のスポーツ参加機会の拡充や高齢者の体力つくり支援などのライフステージに応じたスポーツ活動の推進
③ 住民が主体的に参画する地域のスポーツ環境の整備
④ 国際競技力の向上に向けた人材の養成やスポーツ環境の整備
⑤ オリンピック・パラリンピックなどの国際競技大会などの招致・開催などを通じた国際交流・貢献の推進
⑥ ドーピング防止やスポーツ仲裁などの推進によるスポーツ界の透明性、公平・公正性の向上
⑦ スポーツ界における好循環の創出に向けたトップスポーツと地域におけるスポーツとの連携・協働の推進
(4) 施策の総合的かつ計画的な推進のために必要な事項についても示しています。

以上が概要です。

これらが、単なる題目に終わらないよう、私たち1人ひとりも積極的に参画しながら「スポーツ立国」を目指したいと思います。

第10条（地方スポーツ推進計画）

1　都道府県及び市町村の教育委員会（特定地方公共団体の場合は、その長）は、スポーツ基本計画を参酌して、その地方の実情に即した地方スポーツ推進に関する計画を定めるよう努めるものとする。

2　特定地方公共団体の長が地方スポーツ推進計画を定め、又はこれを変更しようとするときは、あらかじめ、当該特定地方公共団体の教育委員会の意見を聴かなければならない。

【注釈】

(1) 本条は、4条（地方公共団体の責務）を受けての規定です。都道府県市町村（市には「特別区」も含みます）でのスポーツ推進計画における教育委員会の役割

の重要性を規定しています。

　その意味で、これまでの日本におけるスポーツと教育の関係、スポーツが教育の中の体育として位置づけられてきた背景が理解できます（スポーツの体育化）。

⑵　教育委員会は「一定の教育・学術及び文化に関する事務を管理し執行するために設置される機関」です。地方教育行政法（地方教育行政の組織及び運営に関する法律）によると、教育委員会は原則５人の委員で組織され、教育でのスポーツに関する事務を管理し、執行します。

　そして、教育行政は、「教育基本法の趣旨にのっとり、教育の機会均等、教育水準の維持向上及び地域の実情に応じた教育の振興が図られるよう、国との適切な役割分担及び相互の協力の下、公正かつ適正に行われなければなりません」（地方教育行政法１条の２）。したがって、教育委員は、それぞれの法律に配慮しながら職責を全うする必要があるのです。

⑶　なお、地方教育行政法23条（改正前の24条の２）の規定で、条例の定めがあれば、その地方公共団体（これを「特定地方公共団体」といいます）の首長が、教育委員会に代わってスポーツ教育に関する事務の管理および執行をすることができます。ただし、首長は、学校での体育に関する事務に口出しすることはできません。

⑷　また、特定地方公共団体の首長が、地方スポーツ推進計画を定め、またはこれを変更しようとするときは、あらかじめ、その教育委員会の意見を聴かなければならないとされています。これは、首長の独断専行、もっといえば政治による不当なスポーツへの介入について牽制していると考えられます。

⑸　いずれにしても、教育委員会や特定地方公共団体の長は、国のスポーツ基本計画を参酌、参考にしながら、最終的には地方の実情の即した内容として条例などを制定し、主体的に諸施策を講じることになります（４条参照）。

⑹　本来の10条の文言はカッコ書きが多く読みにくく、また引用されている法律も改正されているので、ぼくのほうで整理してみました。

第3章　基本的施策

【注釈】

　第3章では、「基本的施策」の名の下、3つの節に分け、スポーツの推進のための基盤となる指導者の養成、施設の整備、学校体育の充実、国際交流・貢献を通じてのスポーツの平和創造機能などが定められています。
　〔第1節　スポーツの推進のための基礎的条件の整備等〕
　11条〜20条は、スポーツ推進のための人的、物的基礎的条件整備と、事故・紛争における迅速な対処法としての仲裁制度、スポーツに関する科学的研究の推進、学校体育の充実とスポーツ産業について、そしてスポーツの平和創造機能と顕彰について規定しています。
　〔第2節　多様なスポーツの機会の確保のための環境の整備〕
　21条〜24条は、地域におけるスポーツ振興、スポーツ行事の実施・奨励、体育の日の行事、野外活動やスポーツ・レクリエーション活動の普及について規定しています。
　〔第3節　競技水準の向上等〕
　25条〜29条は、優秀なスポーツ選手の育成、国体、全国障がい者スポーツ大会、国際競技大会の招致など、企業・大学によるスポーツへの支援、アンチ・ドーピング問題などの規定です。

第1節　スポーツの推進のための基礎的条件の整備等

第11条（指導者等の養成等）

　国及び地方公共団体は、スポーツの指導者その他スポーツの推進に寄与する人材（指導者等）の養成及び資質の向上並びにその活用のため、系統的な養成システムの開発又は利用への支援、研究集会又は講習会（研究集

会等）の開催その他の必要な施策を講ずるよう努めなければならない。

【注釈】

(1) 基本法で「指導者」、「指導」の文言は、8つの条文で使われています。11条、12条、14条、17条、19条、21条、25条、32条です。

11条は、指導者に関する基本となる条項で、質の高い人材の指導者などを確保するための基本的条文です。いわば、スポーツでの人的条件の整備・充実を企図するものです。

(2) そもそも指導とは、「目的に向かって教え導くこと」（広辞苑）です。そして基本法では、「指導者その他スポーツの推進に寄与する人材」を上記各条文でも「指導者等」と呼んでいます。

旧振興法でも、たまたま同じ11条で「指導者の充実」についての規定が置かれていましたが、基本法では、「指導者等」として指導者像の対象を大きく広げている点に特徴があります。

すなわち、基本法では、技術的・フィジカル面の指導者だけでなく、たとえばスポーツを支える人、スポーツドクター（医師）やスポーツ研究者、スポーツロイヤー（弁護士）、栄養面・食育の点からスポーツを支える管理栄養士、メンタルトレーナーなども「指導者等」に入ります。

また、スポーツ推進のために寄付を行う人なども、「スポーツを支える」側面的支援者として、ここでの「指導者等」に入ると考えられます。

さらにぼくは、本条に講習会などの文言があることからいって、アスリートがスポーツを始める（する）初期の段階で最も身近にいて、実質的にスポーツを指導・サポートする両親や家族なども、ここでの指導者等に含めて考えてよいと思います。

要するに、指導等には、いろいろなレベルやサポーター的側面も含めた広がりがあると考えれば良いのです。

(3) 研究集会などの開催とは、具体的には「系統的な養成システムの開発または利用への支援、研究集会または講習会」をいい、その他の施策を講じるようにと、柔軟な発想、工夫を求めています。

⑷　もちろん、アスリートは、自らの能力・努力により自身を鍛錬し、スキルを磨きアスリートとしての地位を築いていきます。しかし、個々のアスリートの能力や努力には限界があり、アスリートを支える人的・物的環境が必要です。このアスリートを技術的・体力的・心理的に支えるのが指導者や関係者であり、また研究集会などのシステムなのです。

⑸　ところで、指導者は、一般的に指導を受ける対象であるアスリート・生徒・受講生の前に、以下の形で現れます。

　①　トップアスリートの育成・強化
　②　学校教育法での教師
　③　各種学校・専修学校での教師（指導者）
　④　学校の部活でのコーチ（指導者）
　⑤　民間のスポーツジム・クラブ、NPO法人などでのインストラクターなど
　⑥　いわゆるボランティア（無償）としての指導者
　⑦　プロスポーツでの指導者

などとしてです。

　それぞれの問題点などについては、「スポーツ指導者の法的地位」（188頁以下）、参考資料3の『Q&A スポーツの法律問題』などの各事例で学習、確認してください。

⑹　旧振興法11条との対比について次のように考えます。

　旧振興法でもたまたま11条が指導者の条文でした。そこでは「スポーツの指導者の養成及びその資質の向上のため」と、指導者等とされていませんでした。旧振興法は、指導する人と指導される人を截然と分ける考え方でやや権威的で、ぼくは、指導する人と指導される人とは、相互補完的関係にもあると考えるので、基本法の指導者等の文言の方が、その意味でも優れていると思います。

　第12条（スポーツ施設の整備等）
　1　国及び地方公共団体は、国民が身近にスポーツに親しむことができるようにするとともに、競技水準の向上を図ることができるよう、スポーツ施設の整備、利用者の需要に応じたスポーツ施設の運用の改善、スポーツ施

設への指導者等の配置その他の必要な施策を講ずるよう努めなければならない。
2　前項の規定によりスポーツ施設を整備するに当たっては、当該スポーツ施設の利用の実態等に応じて、安全の確保を図るとともに、障害者等の利便性の向上を図るよう努めるものとする。

【注釈】

⑴　本条は、スポーツでの物的条件の整備・充実を企図する観点からの規定です。スポーツ施設にはスポーツ設備や個別の用具なども含みますが、施設の整備・運用といった物的要素と、指導者などの配置などの人的要素をからめて推進するよう定めています。たとえば、立派な近代的スポーツ施設があるにもかかわらず、人的要素の不足から宝の持ち腐れにならないようにといった趣旨です。

　指導者等には前記のとおり、スポーツ技術の指導者だけでなくスポーツドクター（医師）やスポーツロイヤー（弁護士）、栄養士、メンタルトレーナーなども入ります。

⑵　ここでは、「国民が身近にスポーツに親しむ施設」と「競技水準の向上を図る施設」が想定されています。

　前者は体育館など楽しむことや遊び的要素に重点をおく地域のスポーツ施設や学校開放の施設などを意味し、後者は公式競技（公認記録）に対応できる、一段高いレベルの施設を念頭に置いていると考えられます。

⑶　日本における実際の多くのスポーツ施設・設備の現状は、運営にあたっての経営・経理状態が極めて厳しい状況にあります。運営者は、ネーミングライツや指定管理者制度などで工夫を凝らしてはいるものの、都市公園法などによる法規制の問題や、財政・税制上の問題など、課題は山積しているといわれています。

⑷　旧振興法にも「施設整備に努める」との規定がありましたが、基本法では施設整備や施設運用にとどまらず、指導者等の配置、安全の確保、障がい者利用の利便性にも言及しています。したがって、これらを具体化するため充実した研修制度や、一定の資格付与の問題なども検討されるべきでしょう。

　たとえば、まずレベルの高い指導者を派遣し、そこで指導を受け研修した人が

一定の資格を取得し、さらに次の世代に還元するというシステムです。

⑸　本条2項では、施設・設備での「安全性」が述べられています。安全は、スポーツにおいて基本中の基本で、各施設・設備の耐用年数や瑕疵(欠陥)のチェック、適正な補修などに万全を期すことが求められます。

それとは別に、以前からいわれていることですが、学校の校庭の芝生化なども事故防止の観点から大切だと思います。

⑹　そして、安全は、アスリート(する人)に対するものだけでなく、観客・サポーター(観る人・支える人)にとっても重要であることを意識してください。野球のファールボールによるの怪我や観客席からの落下、入退場時の事故などです。施設の安全・設備の安全については、民法717条の工作物責任や国家賠償法2条の営造物責任の関係などで多くの判例があります。

詳しくは、参考資料3の『Q&Aスポーツの法律問題』などの事例を参照してください。

⑺　本条2項が、「そのスポーツ施設の利用の実態などに応じて」と記載しているのは、ともすると「箱もの」(ハード面)を造るだけで、利用・使用の実態・有効利用(ソフト面)などに配慮されていなかったことに対する反省だと思われます。

⑻　同じく2項は「障害者等」に言及しており、これは、旧振興法には明文がなかった規定です。この点、これまで健常者スポーツは文部科学省、障がい者スポーツは厚生労働省が、いわゆる縦割り的に担当してきたのを、スポーツ庁設置により同庁中心に総合的に行うことが要請されるようになりました(「スポーツと障がい者」170頁参照)。

もちろん、安全性についても同様に、障がい者の対応も含め総合的に対処する必要性があります。そして本当は、2020年の東京オリンピック・パラリンピックの時には、バリアフリーやノーマライゼーションといった言葉自体が不要な社会になっていることが望まれます。

第13条（学校施設の利用）

1　学校教育法第2条第2項に規定する国立学校及び公立学校の設置者は、

> その設置する学校の教育に支障のない限り、当該学校のスポーツ施設を一般のスポーツのための利用に供するよう努めなければならない。
> 2　国及び地方公共団体は、前項の利用を容易にさせるため、又はその利用上の利便性の向上を図るため、当該学校のスポーツ施設の改修、照明施設の設置その他の必要な施策を講ずるよう努めなければならない。

【注釈】

⑴　学校教育法2条2項では、国・地方公共団体が設置する学校を国立・公立学校といい、学校法人が設置する学校を私立学校というと規定しています。2015年現在、前者は約33,700校、後者は約2,300校です。

　国は、この13条で、国・公立学校の設置者に対し、学校のスポーツ施設を「一般のスポーツ」のために利用するよう努力目標を定めています。

⑵　日本の学校では、3種の神器といわれる「運動場」、「体育館」、「プール」施設をはじめ、テニスコート、武道場、相撲場などの体育・スポーツ施設がありますが、これらの有効利用をするというのが本条の趣旨です。

　ただし、前記のとおり本条の規定は、国・公立の学校に対する要望で、私立学校は対象にはなっていません。ただ私立学校が、その学校のスポーツ施設を一般のスポーツのために利用することも、もちろんスポーツ界にとっては歓迎すべきことです。そのような場合には、国や地方公共団体としても一定の財政的援助などを行うべきでしょう。

　もっとも、実態の詳細はわかりませんが、私立学校の場合、スポーツを学校の特色として掲げ、自校の部活などのため利用している可能性も高く、前記国公・私立学校数の比率以上の活用は難しいように思います。

⑶　一般のスポーツのための利用は、「学校の教育に支障のない限り」との制限があります。ここで具体的なあり方について述べる余裕はありませんが、各法律・条例や政策の兼ね合いの下、「学校」、「利用者」、「教育委員会」などでの協議・調整が必要です。

⑷　2項では、国および地方公共団体に、国・公立学校における一般のスポーツのための利用の関係で、照明施設・空調設備など、物的な基礎的条件整備の必要

性・重要性を説いています。

　いずれにしても、社会教育法の箇所（50頁）で説明したとおり、スポーツは、学校教育での体育の場合以上に、卒業後に親しむ期間が長いのです。ところが、利用場所も限られており、その意味で一般人のスポーツのため、公共財としての学校の施設をできるだけ有効に活用することが望まれます。

第14条（スポーツ事故の防止等）
　国及び地方公共団体は、スポーツ事故その他スポーツによって生じる外傷、障害等の防止及びこれらの軽減に資するため、指導者等の研修、スポーツ施設の整備、スポーツにおける心身の健康の保持増進及び安全の確保に関する知識の普及その他の必要な措置を講ずるよう努めなければならない。

【注釈】

⑴　本条は、基本理念2条4項の「心身の健康保持増進」、「安全確保」を受けて、安全配慮義務、安全対策に関する施策において、中心となる重要な根拠条文です。

　スポーツは、心身の健康の保持増進に有益なものですが、一方では、事故や外傷などが不可避的に発生します。本条では、それをできるだけ防止し軽減するよう国および地方公共団体の義務を述べているのです。

⑵　このスポーツ事故の防止などについては、以下の4方向での防止策を考えています。すなわち、

　①　人的側面としての指導者など
　②　物的側面としての施設整備
　③　知識の普及
　④　その他必要な措置

に分けて規定している点です。

　この点、旧振興法16条は、「国及び地方公共団体は、登山事故、水泳事故その他のスポーツ事故を防止するため、施設の整備、指導者の養成、事故防止に関す

る知識の普及、その他の必要な措置を講ずるよう努めなければならない」と規定していました。

趣旨としてはほぼ同じですが、具体的に以下の差異があります。

① 旧振興法では、対策として、冒頭に物的整備をあげていましたが、基本法では指導者、つまり人的側面を最初にもってきています。これは、施設など物的側面も大切ですが、やはり「人を中心」に考えるべきだとの基本法の精神があると思います。

② 基本法では、「安全」という文言を入れ、安全配慮への意識がより高いことです。

③ 旧振興法では、「スポーツ事故」とだけ規定していたのですが、基本法では外傷と並べて、スポーツ事故とはいえない障害などについても配慮していることです。

④ 基本法は、スポーツ事故の「防止」だけでなく、「軽減」という文言を置くことで、きめ細かい配慮を求めています。たとえば、事故に備えてAED（自動体外式除細動器）を設置し訓練を実施することなどです。

⑤ 基本法が、指導者の「養成」という言葉に代えて「研修」としているのは、養成を前提にしたうえで、安全配慮義務に対応する能力について指導者の一層のレベルアップを考えているのです。

⑥ 旧振興法の「事故防止に関する知識」が、「心身の健康保持増進及び安全の確保に関する知識」に替えられたのは、「受動的な事故防止」という姿勢から、より積極的に「能動的な安全確保」を目指すことを意味します。

⑦ 基本法では、「する人」だけでなく「観る人」、「支える人」に対しても配慮していると考えられます。

これらの差が認められます。それは基本法がスポーツ事故の防止について旧振興法と比べ、スポーツ権を積極的に生活の中にまで位置づけながら、より細かい点にまで安全に配慮していることがうかがえます。

(3) 人的側面（指導者など）について

スポーツを支える立場としてのスポーツ指導者の地位は、事故防止の観点からも大変重要です。そのためには、指導者も最新のスポーツ科学をマスターする必要があります。指導者などの研修とは、現在、（公財）日本体育協会による公認

スポーツ指導者制度があり、これはスポーツ指導員、コーチ、スポーツドクター、アスレティックトレーナーなどの資格認定と指導体制を目指したものです。

また、医師会などでもスポーツ医の養成、研修を行い、各競技団体では、医事委員会などを設置し、スポーツ事故防止に努力しています。

この関係で、スポーツ障害については、特に若年スポーツでの、スポーツ事故とはいえない酷使（オーバーユース）や不適切な動作（フォーム）などが今後問題とされます。ここでは医学的解明とともに、ルールにより、たとえば特に少年野球において、児童・生徒の投球数制限、1週間の練習量の規制などをする必要もあると思います。そして、何よりも各指導者の意識改革が重要でしょう。

さらに、弁護士の分野でも、いくつかの弁護士会の中で「スポーツをめぐっての研究会」があり、体罰問題や事故防止に関する研究などを行っており、教育機関や体育協会などへの講師の派遣なども行っています。

たとえば、大阪弁護士会スポーツ・エンターテインメント法実務研究会（代表世話人・井上圭吾弁護士）では、月1回の例会があり、会員の研究発表の他、現役アスリートやスポーツ指導者などにも来ていただき、弁護士以外のスポーツに関心のある部外者にもオブザーバーとして参加していただく中で活発に意見交換を行っています。たとえば、スポーツ指導者、学者など大学関係者、税理士、公認会計士、社労士、管理栄養士（食育）などです。

そして、学校、教育委員会、スポーツ指導者の会合などへ、講師の派遣も行っています。

⑷　物的側面（施設、用具など）について

当然のことですが、スポーツ施設の整備も、事故防止には欠かせません。基本的には、たとえば水泳でのプールの深さ、また、施設の耐用期間や具体的用具の安全性チェックなどです。さらに、いざというときのAEDなどの緊急対応の準備なども必要です。

そして、これらの「安全」は、主としてスポーツをする人の関係で問題になりますが、スポーツをする人だけでなく、観る人、支える人にとっても安全性は大切なことです。

たとえば、野球でのファールボール対策やサポーターが観客席から落下しないための柵の設置、ボールが校庭外に出ないためのネット設備などです。これらに

ついては多くの事故例や判例が紹介されています。

　また、他でも書きましたが、スポーツ権の前提として、学校の運動場の芝生化なども大切です。そしてこの関係であえて付言すれば、ぼくは、子どもたち自身が、芝生についての知識、その種類や生育の過程、肥料や水やりの方法、どのくらい安全と関係するかなどを、スポーツを始めた時点くらいから習得しておくことも大切だと思います。

　個別の競技や練習に集中するだけでなく、競技の現場や周辺の施設、より快適にスポーツをする条件などについても、それらを知っておくことが、選手本人にとって、またスポーツ文化の発展にも有意義だと思うのです。

(5)　心身の健康の保持・増進および安全の確保に関する医学的、科学的知見も日進月歩です。国および地方公共団体は、そのような知識の普及、また、スポーツ用具の適切な使用に関する知識も含め、「する、観る、支える」それぞれの立場で会得できるよう必要な措置を講ずるべきで、本条で責任を負っているといえます。

(6)　この関係で、最近名古屋大学の内田良准教授が、公表されているデータを駆使して、柔道事故や運動会での組み立て体操の事故などに関し、優れた研究成果を次々発表されています。

第15条（スポーツに関する紛争の迅速かつ適正な解決）

　国は、スポーツに関する紛争の仲裁又は調停の中立性及び公正性が確保され、スポーツを行う者の権利利益の保護が図られるよう、スポーツに関する紛争の仲裁又は調停を行う機関への支援、仲裁人等の資質の向上、紛争解決手続についてのスポーツ団体の理解の増進その他のスポーツに関する紛争の迅速かつ適正な解決に資するために必要な施策を講ずるものとする。

【注釈】

(1)　本条の目的は、「スポーツ紛争の迅速かつ適正な解決」です。

紛争があったときの解決方法として、憲法は裁判所（司法）を準備しています（憲法32条、76条）。

ところが、スポーツ紛争解決の方法として、2003年、公益財団法人日本スポーツ仲裁機構（JSAA = The Japan Sports Arbitration Agency）が設立されました。JSAAは、裁判所以外の中立・公正な紛争解決機関、ADR（Alternative Dispute Resolution）の1つとして、現在、実際に機能しています。

なぜ、裁判所以外にJSAAが必要か、裁判所との違い、実際の活用方法、利用状況などについては、213頁以下を参照してください。

⑵ 本条で、国は、
① スポーツに関する紛争の仲裁または調停を行う機関（具体的にはJSAA）への支援
② 仲裁人などの資質の向上
③ 紛争解決手続についてのスポーツ団体の理解の増進
④ その他のスポーツに関する紛争の、迅速かつ適正な解決に資するため必要な施策

を講じなければならないとしています。

具体的には、①の関係では、まずJSAAへの財政的支援です。現在、JSAAは、公益財団法人日本オリンピック委員会（JOC）・公益財団法人日本体育協会（日体協）・公益財団法人日本障がい者スポーツ協会（JPSA）の特別維持会員3団体、公益財団法人日本アンチ・ドーピング機構（JADA）、公益社団法人日本プロゴルフ協会（PGA）の一般維持会員2団体からの拠出金などにより運営されています。今後、拠出金を出してもらえる支援団体を増やしていく必要があります。

一方では、あるスポーツ団体への仲裁申立てがあった場合に、そのスポーツ団体が自動的に応諾（自動応諾条項）するよう、各スポーツ団体の内部規則を変更するよう働きかけも行われており、それにより仲裁制度が積極的に活用されることが望まれます。

②の関係では、仲裁人や調停人の各候補者に、過去の仲裁判断事例の学習を促したり、ドーピング・ルールなどの研修会を開催することなどによる資質向上が考えられます。この研修会は毎年行われており、関心のある方はオブザーバーとして出席も可能です。

③としては、JSAA の存在やその意義、費用、期間などの周知のため国体や各種競技会へ担当者（理解増進員）を派遣して、資料配付や講習を行うことなどが考えられています。

　④のその他としては、①の問題とも関連し、JSAA の人的・物的（制度的）充実が大切で、たとえば、紛争を抱えた競技者が申立てをするか否か悩んでいる場合に適切なアドバイスができる担当者の配置です。

　また、当事者が利用しやすいように全国各地に JSAA の支部を設けるなども考えるべきでしょう。

(3)　スポーツ仲裁・調停手続については、する人（競技者）だけでなく、観客やサポーター、つまり観る人・支える人も利用できるようにすることが望まれます。

　現在、スポーツに関する紛争が存在することは間違いありません。したがって、スポーツに関する紛争については、まず第一次的にスポーツ仲裁制度を利用するよう、もっとスポーツ界に発信し、併せて一般社会の理解を得ることが大切です。

第16条（スポーツに関する科学的研究の推進等）
1　国は、医学、歯学、生理学、心理学、力学等のスポーツに関する諸科学を総合して実際的及び基礎的な研究を推進し、これらの研究の成果を活用してスポーツに関する施策の効果的な推進を図るものとする。この場合において、研究体制の整備、国、独立行政法人、大学、スポーツ団体、民間事業者等の間の連携の強化その他の必要な施策を講ずるものとする。
2　国は、我が国のスポーツの推進を図るため、スポーツの実施状況並びに競技水準の向上を図るための調査研究の成果及び取組の状況に関する情報その他のスポーツに関する国の内外の情報の収集、整理及び活用について必要な施策を講ずるものとする。

【注釈】

(1)　スポーツは「楽しむ」ことが基本ですが、怪我を防止したり、より能力を発揮したりして、もっと実質的・継続的に楽しむためには、科学的知見による支援

体制が大切です。本条はそれを規定したものです。

(2) 旧振興法17条にも同様の規定がありましたが、その規定との違いは、1項で、個別の科学的分野の事例として、「歯学」を例示したこと、「研究の推進」だけではなく「研究の成果の活用（還元）」も求めている点です。

また、担う団体も、国という表現ではなく、国、独立行政法人、大学などを例示しています、すなわち、JISS（国立スポーツ科学センター＝Japan Institute of Sports Sciences）を傘下に収める独立行政法人日本スポーツ振興センターや国公私立の各大学、日本スポーツ臨床医学会など専門家集団も念頭に置かれています。

スポーツロイヤー（学者・弁護士）もここに含まれると考えてよいでしょう。

さらにスポーツ施設やスポーツ用具・用品を開発している民間企業や研究機関なども名宛人としています。

(3) 必要な施策の対象や対象者としては、「する人」、すなわち、選手の強化や競技力向上が中心ですが、それだけでなく、観客・サポーターなど「観る人・支える人」もその範囲であることは間違いありません。

(4) 科学的知見発達の具体的な例としては、キャッチボール事故訴訟において、それまで一般のスポーツ関係者には認識されていなかった「心臓震盪（しんぞうしんとう）」が死亡の原因であるとされた裁判例が紹介されています（仙台地判平成17・2・17判タ1225号281頁）。

(5) このように本条は、諸外国での情報の収集・整理なども含め、科学的知見を、先駆的に、有機的・総合的に活用しようとするものであり、「スポーツ立国」（61頁以下）を目指すわが国の姿勢を実質的に支える重要な規定です。

第17条（学校における体育の充実）

国及び地方公共団体は、学校における体育が青少年の心身の健全な発達に資するものであり、かつ、スポーツに関する技能及び生涯にわたってスポーツに親しむ態度を養う上で重要な役割を果たすものであることに鑑み、体育に関する指導の充実、体育館、運動場、水泳プール、武道場その他のスポーツ施設の整備、体育に関する教員の資質の向上、地域におけるスポーツの指導者等の活用その他の必要な施策を講ずるよう努めなければな

> らない。

【注釈】

(1) 学校体育充実の関係で、以下のことを規定しています。
　① 体育に関する指導の充実
　② スポーツ施設（体育館・運動場・水泳プール・武道場など）の整備
　③ 体育教員の資質向上
　④ 地域スポーツ指導者の活用などの施策を講じること

(2) この条文での体育には、「教科としての体育」だけでなく「運動部活動」も入るのかが問題です。ぼくは結論として入ると思います。というのは教科指導が基本である学校教育の観点からすると、確かに運動部活動は補完的なものかもしれません。しかし、わが国での「スポーツの体育化」の歴史から考え、また体育が、実質的・機能的に青少年の心身の健全発達に資する、人間力を強化するとの観点から、「運動部活動」も含まれると考えます。

　ただし、その場合、指導する側の法的問題をきちんと議論し整理しておく必要があります。たとえば、教師の職務内容と加重負担の問題、給与・報酬の問題などです。そうでなければ事故が起こりやすくなり、また事故が発生した場合の責任の所在など、法的問題点を抱えたままになります。

(3) 次に、本条が学校における体育とスポーツの関係をどう考えているのか、はっきりしません。

　ぼくは、本条が地域におけるスポーツ指導者活用のことを記載していることからすると、学校体育にスポーツ的側面を見つつ、今後、地域におけるスポーツを活性化させる方向を目指しているように思います。

(4) なお、旧振興法は、社会教育法の特別法的位置づけでした。つまり、学校教育以外の社会教育の観点からの法律だったのです。

　そのため、職場スポーツについての規定はありましたし（同法9条）、地域の一般スポーツや職場などのために国公立学校のスポーツ施設を利用することは推奨していました（同法13条）。

　しかし、「学校における」体育やスポーツに関する規定はありませんでした。

旧振興法下では、学校における体育・スポーツについては、あくまで教育関係法規の範疇で処理しようとしていたと考えられます。

第18条（スポーツ産業の事業者との連携等）
　国は、スポーツの普及又は競技水準の向上を図る上でスポーツ産業の事業者が果たす役割の重要性に鑑み、スポーツ団体とスポーツ産業の事業者との連携及び協力の促進その他の必要な施策を講ずるものとする。

【注釈】

(1)　「産業」とは、一般に「生活していくための仕事、生産を営む仕事、すなわち、自然物に労働を加えて使用価値を創造し、また、これを増大するため、その形態を変更し、もしくはこれを移転する経済的行為」（広辞苑）をいいます。

　国は、現代スポーツ社会におけるスポーツ産業の重要性を考え、「スポーツ団体」（2条2項）と「スポーツ産業の事業者」との連携や協力などの施策を求めているのです。

(2)　この規定は、スポーツ基本法が旧振興法と異なり、「プロスポーツ」についても門戸を開いていることと関連します。ここでのスポーツ産業には、公営・民営を問わず広く経済活動を行っている者を含み、

① 用品産業としてのスポーツ用品製造販売業など（用具、ギアだけでなく、スポーツ飲料などを含む）

② 興行産業としての野球・サッカー・ボクシング・プロレス、公営ギャンブル・相撲など

③ 施設産業としてのバッティングセンター、スイミングクラブ、スキー場、キャンプ場、スポーツジム、ゴルフ場など

④ 情報産業としてのスポーツ紙・各スポーツの週刊・月刊雑誌、ラジオ・テレビ・インターネットなど、これらが対象です。

　そして、これらの中には、経済活動の一部（たとえば旅行業者がアメリカメジャーリーグ観戦ツアーを組む）としてスポーツ産業を含んでいる場合もあり、裾

野はとても広いと考えられます。

これらは、たとえば相撲興業など、かなり古くからあるように思いますが、スポーツ経営学の研究者によると、スポーツが独立した産業領域として一般に認知されたのは、わが国では1990年代になってからだといわれています。

(3) このように、スポーツ産業が発展してきたのは、スポーツ権の中の「観る人」の権利に関係する需要が増大してきたことと関係します。ただ、国としては、スポーツに関係する個々人とスポーツ産業の事業者との関係については規定していません。

また、基本法は、「スポーツ団体」に対しては「国の補助」は考えていますが、「スポーツ産業の事業者」に対しては考えていません（2条2項、18条、33条3項参照）。

第19条（スポーツに係る国際的な交流及び貢献の推進）

国及び地方公共団体は、スポーツ選手及び指導者等の派遣及び招へい、スポーツに関する国際団体への人材の派遣、国際競技大会及び国際的な規模のスポーツの研究集会等の開催その他のスポーツに係る国際的な交流及び貢献を推進するために必要な施策を講ずることにより、我が国の競技水準の向上を図るよう努めるとともに、環境の保全に留意しつつ、国際相互理解の増進及び国際平和に寄与するよう努めなければならない。

【注釈】

(1) 本条は、スポーツを通じての国際交流、結果としての「国際平和」への寄与についての規定で、ぼくは「スポーツの平和創造機能」を発揮するための大変重要な条文だと考えています。

現在、たとえば2002年のサッカーワールドカップ日韓大会を契機に、文部科学省の国庫補助事業として、日韓あるいは日中のスポーツ交流が、毎年日本体育協会が軸になり都道府県の体育協会などに委託する形などで行われており、これはすばらしいことです。実際上は、それぞれの国の政治的問題も噴出し、継続や盛

り上げがそう簡単でないことは十分推測できますが、文字どおり体を張っての国際交流は、他の文化交流事業とは異なった意義を持っており、将来必ず平和の果実をもたらすと思います。

　このような観点からぼくは、スポーツにおける国際交流の関係で、以下のことをもっと勧めたいと思います（なお、コラム「1兆円の話」223頁参照）。

①　国や地方公共団体に、もっと予算を要求し積極的に働きかけを行うこと
②　国際交流の結果の報告、検証をきちんと行うこと
③　大学生以下の若い世代の交流に力を入れること

⑵　ぼくは、「スポーツは軽く国境を越える」という言葉が好きです。実際スポーツは、国籍、人種、民族、宗教、言語などを越え、国際化（グローバル化）の必然性をもっています。そのことは、特にプロスポーツの世界で顕著です。

　サッカーは世界で一番人気のスポーツですが、その中でたとえば、2011年のヨーロッパサッカーUEFAチャンピオンズリーグ決勝、バルセロナ対マンチェスターユナイテッド戦の先発メンバー22人中、11カ国の選手が混じってたのは有名な話です（東洋系では、京都パープルサンガにも在籍した韓国の朴智星）。

　また、日本でもプロ野球、Jリーグ、ラグビー、大相撲、バスケットボール、プロゴルフなどで外国人選手が活躍していることは誰もが知っている事実です。

　逆に日本からも、メジャーリーグの野茂英雄やイチロー、サッカーの外国リーグで活躍する選手、また、テニスの錦織圭など、数え切れないくらいです。

　また、アマチュアでも、たとえばわが国で外国人留学生が活躍する例を駅伝（陸上）やバスケットボールなどで知っておられるでしょう。

　ただ、私たちは外国で活躍している選手というと、どうしてもアメリカのメジャーリーガーやヨーロッパ一部リーグでのサッカー選手など、華やかな選手を思い浮かべますが、実際は、マスコミには報道されない無名の、何百人もの若者が、欧米だけでなくアジア各地などの各リーグやスポーツクラブなどで頑張っています。少数ですが女性もいます。

　同じく、無名の外国人選手がたくさん日本で頑張っているのも事実です。

　そして、彼ら無名選手の行動が、競技だけではなく日常生活での交流も含め国際交流につながっており、それぞれが、現地で、また帰国した以降の「世界平和」形成の礎になっていることを意識してください。

(3)　ところで、スポーツの国際化は、「する人」に限らず、指導者側「支える人」から見てもいえます。外国人の監督が続いているサッカー日本代表の例が突出していますが、プロ野球、ラグビー、その他の競技、またフィギュアスケートやテニスなど個人競技でも外国人監督やコーチは珍しくありません。今回のリオ・オリンピックのバドミントン女子ダブルス金メダルの高橋・松友ペアの監督、コーチは、それぞれ韓国、中国の出身です。

　逆に日本からも、シンクロナイズドスイミングの井村雅代やサッカーの岡田武史が中国でコーチし、その他柔道や野球などで、国境の壁を越えて指導しています。

　その他、支える側との関係でいうと、スポーツドクター（医師）やスポーツロイヤー（学者・弁護士）なども、研究成果の発表や国際的連帯をさまざまな形で発揮したいもので、スポーツ法の関係でいえば、2年に1度開催されている「アジアスポーツ法学会」があります。

(4)　さらにいえば、スポーツを「する人」、「支える人」だけではなく、本条に直接出ていませんが、ファン・観客やサポーターなどスポーツを「観る人」にとっても国際競技大会（2条。オリンピック・パラリンピック競技大会、その他の国際的な規模のスポーツ競技会）への観戦ツアーや国際映像を通じての観戦など、大きな国際化の波がきています。

　2020年の東京・オリンピック・パラリンピックが、このような国際化のよいモデルになるよう、国および地方公共団体だけでなく、「世界の中の日本」の一員として、私たちもぜひ一役買いたいものです。

　そして、スポーツが平和な国際社会に貢献できる優れた文化であること、すなわち「スポーツの平和創造機能」を、具体的な行動で示したいものです。

(5)　このような国際化の中でも、残念な事実も発生しています。詳しくは参考資料3の『Q&Aスポーツの法律問題』の中の事例で一緒に考えますが、たとえば、サッカーの試合での人種・民族・国籍に対する差別的・侮辱的行為です。

　また、できれば議論してほしいこととして、大相撲での親方（年寄）の国籍問題、プロ・アマ（大学や高校）での外国人選手枠などがあります。

　さらに、オリンピックを目指して国籍を変えた猫ひろし（カンボジア）や塚原直也（オーストラリア）についても、考えてみてください。

これらが、スポーツの文化的価値を貶めていないか、国際化、「スポーツの平和創造機能」との関係でどうとらえるべきかを一緒に考えてみましょう。

第20条（顕彰）
　国及び地方公共団体は、スポーツの競技会において優秀な成績を収めた者及びスポーツの発展に寄与した者の顕彰に努めなければならない。

【注釈】

⑴　旧振興法でも同様の顕彰規定がありました（15条）。
　基本法の20条は、第3章のスポーツの基本的施策の第1節「スポーツ推進のための基礎的条件の整備等」の最後の条文として規定されています。

⑵　顕彰の対象は、「スポーツの競技会において優秀な成績を収めた者」と「スポーツの発展に寄与した者」の2種類です。
　前者は、たとえばオリンピックやパラリンピックなど競技スポーツで優秀な成績を収めた人が対象ですが、後者は、競技者として優秀で、なおかつ指導者などとしても尽くした人、選手として実績は残せなかったけれども指導者として優れた業績を残した人、また財政や金銭面、医療面などでサポートした人、スポーツに関する研究などで業績を残した人なども対象になります。

⑶　国や地方公共団体が、それぞれ、スポーツ特別賞や功労賞、感謝状などとして、団体や個人を顕彰し、その励みがさらにスポーツ界の発展に繋がることが期待されています。顕彰の内容として物品や金銭的給付があっても構いません。

第2節　多様なスポーツの機会の確保のための環境の整備

第21条（地域におけるスポーツの振興のための事業への支援等）
　国及び地方公共団体は、国民がその興味又は関心に応じて身近にスポーツに親しむことができるよう、住民が主体的に運営するスポーツ団体が行

> う地域におけるスポーツの振興のための事業への支援、住民が安全かつ効果的にスポーツを行うための指導者等の配置、住民が快適にスポーツを行い相互に交流を深めることができるスポーツ施設の整備その他の必要な施策を講ずるよう努めなければならない。

【注釈】

⑴　本条は、住民の自発性・自律性を促しつつ、国および地方公共団体が、住民による地域スポーツの振興に対して、必要な施策を講ずるよう求める規定です。決められたことを実行するのではなく、自分たちで発案し実行するのは私たち日本人の苦手とするところですが、本条はあくまで、住民側の自発的な動きを前提に、公的にサポートしますとの意味です。

　本条のスポーツ団体は、地域スポーツクラブ、典型的には文部科学省が1995年から推進する総合型地域スポーツクラブです。この場合、複数種目のスポーツ競技のあることが多いでしょうが、単一種目でのスポーツクラブがあっても、全くおかしくありません。たとえば、国体での競技開催地をきっかけに、その地域になじむようになり特化した富山県小矢部市のホッケーなどが例にあげられます。

　本条のスポーツ団体は、2条2項や5条でのスポーツ団体、つまり「スポーツの振興のための事業を行うことを主たる目的とする団体」の一種といってよいのですが、「住民が主体的に運営する」点に特徴があるといえます（2条2項参照）。

⑵　①「事業への支援」の『事業』とは、住民が主体的に運営する地域スポーツクラブが行う、地域におけるスポーツ振興のための事業です。

　②人的配慮である「指導者などの配置」とは、住民が安全かつ効果的にスポーツを行うためのものです。

　③物的配慮である「施設の整備」とは、住民が快適にスポーツを行い相互に交流を深めることができるためのものです。

　④その他の「必要な施策」とは、地方自治つまり住民自治、団体自治の観点から、工夫して考えだされる施策のことです。

　この人的、物的、その他の施策は、それぞれ相互に関連しており、有機的・総合的に検討し遂行されなければなりません。

> 第22条（スポーツ行事の実施及び奨励）
> 1 　地方公共団体は、広く住民が自主的かつ積極的に参加できるような運動会、競技会、体力テスト、スポーツ教室等のスポーツ行事を実施するよう努めるとともに、地域スポーツクラブその他の者がこれらの行事を実施するよう奨励に努めなければならない。
> 2 　国は、地方公共団体に対し、前項の行事の実施に関し必要な援助を行うものとする。

【注釈】

⑴　本条１項は、この法律で「地方公共団体は」で始まる数少ない条文の１つです（他には４条、34条）。

ここでは、都道府県・市町村など地方公共団体に、スポーツ行事＝スポーツ振興への旗振り役を、地域住民のスポーツ活動に対しては応援団の役を求めています。

具体的には、自治会など地区の運動会・競技会、年齢・障がいの程度に応じての体力テスト、スポーツ教室などのスポーツ行事をきめ細かく行うことを求めています。

ところで、スポーツ行事の実施・奨励については、旧振興法にも同じような規定がありました。ところが旧振興法では「行事を実施するよう奨励しなければならない」とされていたのに、基本法では「行事を実施するよう奨励に努めなければならない」と、わざわざ努力目標にトーンダウンさせており、この点を疑問視する見解もあります。

しかし、これは21条で述べたこととも関連し、本条は、あくまで住民・市民が主体で、地方公共団体はあくまで応援団であることを意味し、住民・市民の自発性を促している規定です。

⑵　２項は、国として、１項の地方公共団体の地域スポーツクラブなどへの行事について、人的・物的に必要な援助を当然行うとの規定です。つまり、地方公共団体の地域スポーツクラブなどへの応援団的地位を前提として、国はそれを義務

(3)　この規定は、最近の地方分権の考えとも通底し、21条の規定とも相まって、スポーツを通じての地域コミュニティ活性化に寄与するものです。そして再三述べますが、主役はあくまで住民・市民です。

　実際には、たとえば、引退後のトップアスリートを優秀な指導者として地域に迎えることによる、アスリートのセカンドキャリア充実の問題、学校や2条2項、また5条のスポーツ団体との関連、さらに18条のスポーツ産業（フィットネスクラブ・ヨガ道場・ボーリング場など）との関連、調整なども大切な課題でしょう。

　いずれにしても本条は、21条とともに最も身近な「地域」における住民福祉・健康の観点からスポーツの振興を考えようとするものであり、地方自治の精神や社会国家の理念を軸にして検討すべき課題です（憲法92条、25条）。

第23条（体育の日の行事）
　国及び地方公共団体は、国民の祝日に関する法律第2条に規定する体育の日において、国民の間に広くスポーツについての関心と理解を深め、かつ、積極的にスポーツを行う意欲を高揚するような行事を実施するよう努めるとともに、広く国民があらゆる地域でそれぞれその生活の実情に即してスポーツを行うことができるような行事が実施されるよう、必要な施策を講じ、及び援助を行うよう努めなければならない。

【注釈】

(1)　「体育の日」は、国民の祝日に関する法律2条に規定があり、「スポーツにしたしみ、健康な心身をつちかう」とされています。英文で体育の日は、一般的には「Sport and Health Day」と翻訳されています。

　1964（昭和39）年、東京オリンピックが開催されたのが10月10日だったため、その日を体育の日と定めましたが、2000年から、いわゆるハッピーマンデー制度の関係で、10月第2月曜日になりました。

　国民の祝日になった当初（1966年）の文部省（当時）の通達では、行う行事の

参考例として、
　①　体育大会、運動会、各種スポーツの競技会、徒手体操の会、民踊のつどい、フォークダンスの会、登山、サイクリング、ハイキング、キャンピングなどの会、歩け歩けの会、つりの会、スポーツ教室など
　②　健康相談、スポーツテスト・体力テストの会など
　③　体育・スポーツに関する講演会、映画会、スポーツ美術展覧会、体育・スポーツに関する標語、絵画、ポスターの募集など
　④　体育・スポーツに関する功労者、優秀選手の表彰など
とされていました。

　また、当日だけでなく、体育の日を中心に「体育週間」、「体育旬間」を設けるなどして、体育の日の趣旨をさらに生かすよう工夫されることが望ましいともされていました。

　いろいろあって楽しいですが、ぼくの個人的感想をいえば、国際交流についての視点が抜けている点が残念です。

(2)　体育の日のスポーツ奨励については、旧振興法でも規定がありました（5条）。そこでは「……行事が実施されるよう必要な措置を講じ、援助を行うものとする」とされていましたが、本条では「……行事を実施するよう努めるとともに、……必要な施策を講じ、及び援助を行うよう努めなければならない」と「努力義務規定」に後退している点が気になります。

　しかし、この点についても、前条で述べたのと同様、あくまで主体性を持った国民・住民が主役であり、国・地方公共団体は、その応援団であるとの観点での規定です。つまり、国民・住民に主体的・自立的であるべきことを鼓舞しているのです。

(3)　同じく旧振興法では、体育の日の行事について「あらゆる地域及び職域で」とありましたが、本条では「あらゆる地域で」とされ「職域」が削除されました。

　この点、旧振興法は社会教育法の特別法的な位置づけがあり、そのため、学校教育以外のスポーツ、つまり職域・職場などのスポーツも入っていたのです。一方、スポーツ基本法は基盤が異なり、職場スポーツは当該企業の福利厚生問題であること、また、職域・職場は地域に含まれることから除外したと説明されているようです。同様の視点で、旧振興法9条にあった「職場スポーツの奨励」の規

定も削除されました。

　しかし、ぼくは、職域・職場がスポーツ基本法にあっても特に問題はなかったと思います。むしろスポーツの「基本法」ですから、残しておいて重複的・重層的にスポーツにふれ合えるほうが、本人はもとより、スポーツの充実・発展のためにも望ましく、職域・職場は残しておいたほうがよかったと思います。

◆コラム◆　「体育の日」から「スポーツの日」へ、
　　　　　そして「世界スポーツの日」の提案

　体育の日は、年間16日ある国民の祝日の1つです。本文にも書きましたが、現在は10月の第2月曜日、もともとは、1964年第18回夏季東京・オリンピック開催日の10月10日でした。
　英文で「Sport and Health Day」と訳され、意義として、条文上「スポーツにしたしみ、健康な心身をつちかう」とされています。「体育の日」であるのに「スポーツにしたしむ」とあるのです。
　でも、スポーツの歴史（14頁）の箇所で書きましたが、体育とスポーツは異なります。そして2011年には「スポーツ基本法」ができ、2015年には「スポーツ庁」ができました。
　今、国会議員の中で多少議論があり、おそらく、この書物が店頭に並んでしばらくすれば、遅くとも2020年までには「体育の日」から「スポーツの日」に改正が行われるでしょう。これも法律改正（憲法59条）の1つなんです。
　そして、ぼくも、教育の一部「体育」よりも広い意味を持ち、楽しく自主的に行う「スポーツ」のほうがふさわしいと考えており、その推進派なのです。
　もう1つ、日本の祝日「スポーツの日」とは別に、ぼくは、世界の祝日として「世界スポーツの日」の制定を提案します。候補日としては、第1回近代オリンピックが1896年、アテネで開催されましたが、その開会式の「4月6日」ではどうでしょうか。
　ホントは、6月23日にIOCが決めた「オリンピックデー」があり、その日を「世界スポーツの日」として世界そして日本の祝日にできれば、日本では唯一祝日のない6月にも祝日ができるので、それでも構わないのですが……。
　いずれにしても、全世界の老若男女が一斉にスポーツのために休日にして楽しむのです。楽しい記念日は多いほうがよいし、これは必ず世界平和の礎になると確信します。

> ところで、第1回のアテネ・オリンピックは、14の国・地域からわずか245人の参加、しかも、クーベルタンが女子の参加に反対だった（そうなんですよ！）こともあり、出場は男子だけ。また、財政事情で金メダルはなく、優勝者には銀メダル、準優勝は銅メダル、3位は賞状だけだったんです。このトリビア（trivia）知ってました？

> **第24条**（野外活動及びスポーツ・レクリエーション活動の普及奨励）
> 国及び地方公共団体は、心身の健全な発達、生きがいのある豊かな生活の実現等のために行われるハイキング、サイクリング、キャンプ活動その他の野外活動、及びスポーツとして行われるレクリエーション活動を普及奨励するため野外活動又はスポーツ・レクリエーション活動に係るスポーツ施設の整備、住民の交流の場となる行事の実施その他の必要な施策を講ずるよう努めなければならない。

【注釈】

(1) 旧振興法でも同様の規定がありました。文言を比較するため旧振興法10条をそのまま引用します。「国及び地方公共団体は、心身の健全な発達のために行なわれる徒歩旅行、自転車旅行、キャンプ活動その他の野外活動を普及奨励するため、コースの設定、キャンプ場の開設その他の必要な措置を講ずるよう努めなければならない」とされていました。

比較すると「身心の健全な発達のため」は共通ですが、スポーツ基本法では「生きがいのある豊かな生活の実現等のため」と目的を広げた文言になっています。そして、旧振興法では「コースの設定」、「キャンプ場の開設」と、各活動の初期の文言になっていますが、基本法では、ある程度設備などができていることを前提に、「スポーツ設備の整備」といった、より充実化するための文言になっています。

これは、旧振興法の1961年から基本法の2011年の半世紀50年間のわが国のスポーツに対する立ち位置の変化と考えられ、スポーツ・レクリエーション活動の

一層の充実・多様化が実現し、また求められていることを意味します。

(2) 旧振興法、スポーツ基本法とも、各条文での普及・奨励は努力義務規定であり、「必要な措置」（振興法）と「必要な施策」（基本法）で、特に差があるわけではありません。ただ、上記に説明したとおり、スポーツ基本法下では、より積極的で充実した施策が期待されるところです。

第3節　競技水準の向上等

第25条（優秀なスポーツ選手の育成等）
1　国は、優秀なスポーツ選手を確保し、及び育成するため、スポーツ団体が行う合宿、国際競技大会又は全国的な規模のスポーツの競技会へのスポーツ選手及び指導者等の派遣、優れた資質を有する青少年に対する指導その他の活動への支援、スポーツ選手の競技技術の向上及びその効果の十分な発揮を図る上で必要な環境の整備その他の必要な施策を講ずるものとする。
2　国は、優秀なスポーツ選手及び指導者等が、生涯にわたりその有する能力を幅広く社会に生かすことができるよう、社会の各分野で活躍できる知識及び技能の習得に対する支援並びに活躍できる環境の整備の促進、その他の必要な施策を講ずるものとする。

【注釈】

(1) 本条は、「国」による「優秀なスポーツ選手の育成等」を定めた規定です。旧振興法14条は、スポーツ水準の向上のため「国及び地方公共団体」に「必要な措置を講ずる」と簡単に定めていただけでしたが、基本法は、「スポーツ立国」の観点から「国」を前面に出して、

① 「合宿」、「国際競技大会」、「各種全国大会」へ、選手や指導者などを派遣すること
② 特に優れた資質を持つ「青少年」の育成・指導・その他の活動の支援

③　必要な、環境の整備その他の施策

を講じるとして、優秀な人材の発掘と活動支援について定めています。

(2)　2項は、優秀なスポーツ選手や指導者などが、アスリートや指導者などとしての能力を、社会的財産として「生涯」社会に還元できるよう、諸施策を講じることを求めています。

　優秀な現役のスポーツ選手は、その存在自体が一般の人には憧れでまぶしいですし、また、間近で見る競技内容に興奮し感動します。その意味で優秀な現役選手が、優れた技の見本を見せたりコーチすることは、大変ありがたいし大切でもありますが、選手自身は、当然自分の競技生活が中心とならざるを得ません。

　ただ、どれだけ優秀なスポーツ選手も、いつかは競技者としては引退します。ですからこの2項は、現役終了後の「指導者」としての活動に主眼があるといえます。

　ところで、優秀なスポーツ選手が、現役時代また現役終了後も優秀な指導者であれば、競技と指導の循環が上手く作動し、スポーツ界の順調な発展を促進します。しかし、現実は必ずしもそうではありません。一般社会でもそうですが、自分ができることとそれを上手く指導することとは別です。また、選手の人間性の問題もあります。

(3)　2項は、それらを意識し、優秀なスポーツ選手や現役を終えて指導者になった元選手が、「生涯」そのスポーツを社会に還元できるようにするための規定です。

　選手としては、現役引退後そのまま、全面的に自身が関わってきた競技・競技団体などで、有償で指導者として関与し続ける場合が一番恵まれており、楽しいと思われます。

　しかし、スポーツの現場では、有償で指導できる指導者の枠はそれほど多くありません。したがって、多くの選手は、セカンドキャリアとして別の仕事に従事しながら、自身の選手としてのスキルや能力を還元することになります。そのセカンドキャリアに向けての知識や技能の習得などについても国が配慮することで、スポーツ社会の好循環が導かれるとの考えです。

　「名選手、名監督ならず」という言葉があります。優秀なスポーツ選手が優秀な指導者であるとは限りません。これは、みなさんが関係した、あるいはみなさ

んの好きなスポーツ分野での例を思い起こしてください。

　逆にいうと、ここでの「指導者」は、結果を残した優秀なスポーツ選手でなくてもかまわないのです。そのスポーツを全くやったことのない人が指導者になることは、まず考えられませんが、スポーツ選手としては優秀でなくても、あるいは肉体的ハンデなどで実績はなくても、優れた指導者になることは十分可能です。

(4)　本条では、1項・2項ともに「指導者」の文言があります。それはスポーツを「支える人＝指導者」の重要性を意味しています。スポーツ指導者は有用な社会的財産です。ぼくは「人財」といいます。そして、指導者が生涯その能力を幅広く社会に活かし還元するには、一方で社会システムとしてセカンドキャリアに対する配慮・諸施策が必要です。

　また、他方、指導者としては、単にその競技を指導するだけではなく豊かな人間性（人間力）が必要です。したがって、良い指導者になるには、現役時代からの努力・精進が必要です。言葉は良くないですが、いわゆる「スポーツバカ」ではいけないのです。このことは、みなさんにとっても、身近な例や指導者についての実録としてのテレビ番組や書物などで明らかでしょう。

(5)　本条の趣旨を活かすため、「独立行政法人日本スポーツ振興センター法」によるスポーツ振興センターが作られています。

　また、財政的には「スポーツ振興投票の実施等に関する法律（通称「toto法」）」がありますが、ぼくの意見では、toto法に寄りかかる政策ではダメで、スポーツ予算は国家予算からきちんと捻出するのが、文化としてのスポーツの筋です（「スポーツ予算と法」220頁参照）。

第26条（国民体育大会及び全国障害者スポーツ大会）
1　国民体育大会は、公益財団法人日本体育協会、国及び開催地の都道府県が共同して開催するのものとし、これらの開催者が定める方法により選出された選手が参加して総合的に運動競技をするものとする。
2　全国障害者スポーツ大会は、公益財団法人日本障害者スポーツ協会、国及び開催地の都道府県が共同して開催するのものとし、これらの開催者が定める方法により選出された選手が参加して、総合的に運動競技をするもの

とする。

3　国は、国民体育大会及び全国障害者スポーツ大会の円滑な実施及び運営に資するため、これらの開催者である公益財団法人日本体育協会又は財団法人日本障害者スポーツ協会及び開催地の都道府県に対し、必要な援助を行うものとする。

【注釈】

⑴　国民体育大会（国体）と全国障害者スポーツ大会に関する規定です。国体については旧振興法でも規定がありましたが（6条）、障がい者の文言もなかった同法では、障害者のスポーツ大会に関する規定もありませんでした。

　現在はいずれの大会も、各協会と国、開催する都道府県が共催し、国が必要な援助をすることになっています。

⑵　国民体育大会（国体）

　(1)　国体の前身は1924年からアジア・太平洋戦争中の1943年まで行われていた明治神宮競技大会です。

　　国体は、毎年1月のスケート・アイスホッケー競技会、2月のスキー競技会、9～10月の本大会の3つに分かれて行われている、全国的なスポーツの祭典をいいます。

　　第1回の国体は、1946（昭和21）年に夏季・秋季大会として、京都府・大阪府・兵庫県で開催されました。戦災直後の復興過程で、体育大会どころではないとの意見もありましたが、関係者の努力で開催され、スポーツの持つ力が発揮されました。

　　2回目は東京都と考えられていましたが、第1回大会の開催中に石川県が名乗りをあげ、以後の地方開催が決まったとされます。開催にあたり、当時の占領軍のGHQ（General Head Quarters＝総合司令部）の承認・許可が必要だったことも記憶されるべきでしょう。

　(2)　冬季大会は1947年青森県で開催され、ウインタースポーツなので、開催可能な寒冷地の持ち回りとなっています。

　(3)　国体は、開催地でスポーツに関心を持ってもらう、地域にスポーツを根付

かせる、また、地方公共団体のスポーツ施設建設などインフラ整備に大いに貢献しました。

　しかし、各都道府県を一巡した現在、肥大化した大会、必ずしもトップ選手が参加しないこと、勝利至上主義による、天皇杯（男女総合１位）・皇后杯（女子総合１位）獲得への開催県、特に競技関係者や県の幹部のこだわり、その関係での居住実態のない選手の登録など、文化としてのスポーツの本質を踏まえ、国体を今後どうすべきかいろいろ大きな問題を抱えています。

　なお、外国人の国体参加問題については162頁を参照してください。

(3) 全国障害者スポーツ大会
 (1) 全国障害者スポーツ大会とは、障がいのある選手が、競技などを通じ、スポーツの楽しさを体験するとともに、国民の障がいに対する理解を深め、障がい者の社会参加の推進に寄与することを目的とした、障がい者の全国的なスポーツの祭典です。
 (2) 全国障害者スポーツ大会は、2001年の56回国体から開催されています。沿革をいいますと、障がい者のスポーツ大会には、全国身体障害者スポーツ大会（1965年〜）と全国知的障害者スポーツ大会（1992年〜）の２つの大会がありましたが、2001年からは両者を統合して開催されています。毎年、国体の終了後に開催されています。

　なお、障がい者とスポーツについては70頁・170頁を参照してください。

第27条（国際競技大会の招致又は開催の支援等）

１　国は、国際競技大会の我が国への招致又はその開催が円滑になされるよう、環境の保全に留意しつつ、そのための社会的機運の醸成、当該招致又は開催に必要な資金の確保、国際競技大会に参加する外国人の受入れ等に必要な特別の措置を講ずるものとする。

２　国は、公益財団法人日本オリンピック委員会、財団法人日本障害者スポーツ協会その他のスポーツ団体が行う国際的な規模のスポーツの振興のための事業に関し必要な措置を講ずるに当たっては、当該スポーツ団体との緊密な連絡を図るものとする。

【注釈】

⑴　本条は、「世界の中の日本」として、国際競技大会の招致・開催を行うこと、その際の「国」としての支援体制についての規定です。

実際の国際競技大会、たとえばオリンピック・パラリンピック招致においては、その招致申請にあたりIOCは、必要経費などに関し政府保証を求めますから、やはりお金の問題は大切です。

2020年の東京・オリンピック・パラリンピック招致活動が、この27条をも根拠に強力に推進されたのは、間違いありません。

⑵　1項に「環境の保全に留意しつつ」との文言・表現が記述されています。これは1998年冬季長野・オリンピックの際、滑降のスキーコース整備にあたり、中部山岳国立公園の第一種特別地域を横切ることになったこと、つまり自然破壊が行われたことの反省と、今後そのようなことがないようにとの規定です。古くは1972年の冬季札幌・オリンピックでの恵庭岳での山林伐採問題もありました。

すなわち、スポーツは、楽しみを目的に行うものですが、その場合でも、あくまで自然との調和、環境保全、もっといえば、自然への畏敬、自然に生かされていることへの感謝や確認も大切であるとの趣旨が込められています。

その意味では、この環境保全の問題は、国際競技大会に限らず、たとえば、ゴルフ場開発や水辺を利用しての国内でのスポーツ活動においても、汚染や環境破壊に注意し、自然と調和する姿勢・取組みが大切です。

⑶　「国際競技大会に参加する外国人の受入れ」は、競技する選手だけでなく、競技を支える審判や監督・コーチ・トレーナー・役員なども当然含まれます。それだけでなく、応援に訪れる観客（観る人＝観る権利）にも広く適用されると考えるべきです。官民それぞれの立場で「おもてなし」の精神を発揮することが大切です。

⑷　2項の関係で、旧振興法14条では、JOC（公益財団法人日本オリンピック委員会）の国際的事業について、国の支援、国との連携を定めていましたが、障がい者関係の規定はありませんでした。

基本法では、「JOC」に並べて「JPSA（公益財団法人日本障がい者スポーツ協会）」、「その他のスポーツ団体」を並べて掲げ、これら団体が行う国際的な規模のス

ポーツ振興事業（スポーツ競技大会だけでなく、シンポジウムなども含む）において、国はそれぞれのスポーツ団体と緊密な連絡・連携をとるべきだとしています。

　ちなみに、その他のスポーツ団体とは、いずれも公益財団法人である、日本サッカー協会（JFA）、日本陸上競技連盟（JAAF）、日本ラグビーフットボール協会（JRFU）などをいい、スポーツ立国を掲げるわが国として、各種ワールドカップや、世界陸上などの招致・開催を歓迎する意味が込められています。

　ただ、ぼくは「その他のスポーツ団体」の中にはスポーツに関する医学・法学・心理学・経営学・栄養学などの団体も含まれると考えます。

　そしてたとえば、日本スポーツ法学会が国際的なフォーラム・シンポジウムや学会を開催するときなどにも、本条項を活用すべきだと思います。

(5)　この関係で反省しなければならないのは、1980年のモスクワ・オリンピックでの不参加です。この時は政府が、アメリカの政治的言いなりのまま、フランスや英国でさえ参加したのに、逆にJOCなどに圧力をかけ、結局日本選手は参加できませんでした。

　スポーツと政治は大いに関係があるのですが、政府がスポーツ団体に圧力を加えることは、スポーツの理念から許されません。

第28条（企業、大学等によるスポーツへの支援）
　国は、スポーツの普及又は競技水準の向上を図る上で企業のスポーツチーム等が果たす役割の重要性に鑑み、企業、大学等によるスポーツへの支援に必要な施策を講ずるものとする。

【注釈】

(1)　わが国のトップスポーツ選手やトップスポーツの技術・ノウハウが、企業や大学に存在する実態を前提に、その企業や大学が一般社会にスポーツを普及させたり還元したりするとき、国にその支援に必要な施策を考えなさいというものです。ここでの企業には、特に排除されていないので、プロスポーツ組織も含むと考えられます。

⑵　ところで、本条での文言で気になるのは、前段で企業と並べて大学があげられていない点です。ぼくは、企業に並べて大学も記載する方が、後半の文章とのつながりも良かったと思います。

　善意に解釈すれば、文言の「企業のスポーツチーム等」の「等」の中に大学が入っているということかもしれませんが、むしろ果たす役割の重要性からすれば、「企業、大学のスポーツチーム等」と対等の表現がよかったと思います。実際、後文のスポーツを支援する側に「大学」が記載されていることからすれば、明らかにおかしいと思います。

　トップスポーツ選手が「大学」にもいるのに、「大学」文言を外したのは、大学が学校教育法上の学校であり、「学術の中心として、広く知識を授けるとともに、深く専門の学芸を教授研究し、知的、道徳的および応用的能力を展開させることを目的とする」（学校教育法83条）ので、企業と並列にできないと考えたからだと思われます。

　この点ぼくの理解では、前文に「大学」の記載がないのは、心身二元論からのスポーツ（体育化したスポーツ）に対する偏見・蔑視ではないかと思います。つまり、スポーツは、通常の学術より劣る文化であるといった観点です。心身二元論についてぼくは、「精神は高貴で優れていて肉体は邪悪で劣後すると考える」の意味で使っていますが、本条の文言、スポーツに対する蔑んだ見方からきていると感じるのは、ぼくの偏見でしょうか。

⑶　いずれにしても、現在、かなりの企業や大学が、地域のスポーツクラブや、地域住民・青少年との関係で、スポーツを通じての指導・連携や社会貢献をしています。

　企業の関係でいえば、バブル崩壊と経営上の問題などで企業スポーツが次々と休廃部になっている事実がありますが、たとえばバレーボールの新日鉄堺ブレイザーズなどは地域に密着するクラブとして頑張っています。

　一方、大学でもスポーツ文化の承継・発展や地域との共生、青少年との交流などをメインテーマに掲げ、反面は少子化進行の中での大学の生き残り戦略でもありますが、頑張っています。

　そして、本条の趣旨からすれば上記のような場合、国として補助金を出すとか税制上の優遇措置をとるなど、スポーツ文化発展に向け、効果的な施策を考える

(4)　ちなみに、1961年の旧振興法では、9条で「職場スポーツの奨励」規定がありました。もちろん、日本の企業スポーツ（実業団スポーツ）は、それ以前からあったのですが、経済成長や旧振興法の規定を背景に、アマチュアスポーツとして発展し、俗にいわれるセミプロ（ノンプロ）選手を輩出し、日本のスポーツ文化を支えてきた歴史があります。古い世代の人は、1964年東京・オリンピックにおける、「ニチボー貝塚」の選手を中心とした女子バレーボールの対ソ連戦を制しての金メダルを思い出されるでしょう。

　ただ、旧振興法の規定は、同法が社会教育法の特別法的意味を持っていたことと関連し、勤労者が勤労の余暇を利用してのスポーツという構造だったので、基本法28条とは位置づけが異なります。だからといって、現在職場スポーツが排除されているわけではなく、楽しみや健康維持、連帯感醸成の観点などから、ぼくは職場スポーツも推奨されるべきだと考えます。

(5)　企業スポーツ、大学スポーツの歴史や実態については、ここでは説明しませんが、基本法が国に対し、これらにも、きちんと目配りするよう求めている点を指摘しておきます。

◆コラム◆　大学スポーツチームの法人化と法

　2016年10月の新聞報道によると、過去に企業チームを撃破して日本一になったこともある京大アメフト部が、「一般社団法人京都大学アメリカンフットボールクラブ」を設立しました。これは日本の学生スポーツ界にとって、団体・組織としての法律的観点からは画期的なことです。

　これまで、大学のスポーツクラブ（運動部）は、法人である大学内の一組織であり、「団体としての権利能力」を持つ独立した法人格はありませんでした。

　そのため、部員から集める部費や、大学からの助成金、OBからの寄付金などは、あくまで個人が会計責任者として資金管理を行ってきました。

　これからは、たとえば預金名義が法人名になり、法人として事業（スポンサー契約やグッズ販売など）ができるようになり、自主財源の確保も可能になります。

　また、部活動での不慮の事故や不祥事への対応なども、これまでとは異なることになり、組織の永続性、ガバナンスの向上にも連なると期待されています。

ちなみに、アメリカでは、NCAA（全米大学体育協会）が、1200校以上を集めてリーグ団体を統轄し、23競技、46万人の学生が参加して、試合や組織を運営しているとされます。そして、放映権なども持ち、総収入は1兆円を超えるともいわれています。
　今回の京大アメフト部の試みが、日本の法律社会、契約社会の中で、今後どのような展開になるか関心の持たれるところです。

第29条（ドーピング防止活動の推進）
　国は、スポーツにおけるドーピングの防止に関する国際規約に従ってドーピングの防止活動を実施するため、公益財団法人日本アンチ・ドーピング機構と連携を図りつつ、ドーピングの検査、ドーピングの防止に関する教育及び啓発その他のドーピングの防止活動の実施に係る体制の整備、国際的なドーピングの防止に関する機関等への支援その他の必要な施策を講ずるものとする。

【注釈】

(1)　ドーピング

　ドーピング（Doping）とは、簡単には「薬物を使用すること」をいいますが、語源は「Dop」で、アフリカ東南部の住民が、祭りの儀式や闘いの前に飲む強いお酒に由来するようです。これが「興奮性飲料」の意味となり、さらに「麻薬」の意味で用いられるようになったものです。
　スポーツでのドーピングは、スポーツ選手が運動能力を高めるため、筋肉増強剤・鎮静剤など、薬物を使用することをいいます。不公正な方法で競技における競技能力高めるので禁止されています。旧振興法では規定されていませんでしたが、基本法では、基本理念の2条8項と本条で禁止について規定しています。

(2)　ドーピングの歴史

　語源は上記のとおりですが19世紀末頃に英語の辞書に「dope」という言葉があり、その意味は「競走馬に与えられる阿片と麻薬の混合物」と説明され、その

頃は人間に対してではなく競走馬に使用されたことを物語っています。

　1911年、ウイーンで競走馬を対象にドーピング検査が行われ、また、競争犬でも問題とされ、その後、人間にも拡散した経緯があります。

　以下、年代順に並べてみます。

- 1950年代は、ドーピング薬物としては、「覚せい剤」が主流でした。
- 1960年のローマ・オリンピックでの自転車競技で、1名が死亡、2名が入院する事件があり、原因は「アンフェタミン」（興奮剤で、日本では法律上覚せい剤に指定）などの薬物使用でした。
- 1962年のIOC総会で、公式に「ドーピング反対」の決議が採択され、本格的なアンチ・ドーピング活動が開始しました。
- 1964年、東京・オリンピックの年、ドーピング検査の導入と、IOC医事委員会の設立が合意されました。
- 1968年、グルノーブルの冬季オリンピック、メキシコ・オリンピック大会で、初めて正式にドーピング検査が行われました。
- 1976年、モントリオール・オリンピックで、いわゆる筋肉増強剤の「蛋白同化ステロイド」のドーピング検査。陸上競技と重量挙げで検出されました。
- 1984年のロサンゼルス・オリンピックの頃は、蛋白同化ステロイドのほとんどについて検出が可能になりましたが、「スタノゾール」という薬物については、まだ検出が困難で、スポーツ界に広がったとされています。
- 1988年、ソウル・オリンピックで、世界一速い男に輝いたベン・ジョンソンが、「スタノゾロール陽性」で、100メートル走優勝（記録は9秒79）が取り消されました。
- 1994年、サッカーワールドカップ・アメリカ大会で、アルゼンチンのマラドーナが禁止薬物の興奮剤を使用し、大会から即時追放され、途中でアメリカを去りました。
- 1999年、WADA（World Anti-Doping Agency：世界アンチ・ドーピング機構）が発足。当初、IOC主導で運営されてきましたが、独立性・公平性・透明性が必要との観点から、現在では独立の機関になっています。
- 2001年、JADA（Japan Anti-Doping Agency：日本アンチ・ドーピング機構。現在は公益財団法人）発足。

- 2003年、日本で、この年の静岡国体からドーピング検査が開始され、同じくこの年からMLB（メジャーリーグ）で罰則なしのドーピング検査が開始されました。
- 2007年、MLBミッチェル調査報告書で疑惑の選手89名が公表されました。
- 2016年、リオデジャネイロ・オリンピック・パラリンピックでのロシア疑惑が発生しました。

(3) 本条の概要

本条では、まずドーピングの防止は国際的な関心事であり、わが国だけの問題ではないと明言しています。

そして、国内においては公益財団法人日本アンチ・ドーピング機構（JADA）が中心的組織であると明示しています。

行うべき行為は、ドーピング検査、防止に関する教育・啓発、体制整備です。

国際機関としての世界アンチ・ドーピング機構（WADA）への支援と記述していますが、実際はWADAと連携しての施策を講ずべしの趣旨です。

いずれにしても、教育・啓発、そして防止の体制整備をうたっており、将来に備える形になっています。

(4) ドーピングが禁止される理由

なぜドーピングは禁止されるのでしょうか。以下の4つが考えられます。

① 不公正（アンフェア）
② 副作用による健康被害
③ 社会的悪影響、特に青少年の教育上の問題
④ 無感動。よい成績が出ても観る側に感動を与えない（観る権利の侵害）

それぞれ説明しますと、まず、①についてドーピングは不公正（アンフェア）です。スポツは、公正（フェア）に行われてこそ価値があります。ところが、筋肉増強剤や薬物など人工的なものを付加するのでは、公正ではありません。もっとも、どのような薬物が禁止されるのか、そのリストは毎年、追加・変更されたりしていますが、一方ではそれに抵触しない薬物を研究したり、薬物使用の発覚を免れるための薬物の研究など、いたちごっこが続いているといわれます。

②の健康への影響は、薬物使用する選手の心身をむしばみ、体調を崩したり後遺症が残ったり、極端な場合は死亡事故にも連なります。また、女性が男性化し

たり、精神的な疾患で社会への適応ができなくなるなど、旧東欧社会では深刻な社会問題にもなっています。さらに、疑惑のまま突然死した有名選手もいます。

③の社会的、特に青少年に対する教育上好ましくない結果が予見できます。

元々スポーツ基本法は、特に次代を担う「青少年に期待する」ところが多い法律ですが（前文など）、ドーピングは、公正さを放棄し安易に結果を求めようとしたり、日々の努力を蔑ろにする空気を助長させます。その結果は、スポーツ界だけでなく、一般社会の発展にもマイナスになります。

④はスポーツを観る権利への侵害です。ドーピングで優勝したり、良い成績や記録を更新したりしても、人は感動することはありません。

いずれにしても、ドーピングは、「文化としてのスポーツ」の自殺行為であり、決して許されません。

⑸　ドーピング検査、教育・啓発、体制整備

(1)　ドーピング検査には、競技会検査と競技会外検査があります。競技会検査は、競技会が開催された時に、成績優秀者などを検査するものですが、通常行われる尿検査では、複数の検体を採尿しますが、尿が出てくるところをオフィサー（チェックする人）が具体的に目視するので、プライバシーの侵害ではないかとの指摘もあります。

競技会外検査は、国際的レベルの選手に対し、いわば抜き打ち的に行われる検査で、指名を受けた選手は出頭義務などを負うことになっており、出頭しないと一定の条件でドーピング違反になります。

(2)　教育・啓発ですが、フェアプレイの精神は、スポーツの本質的価値として、スポーツを始めた時から常に教育・啓発する必要があります。指導者が個別に教育・啓発する他、集団での研修会も必要です。

また、実際に副作用や後遺症に悩んでいる実例などを、映像や写真などで見てもらうことも大切です。

防止の具体的体制としては、わが国ではWADAの公認ドーピング分析機関LSIメディエンスが分析しています。

⑹　ドーピングが行われる理由

では、なぜドーピングが行われるのでしょう。理由は、3つあります。「優秀な成績」、「経済的利益」、「名声・名誉」です。

(1) 優秀な成績

　何よりも、競争相手に優る結果が出せる可能性です。スポーツの定義として「競争性」をあげましたが、オリンピックや世界選手権、ワールドカップなどを目指している競技者は、それぞれ極限まで自分を追い込み練習をしています。そんな中、もう少し記録を伸ばせれば、メダルに届く、入賞できるとなると、つい悪魔がささやくのでしょう。実際、薬物にもよるのでしょうが、効果があると聞きます。

(2) 経済的利益

　オリンピックでのメダルや、プロスポーツ競技でのタイトルなどは、直接・間接に経済的利益と結びついています。その利益の内容は各国でいろいろ異なるでしょうが、国によっては、将来の生活を約束されるなど大きな経済的利益を享受できるところもあります。日本では、たとえばオリンピックでの金メダリストには500万円、銀200万円、銅100万円の報奨金がもらえるほか、出身企業やスポンサーからの報奨金など、また、コマーシャルへの出演料の高騰などの経済的利益は、一般市民感覚の金額と大きな差があります。

　ちなみに、パラリンピックでの国からの報奨金は、現在金メダリスト150万円、銀100万円、銅70万円です。

(3) 名声・名誉

　この点は、(1)と関連し、アスリートとしての自身を誇示することができ、そのスポーツ界で認めてもらい尊敬してもらおうとの気持です。スポーツの定義でもある競争性に優れた人は、名声についても意識が過剰な傾向にあります。ドーピングで得た名声・名誉は、自身としても本当は空しいはずですが、周りの人がドーピングに気づかなければ、名声を博したままで過ごすことができ、セカンドキャリアにも有利です。

(7) これからの展望

　上記のとおり、個人の努力・精進により結果が出たのなら、それはリスペクト（尊敬）されますが、ドーピングの結果となると話は異なります。

　ところで、ドーピングには、その他に、遺伝子ドーピングや血液ドーピング、また、TUE（治療目的使用に係る除外措置）の問題などがあります。

　日本ではドーピングについて、まだそれほど深刻な報告はないようです。ただ、

さまざまな問題で、欧米で起こったことは10〜20年後に日本で問題になることが多いことに注意しておきましょう。

いずれにしても、アメリカのプロスポーツ界での問題や、リオデジャネイロのオリンピック・パラリンピックを控えてのロシアのドーピング事件は、国際社会に大きな波紋を投げかけました（「スポーツとドーピング」137頁参照）。

第4章　スポーツの推進に係る体制の整備

第30条（スポーツ推進会議）
　政府は、スポーツに関する施策の総合的、一体的かつ効果的な推進を図るため、スポーツ推進会議を設け、文部科学省及び厚生労働省、経済産業省、国土交通省その他の関係行政機関相互の連絡調整を行うものとする。

【注釈】

(1)　本条に基づき、文部科学省、厚生労働省、経済産業省、国土交通省、その他の関係者が2012年3月に第1回の会議を開催しています。

(2)　スポーツ庁
　その後、2015年10月にスポーツ庁ができました。
　スポーツ庁ができるまで、スポーツについては、上記関係各省が、いわゆる縦割り的に所掌している部門が多かったのですが、スポーツ庁ができた以上、当然同庁が中心的役割を担うことになり、本条は、実質的機能を失ったといえます。

第31条（都道府県及び市町村のスポーツ推進審議会等）
　都道府県及び市町村に、地方スポーツ推進計画その他のスポーツの推進に関する重要事項を調査審議させるため、条例で定めるところにより、審議会その他の合議制の機関を置くことができる。

【注釈】

(1) 本条は10条の「地方スポーツ推進計画」と関連し、スポーツの現場である各地域での「スポーツ推進審議会」などについて規定するものです。

(2) スポーツ基本法には、「国および地方公共団体は」の形で、あるいは独自に「地方公共団体は」の形で、地方公共団体が主語になったり、条文中に入れられている規定が多くあります。それは、実際にスポーツを担うのが、その地方・地域であるからです。

本条もそれにならい、地方公共団体すなわち都道府県市町村にスポーツ推進審議会などを置くことができるとするものです。

(3) 旧振興法18条には、「スポーツ振興審議会等」の規定があり、都道府県に対しては「置くものとする」と設置を義務づけ、市町村に対しては「置くことができる」とされていました。

ところが基本法の本条では、同趣旨の「スポーツ推進審議会等」について、都道府県・市町村ともに「置くことができる」であり、設置が義務的とされていません。

これを、スポーツの振興・推進への後退と見ることもできますが、ぼくは、他の箇所でも述べましたが、あくまで都道府県市町村の独自性・自主性・自律性を尊重している規定だと考えます。したがって、それだけに、「条例」などを積極的に制定し活用することができるか否か、スポーツの振興・推進について、それぞれの地域の「民力」が試されることになります。

第32条（スポーツ推進委員）

1 市町村の教育委員会は、当該市町村におけるスポーツの推進に係る体制の整備を図るため、社会的信望があり、スポーツに関する深い関心と理解を有し、及び次項に規定する職務を行うのに必要な熱意と能力を有する者の中から、スポーツ推進委員を委嘱するものとする。

2 スポーツ推進委員は、当該市町村におけるスポーツの推進のため、教育委員会規則の定めるところにより、スポーツの推進のための事業の実施に

> 係る連絡調整並びに住民に対するスポーツの実技の指導その他スポーツに関する指導及び助言を行うものとする。
> 3　スポーツ推進委員は、非常勤とする。

【注釈】

⑴　スポーツ推進委員は、旧振興法19条の「体育指導委員」を引き継ぐものです（基本法附則4条）。スポーツ推進委員は、非常勤の公務員として、スポーツを支える重要な人財です。本条1項の主語は「市町村の教育委員会」です。

⑵　スポーツ推進委員と体育指導委員との違いは、名称の問題もありますが、従前は「スポーツの実技指導」がメインでした。ところが基本法では、「スポーツの実技指導」の他に、「スポーツ推進のための事業の実施に係る連絡調整」の役目を担うと記載されています。

　これは、現場指導だけでなく、地域のスポーツ団体、総合型地域スポーツクラブ、各種大会などスポーツ関係全般に、主体的・積極的に関わること、そして地域スポーツ振興の推進役、コーディネーター的役割が期待されていることを意味します。

⑶　スポーツ推進委員は、非常勤公務員という誇りと使命感で、ほぼボランティアで活動しています。手元の関西のある市の資料では、報酬は年額1万円とされています。

　確かに、スポーツ推進委員は、その地位、役割にプライドを持っており、お金のためにその地位に就いているわけでないことは理解できますが、それでもあまりに少額に過ぎます。別のところでも記述しましたが、スポーツ全般について、もっとコストがかかるとの意識が必要だと思います。それは、根本的にスポーツが文化だからで、その保護・維持・発展には相当な費用が必要なのです。

　すなわち、他の文化財の保護・維持・発展と同等にスポーツ文化を評価する必要があることを強調しておきたいと思います。

第5章　国の補助等

第33条（国の補助）

1　国は、地方公共団体に対し、予算の範囲内において、政令で定めるところにより、次に掲げる経費について、その一部を補助する。

　㈠　国民体育大会及び全国障害者スポーツ大会の実施及び運営に要する経費であって、これらの開催地の都道府県において要するもの

　㈡　その他スポーツの推進のために地方公共団体が行う事業に要する経費であって特に必要と認められるもの

2　国は、学校法人に対し、その設置する学校のスポーツ施設の整備に要する経費について、予算の範囲内において、その一部を補助することができる。この場合においては、私立学校振興助成法第11条から第13条までの規定の適用があるものとする。

3　国は、スポーツ団体であってその行う事業が我が国のスポーツの振興に重要な意義を有すると認められるものに対し、当該事業に関し必要な経費について、予算の範囲内において、その一部を補助することができる。

【注釈】

⑴　国による「地方公共団体」、「学校法人」、「スポーツ団体」に対する補助などの規定です。特に難しい文言はなく、さらさらと読んでもらえば理解できる内容です。経費については、国内法では法律に次いで強い効力をもつ「政令」で定められます。

　なお、旧振興法でも、国による補助の規定がありました（20条）。

⑵　補助の対象は、例示されている国民体育大会や全国障害者スポーツ大会、その他、地方公共団体主催の事業経費で、特に必要と認められるものなどです。これまでの各種大会などの経験で、相当程度マニュアル化されていると思われます。

⑶　3項では、スポーツ団体に対する補助も規定しています。そしてこの規定の文言上「スポーツの振興に重要な意義を有すると認められるもの」との前提があ

ります。そうだとすれば、団体の組織運営、構成員に対する公平性など、ガバナンスやコンプライアンスの観点で問題のあるスポーツ団体は、ここでの補助の対象に相応しくないとされることも十分考えられます。

　逆に、たとえば基本法の趣旨である、中立性・公正性・迅速性を維持しての紛争解決手段であるスポーツ仲裁・調停に対し、「自動応諾条項」を持っている団体に対しては、補助についても積極的に考える1つの要素になるでしょう。

(4)　スポーツ団体には、プロのスポーツ団体も含まれますが、文言からは「スポーツ産業の事業者」は対象外と考えられます（18条）。

　ただ、スポーツ界における実態を考えると、実際上の運用や裁量の問題は残りますが、「スポーツ団体」と並べて「スポーツ産業の事業者」を含めて補助の対象になると規定してもよかったと思います。

第34条（地方公共団体の補助）
　地方公共団体は、スポーツ団体に対し、その行うスポーツの振興のための事業に関し必要な経費について、その一部を補助することができる。

【注釈】

(1)　この規定も、旧振興法にありました（22条）。

(2)　国が行う33条と同じく、基本法ではここでもプロの団体を排除していません。フランチャイズやホームタウンの考えを基本に、地方公共団体として積極的にプロスポーツ団体を誘致するために補助することも可能です。

(3)　地方公共団体による補助は、従来から、たとえば公益上必要がある場合として、地方自治法（232条の2）でも補助することが可能だったので、本規定は補完的な条文だと考えられます。

(4)　本条でも、文言上は「スポーツ団体」とされていて、「スポーツ産業の事業者」は含まれません。ただし、前条(4)で述べたのと同様に、立法としては再考の余地があります。

> 第35条（審議会等への諮問等）
> 　国又は地方公共団体が、第33条第3項または前条の規定により社会教育関係団体であるスポーツ団体に対し、補助金を交付しようとする場合には、あらかじめ、国にあっては文部科学大臣が第9条第2項の政令で定める審議会等の、地方公共団体にあっては教育委員会がスポーツ推進審議会等その他の合議制の機関の意見を聴かなければならない。
> 　この意見を聴いた場合においては、社会教育法第13条の規定による意見を聴くことを要しない。

【注釈】

(1)　旧振興法でも23条で同様の規定がありました。

(2)　基本法では、国や地方公共団体が、スポーツ団体に補助金を交付する場合、事前に、国＝文部科学大臣、地方公共団体＝教育委員会が、それぞれ審議会やスポーツ推進会議などの意見を聴いたうえで行うべきだとされています。

　そして、このチェックがあれば、社会教育関係団体への支出の際に通常必要とされる社会教育法13条での意見は、改めて聴かなくても良いのです。

(3)　この規定は、憲法89条の「公の支配に属しない教育事業に公金支出を禁じている規定」との関係で問題となるのです。スポーツは広い意味で教育事業と重なる部分があるからです。

　ただ、現在の憲法89条の解釈、特に教育事業への公金支出については、教育自体が公の性質を有すると考えられること、憲法26条の教育の機会均等の趣旨、憲法25条の内容の実質的実現などの観点から、学説上公金の支出は、憲法上特に問題ないと考えられています。

　ただし、公金ですから、支出に際して本条の規制を受けるのはもちろん、スポーツ団体の実際の費途についても、きちんとした監査が必要です。

> 〈附則〉（抄）
>
> 第1条（施行期日）
> 　この法律は、公布の日から起算して6ヶ月を超えない範囲内において政令で定める日から施行する。

【注釈】

(1)　スポーツ基本法は、2011年6月24日に衆参両議院いずれも全会一致で成立しました。そして政令により、同年8月24日から施行されました。

> 第2条　（スポーツに関する施策を総合的に推進するための行政組織の在り方の検討）
> 　政府は、スポーツに関する施策を総合的に推進するため、スポーツ庁及びスポーツに関する審議会等の設置等行政組織の在り方について、政府の行政改革の基本方針との整合性に配慮して検討を加え、その結果に基づいて必要な措置を講ずるものとする。

【注釈】

(1)　上記附則の規定を受け、文部科学省の外局として、スポーツ庁（Japan Sports Agency）が、2015（平成27）年10月1日に発足しました。121人体制で、初代長官は、1988年ソウル・オリンピック競泳男子100メートル背泳ぎで金メダルを獲得した鈴木大地氏です。

(2)　2013年9月7日に、2020年の東京オリンピック・パラリンピック開催が決りました。スポーツ庁が意外と早くできたのは、この追い風によるものです。

　いずれにしても、せっかくできたスポーツ庁ですので、組織として大いに活動してほしいものですし、私たちもこのスポーツ庁に、いろいろと要望を届け積極

的に活かす必要があります。

　それとともに、スポーツの世界史的重要性から、ぼくは、さらにスポーツ省に格上げする運動も進めていきたいと考えています。

（附則3条〜7条略）

◆コラム◆　アントニオ猪木と憲法13条

　猪木さんと北朝鮮（朝鮮民主主義人民共和国）に行ったことがあります。思想的には、北の体制には断固批判的なぼくですが、何でも見てやろうの精神で行きました。

　猪木さんは故力道山にブラジルで見い出されてプロレス界で活躍し、政治の世界でも、かつて、「スポーツ平和党」から参議院議員に当選しました。

　3泊4日の北朝鮮での滞在中、夜、宿舎地下での飲み会の席で、猪木さんが、イラクでの邦人救出にプロレスが役立ったこと、キューバのカストロとの交流など話をされた後、憲法の話になりました。

　猪木さんは、戦争は回避しなければならない、自由や平等が大切であるなどと力説された後、「でも、憲法で一番大切なのは個人尊重の13条でしょ」と言われるのです。ぼくが、「エッ！」と驚いた顔をすると、じっとぼくの目を見て「先生、ちょっとはぼくを見直しましたか」とにやりとされました。「最後は少数者を保護し守らなければならないという意味では、弁護士も政治家も変わらないと思うのですよ」と。

　確かに、ズバリと憲法の核心13条を言われ驚いたのは事実で、それからさらに、スポーツや格闘技、モハメド・アリとの話、昼の土産物店に力道山や猪木さんの胸像・記念切手があったこと、38度線・板門店で「世界格闘技大会」をするのが、おやじ（と猪木さんは力道山を呼びます）への恩返しだといった話を聞きました。

　また、猪木さんの実のお父さんについて「辻口さんの大学の先輩ですよ。戦前の法科で内務省に入っています」と言われ、疑い深いぼくは帰国後図書館で、確かに先輩に猪木さんの父猪木佐次郎氏の名前を見つけました。

　その他、力道山（おやじ）が北朝鮮出身の大相撲力士で、間違いなく差別もあった中、関脇で相撲界を引退、アメリカでの修行、苦労してプロレスを興行として成功させた話、おやじによく「どつかれた」話などは興味があると思いますが、また別の機会にします。

第3章
スポーツ法の現代的課題

I スポーツとドーピング
〔ロシアとリオデジャネイロ・オリンピック・パラリンピック〕

　この原稿を書いている今（2016年7月25日）、ロシアをめぐる一連のドーピング問題で、ニュースが飛び込んできました。

　8月5日（日本時間6日）開催予定のリオ・オリンピックへのロシア選手の出場に関し、WADAの勧告を受けていたIOC（国際オリンピック委員会）は、各競技のIF（国際競技団体）に判断を委ねるとの決定を行ったというのです。

1 発覚の端緒

　この問題は、2014年12月、ドイツの公共放送番組で、ロシアの女子陸上800メートルのユリア・ステパノワ選手が、2011年と12年のロシア室内選手権に出場したとき薬物を使用していたと認め、その時の状況や体制を告発したのです。

　彼女によると、検体の番号を伝えたところ、薬物を使用していたにもかかわらず陰性（不使用）と登録され、これは報告書の検査結果が改ざんされたためだと述べたのです。彼女は、コーチからWADA公認の「ロシアの検査機関の所長に3万ルーブル（8万5000円）払えば陽性にならない」ともいわれました。また、コーチから「ビタミン剤のようなもの」といわれて薬物を受け取っていた事実や、「周囲の選手もみんなやっていたので、全く抵抗感はなかった」などと当時の状況を語りました。この彼女の告発を端緒に、WADAの独立委員会が調査を開始しました。

　一方で、2016年になってから、アメリカに亡命したロシアの元検査機関所長が、

ロシアでのソチ冬季五輪（2014年）の際、選手に薬物投与をしたことを詳細に証言しました。それを受けてニューヨークタイムズが、出場ロシア選手数十人のドーピング疑惑を報道しました。

2　WADAの調査

調査の結果WADAは、2011年から2015年にかけ、「ロシア政府」がドーピングを主導していたと認定しました。具体的には、

① 　ドーピングをしたロシア選手の尿の検体が、事前に採取し保存していた陰性の尿とすり替えられた。
② 　関与したのはロシア連邦保安庁（FSB）の職員らだった。
③ 　方法は、扮装して、夜間、検査機関に忍び込み不正工作を行った。
④ 　プーチン大統領が起用したスポーツ省の次官が、不正を行う対象選手を選択していた。
⑤ 　背景としては、10年のバンクーバー冬季五輪で、ロシアの金メダルが3個と低迷したことから、ドーピングと、その組織的隠蔽システムが作られ実行された。
⑥ 　そして、14年の自国ソチでの冬季五輪では、金メダル13個と急増し、ロシアとしては国威発揚の目的を達した。

などとされました。

3　WADAの勧告

この調査結果を踏まえ、WADAは、選手参加の最終決定権を有するIOCに対し、リオ・オリンピック・パラリンピックの全競技で、ロシア選手の参加拒否を検討するように勧告しました。

4　IOCの決定

IOCバッハ会長は、この勧告を受け、リオ・オリンピックへのロシア選手の出場に関し、緊急理事会の結果、IOCとしては、各競技のＩＦ（国際競技団体）に判断を委ねるとの決定を行いました。

少し詳しく説明すると、ロシア選手の参加に関し、

① ロシア国内でのドーピング検査で陽性にならなかっただけでは、参加資格としては不十分であること
② ＩＦは、信頼できる国際的なドーピング検査のみを参考にすること
③ 過去にドーピングで処分を受けた選手を派遣することはできない、すでに処分期間を終えた選手も派遣できないこと
④ ロシア選手は、抜き打ちでの厳格なドーピング検査を受け入れる義務があること
⑤ 告発したユリア・ステパノアは、過去にドーピングをしていたことがあり、選手としては受け入れられないこと

といった内容です。

　IOCは、上記のいくつかの条件は付けながらも、要するに各ＩＦにその判断を委ねたのです。

5　IOCの決定への評価

　上記、IOCの決定に対しては、IOCが自ら判断しなかったことを含め、賛否の意見があります。

(1) 賛成意見

　ロシアの全選手が出場できないとの処分を科さなかったのは良かったという見解です。

　すなわち、ドーピングをしていたことが証明されていない選手にまで、連帯責任としてオリンピックから閉め出すのは反対との立場です。

　確かにロシアの国家組織としての違法行為には憤りを感じるが、だからといって不正とは無縁な無実の選手が連帯責任を負わされるのはフェアではない。

　潔白な選手にオリンピック出場の道を残すため、各ＩＦに判断を委ねたのは正しい決定である、というものです。

(2) 反対意見

　ロシア選手全員の参加を拒否すべきだったという見解です。

　すなわち、今回のロシアのドーピングは、スポーツに対する国家の犯罪である。この五輪史上最悪にして最大の国家犯罪といえる行為に、IOCはもっと毅然とした態度をとるべきであった。

にもかかわらず、IOC が IF に判断を丸投げする形で委ねたのは、IOC がアンチ・ドーピングというスポーツの理念に基づく判断を避け逃げたというべきで、ロシアの政治権力に負けた、というものです。

(3) 著者の見解

ぼくは、賛成説です。プーチン大統領がほくそ笑んでいるのを悔しいと思いつつ、それでもなお、今回の IOC の決定は他の決定に比べましだったと思います。

確かに、これほど大規模で、国家犯罪ともいうべき行為があったのですから、ロシア選手を一切閉め出すとの決定もあり得たでしょう。大国ロシアの不正への断固とした態度が、今後のアンチ・ドーピング活動のためだとの主張も理解できます。そして、ロシア選手を全員排除しても、1984年のロサンゼルス・オリンピックが成功したのと同様、今回のリオデジャネイロ・オリンピックが、ロシア不参加で失敗することはなかったと思います。

しかし、ドーピングの証明がない選手を、ロシアの選手だからという理由だけで一律排除するのは、やはり公正（フェア）ではないと思うのです。それは悪しき連帯責任です。

今回の IOC 決定に賛成、またはやむを得なかったとする意見に、かつて1980年のモスクワ・オリンピックのとき無念の不出場だったマラソンの瀬古利彦さんや柔道の山下泰裕さん、また IOC 元副会長でスキーの猪谷千春さんなどオリンピック選手経験者が口を揃えておられたのが印象的です。

今回の IOC の決定は、各 IF がドーピング問題をそれぞれの競技の立場で、一応自主的に考えることができたという意味でも、良かったと思います。

くどいようですが、ロシアの悪行を許すものではありません。プーチン大統領の「WADA の調査や認定が、スポーツの政治利用・政治介入だ」との主張は、全く論外です。

確かに、今回の IOC 決定により、ドーピングを行っていた選手が、結果的に、リオ・オリンピックに参加することもあるでしょう。ロシア選手の表彰式でブーイングが起こるかもしれません。でも、やむを得ないのです。

ぼくが弁護士だから弁護士出身のバッハ会長を支持するわけではありません。でもやはり、ドーピングをやったと証明されていない選手は、参加を認められるのが公平だと思います。「個人の正義」と「連帯責任」を秤（はかり）にかけてとのバッハ

会長の悩みは正当です。「推定無罪の原則」はここでも適用されるべきです。

仮に、時間的な切迫の下、電話会議でしか理事会を招集できない今回の緊急事態を前提に、IOCがWADAの勧告に従い、全ロシア選手を閉め出すようなことになれば、それは私たちが非難している悪しき全体主義国家と同じです。

オリンピック憲章は、「オリンピック競技が選手間の競争であり国家間の競争ではない」と規定しています。今回IOCは、観点は少し異なりますが、難民についても個人としての参加を認めていますから、その趣旨からも、個人の立場としてのロシア人は尊重されるべきです。

そして本書の立場で考えれば、今回のロシアのケースに連帯責任を適用し全面排除するのは、日本国憲法13条「個人の尊重・個人の尊厳」の精神に反します。

6　パラリンピックではロシア選手を全員排除

リオ・オリンピックに引き続いて9月7日から開催されたリオ・パラリンピック（162カ国・地域から約4300人参加、日本から132人）では、ロシア選手（260人超、ロンドン・パラでは金メダル36個）が全員参加できないことになりました。

IPC（International Paralympic Committee：国際パラリンピック委員会）のフィリップ・クレーブン会長は、ロシア排除について「勇敢で正しい判断である、腐敗を許すことは死を意味する」と、全員排除の正当性を語っています。そして、この大会では前回より250件多い1500件のドーピング検査を実施し、高潔性（インテグリティ：integrity）にこだわりました。

この判断に対しても同じく賛否の議論があり、ケジメが大切として全員不参加を支持する人が多いことも知っています。

しかし、ぼくは、やはりこの結論は間違っていたと思います。各個人について、ドーピングの有無を判断すべきで、全員がドーピングしていたと認定されたのなら別ですが、ドーピングの立証がないなら、また個別判断ができなかったのなら、その選手の出場は認めるべきだったと思います。「悪いロシア」の選手だから連帯責任、一蓮托生でダメというのは誤りです。この場合も「推定無罪」の原則は貫かれるべきでした。

ぼくは、たまたま日本パラ陸上競技連盟（JPA）で、今回のリオ・パラリンピック出場の日本選手の選考委員として参加させていただいたこともあり、4年

に1回にかける選手の気持も知っているだけに、なおさらそう思いました。

「日本はロシアみたいなことはしないよ」という人もいましたが、それは傲慢な発想ですし、そもそも考え方自体が間違っています。

繰り返しますが、もちろん、ぼくもロシアの不正については、厳しく弾劾しますが、それと連帯責任は別なのです。

7　ロシア事件が残したもの

(1)　武器を使わずにロシアを屈服させたスポーツの力

今回のロシアドーピング事件で、ぼくは次のことを考え提案します。

ロシアが政治的に勝利したとの評価がありますが、ぼくは全くそうは思いません。逆に、大国ロシアを、武器を使わずにここまで追い込んだスポーツの底力に注目すべきだと思います。

プーチン大統領はいろいろ言いましたが、アンチ・ドーピングという正義、公正（フェア）さを否定することはしませんでしたし、できませんでした。

そしてIOCはもちろんですが、WADAも今回の調査・報告で極めて強大な権力・権限を持っていることを世界に知らしめました。

重複しますが、滅多なことでは頭を下げない大国ロシアが、IOCやWADAの評価や決定に従わざるを得なかったのです。ロシアはいろいろ反論したり恫喝めいたこともしましたが、基本的にはオリンピック・パラリンピックに参加するための弁解や弁明であり、評価や決定そのものを正面から否定するものではありませんでした。

(2)　スポーツ法としての機能

ロシアを初めとする各国関係団体などの一連の行動を観察すれば、世界ドーピング防止規定やオリンピック憲章が、スポーツ法として実際に十分機能したことを意味しています。国際政治の中で絶対といってよいほど謝罪したり頭を下げないロシア（ソ連）が、結果的にスポーツ法に従わざるを得なかったのです。

それにしても、国家がここまで強引にドーピング行為を強行するその姿勢に驚きました。そして組織的にドーピングまでして国家の威信を保とうとする国家、その権力者・為政者の邪悪さを知り、一方、自身の名声・名誉や経済的思いなどから、国家の圧力や誘導に屈してしまう人間の弱さも知りました。

Ⅰ　スポーツとドーピング〔ロシアとリオデジャネイロ・オリンピック・パラリンピック〕

一種の法として機能したドーピングに対する制裁が、現在のままでよいのかも考えさせられました。現在は1回目でいきなりの永久追放はなく、たとえば2年間の出場停止などとされ段階的な処分になっているのですが、特に故意が認定された場合、1度のドーピング違反でも、オリンピックや国際大会に出場できなくするなど、アスリートとして抹殺されるくらいに処分を厳しくすることも考えるべきかもしれません。

(3) IOC・WADAの地位とチェック——国際連合の活用

もう1つ、今回議論されていませんが、IOCやWADAに対するチェックも考えるべきだということです。

スポーツが平和な国際社会のために不可欠な基本的人権であり、スポーツの平和創造機能については、別のところで説明しました（39頁・279頁）。

したがって、スポーツ団体としてのIOC、スポーツの公平さを支えるスポーツ関連団体としてのWADAは、これからも必須のスポーツ文化の装置です。

その意味では、今回特にWADA、そしてIOCは礼賛の対象です。そんな団体になぜと思われるかもしれませんが、ぼくは、IOCやWADA、特にIOCについては、ガバナンス・コンプライアンスを充実化させる必要があると確信します。

もっというと、IOCやWADAに対しても、その組織内容、運営、管理体制などについてそれが正当かどうかをチェックする姿勢や体制を準備しておく必要があるのです。力そして財産を持っている組織に対しては、権力が一部に集中しない、そしてチェックできる体制が必要です。

チェック体制としては、内部的なものと外部的なものがありますが、内部的なものとしては、国家統治の関係でよくいわれる、たとえば三権分立のような制度を採り、一部に権力・権限が集中しないシステムにすることが大切です。

外部的なものとしてぼくは、他でも述べますが、国際連合（国連）を活用するシステムを構築すべきだと思います。つまり、巨大あるいは強大な国際的団体（典型はIOCやFIFA）に対し、きちんと対処できる可能性があるのは、正当な国際機関、具体的には国連だとぼくは思うのです。

確かに国連の一義的目的は、武力を念頭においての国際平和の安全・維持です。その意味で、ここでの議論は関係ないようにも思えます。しかし、本書全体で主張しているとおり、スポーツは平和社会への重要な武器なのです。だとすれば国

連も、スポーツ団体・組織に無関心ではいられないはずです。

(4) 正義と権力

もちろん、現実の国連が、往々にして大国の権力やエゴにより不当に支配され左右され、正義が実現していない現実は否定しません。ただ、国連憲章自体を遵守することは、各国が少くとも理念としては宣明にして加盟しています。

今ぼくに、具体的な方策はありませんが、ヒントになる事例はあります。

1つは、先に述べた大国ロシアの邪悪な権力が、正義のWADA、IOCに屈した事実です。

もう1つは、場面は異なりますが、この7月に「国連海洋法条約」に基づく仲裁裁判で、これも大国中国が敗訴した事実です。もちろん、仲裁裁判所は国際司法裁判所とは異なりますし、決定内容の「中国の主張する境界線には根拠がない」との敗訴判断にも中国は従わないと公言しています。しかし、少なくとも客観的に見て、中国の法的、道義的劣勢は否定しようがありません。

あるべき人間社会、進むべき地球のあり方に対する国際社会の正義のメッセージは、少しずつ世界に浸透しています。

ぼくは、人間の理性を信じます。

(5) さらに前へ

ぼくは、別のところで「国連内にスポーツ省を」と主張しています。

そして、さらにぼくの本心をいえば今後、国連自身、あるいは今後国連内に作られるスポーツ省に対しても、上記チェック体制は必要なのです。

念のため、小なりといえどもわが国のJOCやJADAに対してもチェック体制は同様に必要です。

◆コラム◆　クラブ活動における連帯責任

ロシアドーピング問題で、連帯責任についてのぼくの考えを少し述べました。以下、ある雑誌に掲載してもらった上記記事をそのまま転載させていただきます。

1．連帯責任

常日頃、スポーツに関して疑問に思っていることが1つあります。それは、部活動における「連帯責任問題」です。ここ数年でも、多くの大学・高校で不祥事

が発生し、廃部や対外試合停止といった制裁が行われています。その結果、当該行為者だけでなく、他の部員もスポーツを実践する機会を奪われて、悶々としていると思われます。その制裁に使われる論理が「連帯責任」です。

２．連帯責任は教育的配慮か？

連帯責任やむなしの論理の根本には「部活動は、皆で支え合って成り立っており、皆で支え合って栄誉を勝ち取れば、皆の誇りであり人生の大きな糧になる。逆に、メンバーの一部でも不祥事を起こせば全体の不名誉であり全体が瓦解する」という考えがあります。そして、不祥事を起こさない自覚を持たせるためにも連帯責任は必要で、それは教育的配慮・効果だというのでしょう。

しかし、僕は、前者つまり連帯の栄誉については大いに称揚しますが、後者つまり責任を取る場合については、むしろ個人責任を厳格に貫くべきだと考えます。

というのは、仮に部員の一部が不祥事を起こせば、そこで大学や高校名とともに、部の名前が報道され、それで十分他のメンバーのプライドは傷つけられます。そして、他のメンバーへの制裁としては、それで十分です。他のメンバーを部活動から排除する理由がどこにあるのでしょうか。実際に不祥事を起こした者への個人責任をきちんと追及すれば足りるはずです。対外試合ができないとか、部が廃部になってしまうなどは、それが教育的配慮・効果だといわれてもとうてい納得できません。

３．過度な恨みにつながることも

僕は現在、大学でスポーツ法学という講座を担当していますが、この連帯責任について学生の意見を聞くと、体育会系的一体性の考え方か、意外と連帯責任肯定論が多いのです。「同じ釜の飯を食べているのだから仕方がない」と。そこで僕は、実際にあったある強豪校の元野球部選手から受けた相談の例をあげたいと思います。

すでに30歳を過ぎている彼は現役時代、友人と不祥事を起こしてしまい、そのせいで野球部は対外試合に出場できなくなってしまいました。「今でも怒っている元チームメイトがいるらしく、OB会にはとてもじゃないけど出席できない。自分への処分はもっと厳しくてもかまわなかった。ただ、友人たちの甲子園への道を閉ざしてしまったことが一番申し訳なく悔しい」と、彼は涙を浮かべながら話をするのです。

僕は、処分を受けた部の中に、上記と同じく、不祥事を起こした者に対して、過度の恨みや不満をもった学生が相当いるのではないか、あるいは今後、不祥事を行った者を必要以上に非難する事例が発生するのではないかと心配するのです。

連帯責任は、このような効果を持つのであり、それが教育的配慮・効果の名のもとになされたとすれば、教育とは何なのだろうと思うのです。

(「スポーツのひろば」2010年1月2日より)

8 まとめ

よこ道にそれてしまいましたが、本筋に戻しますとドーピングについては、スポーツ基本法29条のところで説明しています。ただ、スポーツの本質的価値と関わり、現代社会において特に問題となる事柄なので、重複しますが、あえてもう一度、ドーピングが禁止される理由を掲げておきます。

① 不公正（アンフェア）
② 副作用による健康被害
③ 社会的悪影響、特に青少年の教育上の問題
④ 無感動。よい成績が出ても観る側に感動を与えない（観る権利の侵害）

この4つが理由だとぼくは考えており、ドーピング違反はスポーツの自殺行為です。2020年の東京・オリンピック・パラリンピックの時に、今回のようなことが起こらないよう、啓発活動などを一層推進すべきです。

◆コラム◆　甲子園とソ連のチェコ侵略

　ニュースになった大きな事件や事故の時、どこで何をしていたか、みなさんそれぞれ記憶があると思います。ぼくには、1995年1月17日午前5時46分、阪神・淡路大震災の時、大阪茨木でもドーンと突き上げる音でぼくと妻は目を覚ましましたが、震度6の揺れでも、目を覚まさなかった小学生の息子・娘に、子どもってすごいなと感心したこと、東日本大震災の2011年3月11日午後2時46分、東京での午前の仕事が終わり、昼食後大阪に向け新幹線に乗っていて、静岡を過ぎてのぞみが急停車し、「東北地方でかなり大きな地震があり」と車内放送を聞いたこと（実際は未曾有の大災害でしたが）などです。

　そして、スポーツの関連では、なぜか野球の思い出なのですが、まずは、小学生の頃、祖母と山越えで歩いて隣の氷見市の山村へ行っていた時、村椿（魚津高校）と板東（徳島商業高校）両投手の高校球史に残る激闘（1958年8月16日延長18回0対0）がラジオから流れており、富山県の人たちが一生懸命魚津を応援していた暑い夏の日のこと。

毎年1度は観に行く甲子園高校野球夏の選手権大会、タダの外野席で、かち割りで首を冷やしイヤホンでラジオ実況も聴きながら、大会屈指の左腕新浦壽夫投手の静岡商業と倉敷工業戦を観戦中、回までは忘れましたが、ソ連がチェコに侵入したとの臨時ニュースを聞き、憤ったこと（1968（昭和43）年8月21日）。新浦選手といえば在日韓国人（その後、帰化）で、巨人に入団して活躍、後に韓国でもプレーしましたから、ご存じの読者も多いでしょう。

　野球関係でもう1つ、ぼくが無理をお願いして、ヤクルトの古田敦也選手と伊東昭光選手と度会博文選手に、能登の小学生たち150人くらいが野球教室の指導をしてもらった2004年10月23日、指導が終わって飲み会をしている午後5時56分、新潟を震源とする中越地震が発生し、石川県でも結構揺れて恐い思いをしたこと。

　こんな関連づけでの思い出があります。みなさんはどうでしょうか。

II　スポーツにおける法と弁護士の役割

1　個人的な思い出

　1964（昭和39）年10月10日、東京・オリンピックが開催されました。ぼくは当時、石川県の七尾高校に在学しており、選手の名前も含めオリンピックのことはよく覚えています。100メートル・ボブヘイズ、体操・遠藤幸雄やチャスラフスカ、重量あげ・三宅義信、砲丸投・タマラプレス、柔道・ヘーシンク、マラソン・アベベと円谷、女子バレーと鬼の大松など。なお、円谷については280頁のコラム「参加することに意義がある」を参照してください。

　一方で、具体的な日時は覚えていないのですが同じ頃、同級生だった体操部の清水君が鉄棒から落下して、首の骨を折り死亡しました。ぼくは、たまたま生徒会の会長をしており、葬儀に参列し弔辞を読ませてもらいました。

　ただ、その事故が法律的な問題、つまり施設の不備・欠陥や指導者の監督責任などが問われ損害賠償請求事件などに発展したとは聞きませんでした。

　ぼくは、弁護士になりたいと思っていたのに、これを法的問題として捉える発

想はなく、色白な彼の顔は今でも覚えていますが、単なる不幸な出来事として、そのまま時の流れに埋もれていきました。

もし、その事故が現在起こったらどのように扱われたでしょうか。学校体育やスポーツが、法律とは無縁と考えられていた50年以上前の話です。

2　モスクワ・オリンピック不参加と法律問題

1980年、ソ連モスクワ・オリンピックは、前年に発生したアフガニスタンへのソ連侵略の影響を受け、アメリカ、日本、分断国家の西ドイツや韓国、中国などがボイコットしました。スポーツと政治が鋭く関係した例です。ソ連の侵略行為は決して許せない行為でしたが、このことに関しぼくは2つの記憶があります。

1つは、日本は不参加でしたが、アメリカの母国ともいえるイギリス、そしてフランス、イタリアなどはソ連への抗議の姿勢を示しつつも参加した事実です。

もう1つは、今もスポーツ界では存在感のある柔道の山下泰裕さん、マラソンの瀬古利彦さんのことです。

この2つの関係でぼくは、この年司法試験に合格したので、法的な知識はそれなりに持っていたはずなのですが、不参加決定を法的にとらえようとの意識は、恥ずかしながら皆無でした。おそらくほとんどの日本人もそうだったと思います。

アメリカに引っ張られる形でボイコットしたJOCや日本政府に対し、「けしからん」とは思いながら、テレビカメラの前でオリンピックへの参加を訴えて抗議あるいは泣いておられた山下さんや瀬古さんら選手を、気の毒だなと思いながら、ただ傍観していました。

ところが、後日知ったことですが、アメリカでは、不参加をめぐり選手や役員の一部から訴訟が提起されていたのです。すなわち、4年に1回、一生に1度ともいえるオリンピックへの参加権を奪うのは、名誉と威信を奪うことになり人格権を侵すとの主張でした。経済的利益の問題もあったでしょう。

その裁判の結果は、USOC（アメリカオリンピック委員会）の不参加措置は、「政府行為（State Action）」にはあたらないなどの理由で、請求は棄却されました。しかし、結果はともかく、これを法的土俵に乗せるところが、アメリカの底力だと知りました。スポーツにおいても自発性、自主性、自律性が必要だと教えてもらったのです。

3　スポーツの「平和創造機能」の着想について

　1985年頃の大阪でのスポーツシンポジウムで、ぼくは、その時のテーマは忘れましたが、参加者の、オリンピアンの田中（竹宇治）聡子さん、関西学院アメフトの猿木唯資さん、ABC朝日放送の道上洋三アナウンサーらの話を聞き、スポーツには平和の力があると思うようになりました。

　それまで大阪弁護士会で、亡くなられた戸田勝・坂井尚美先生や児玉憲夫先生らが中心の平和問題懇話会に参加させていただいており、弁護士として平和に関心を持ってはいました。ただ、法律や政治という真正面からの取組みとは別に、スポーツという側面から、平和を考えることができると思うようになったのです。

　今でも、理論的に正確には説明はできないのですが、スポーツと戦争が、生物としての「権力欲・闘争本能」の観点で、有機性・関連性を持っているのは間違いないと思っています。

　そして、1991年、スポーツに関するいくつかの事件や、困っているプロスポーツ選手の悩みを聞き、法的側面からスポーツを考えてみようと、仲間と一緒に作ったのが「スポーツ問題研究会」でした（1頁の設立趣旨を参照）。

4　スポーツ代理人

(1)　古田敦也選手のこと

　1992年12月、プロ野球、当時のヤクルトスワローズ古田敦也選手の代理人に就任しました。日本で初めてのスポーツ代理人だといわれました。確かにそれまでは、アメリカのメジャーリーグから日本にやってくる選手が、代理人で球団と契約しているのに、日本人選手は、全く代理人を付けていませんでした。

　今でもそうですが、プロ野球選手は、契約相手方である球団事務所（アウェイ）で、こちらは1人、相手方は父親か年の離れた兄貴格の球団関係者2～3人、データも球団が一方的に把握している、このような状況下で、次の年の契約内容を決めます。元々、野球をすることを中心に生活してきた選手にとって、契約交渉などは苦手な人が多く、人生経験なども含めて考えれば、フェアに更改契約などできるはずがありません。

　球団側は、「われわれを信頼して」と話されていたようですし、その言葉や気

持の善意自体を疑うわけではありませんが、その前提自体がおかしいわけです。

　もちろん、代理人が付いたからといって、魔法の杖のようなものはありません。できるだけ対等に交渉しようとするだけです。ただ古田選手のときは、初めてということもあり、代理人が付いた、ただそれだけで事件として大騒ぎになったのです。

　これには布石がありました。その年の秋、レギュラーシーズンを終えたヤクルトの選手たちが、今年（2016年）先進国首脳会議（サミット）の行われた伊勢志摩のあるホテルで、オーバーホールの休養をしていました。そこへ、数人の弁護士が泊り込みで説明会に行ったのです。ほとんどの一軍選手が集まり、真剣に説明を聞いてくれました。昔の言葉でいえばオルグです。

　ただ、ほとんどの選手は自分の契約上の地位に関する「統一契約書」をきちんと読んだことはなく、何となく球団関係者との、交渉というより話し合いで次年度の契約内容を決めているとのことでした。

　100年以上前の明治時代にできた民法99条以下に「代理」規定があり、だれでも代理人を付けることができると説明し、選手はそれを理解してくれました。ただ、一方で選手は1年契約なので、「球団から要らないといわれたらどうなるんですか」との質問も出ました。確かに競争の中、選手は毎年淘汰されており、本当に要らなくなった選手が退団を余儀なくされるのはやむを得ないことです。

　しかし、それは代理人が付くこととは関係のない話です。選手がそのチームに必要がなくなれば、契約を継続しないといわれるだけのことで、むしろ選手生命が短いからこそ、稼げる時には正当に評価してもらい稼いでおく必要があり、そのために代理人がいるほうが良いのです。

　そんなやりとりの中、プロ野球に入る前に社会人経験があり、当時成績も良く、弁も立つ古田敦也選手が、代理人選任1号に名乗りを上げたのです。本当は、もっとたくさんの選手で一斉に代理人を付けるほうが良いのではなど、いろいろな話がありました。

　代理人に就任後、「スポーツ選手が、お金のことであれこれ言うのは、スポーツ選手らしくない」という珍妙な記事があり、ぼくの頭の中に強く残っています。ただ、それが不思議とも思われない時代でした。

　今でもその傾向はありますが、ストーブリーグ（オフシーズン）の契約更改時、

1回目の交渉で次年度の契約がまとまらなかったとします。選手が部屋から出てくると、一斉にフラッシュがたかれ、翌日のスポーツ紙で、不満げな選手の写真とともに「○○選手、ゼニ闘勃発！」とか「○億円届かず。越年も辞さず！」などと大きな文字が躍ります。

でも、たとえば私たちが、マンションや戸建ての家を3000〜5000万円で買うとき、1回だけの、30分か1時間程度で、その契約をまとめるでしょうか。何回も現地へ行き、学校や病院など周囲の公共施設を調べ、実際に駅までの道を歩いて時間を確かめ、他の業者、別の物件にもあたり、配偶者はもちろん、融資を受ける銀行の担当者、親・兄弟、場合によっては友人のアドバイスなども受けながら悩み、何回も交渉し、何カ月もかけてようやく話をまとめるのです。

ところが、選手は1度で話がまとまらないと、読者が食いつきやすい言葉と、そしてホントは笑顔の写真もあるのに、ぶすっとした不満げな写真を並べられてしまうのです。その頃は、オフシーズンでスポーツネタが不足しているという新聞社事情もあるのですが、その選手を知っている人からすると、「えげつないなあ」と思う記事もよくあります。

誰もが新聞の一面を飾れるわけではなく、有名選手の宿命だといってしまえばそれまでですが、本当は、「選手と球団の私的な契約ですから放っておいてください」というのが選手の気持です。「野球は大好きだけれど契約更改日さえなければ良いのに」とまでいう選手もいます。

いずれにしても、そんなとき、冷静に自分の立場を主張してくれる代理人は、選手にとって必要な存在です。

ヤクルトの選手の話ではありませんが、ある2軍の選手は、当時秋期練習中に、練習場に球団職員がやってきて、「来年も今年と同じで良いかな」といわれ、「はい」といったら署名をさせられ、「はんこは、球団で預かっているのを押しておくから」と帰って行かれたとのことです。

これらは別のところでも述べる、わが国における「遅れた契約意識」と「スポーツの体育化」の問題と深く関連します（245頁）。

  (2) **野茂英雄選手のこと**

1995年の関西は、1月17日に阪神・淡路大震災（死者6400人以上）が発生し記憶に残る年になりました。関東では、3月にオウム真理教による地下鉄サリン事

件などが起きました。

　一方スポーツ社会にとってこの年は、野茂英雄投手がメジャーリーグに乗り込んだ年でもあるのです。その前年の12月、野茂選手の相談を受けていたダン野村さんが、ぼくの仕事先の太陽法律事務所に来られました。曰く、「近鉄の野茂選手がメジャーに行きたいといっているので、それを法的に援助してほしい」と。

　早くから、野茂選手のメジャー志向は聞いていましたが、当時、彼は、FA（フリーエージェント）の資格を有していませんでした。でも、行きたいというのです。ぼくは、プロ野球選手会で推進していた当時のFA制度の趣旨を説明し、正面からでは難しいけれど、プロ野球選手の球団との関係、たとえば入団の時に自由がないこと（ドラフト制度）、選手の地位が劣後的地位にあり（独占禁止法）、民法の雇用規定（623条以下）や公序良俗規定（90条）などを駆使して、交渉が決裂した場合、裁判所で争ってみますかと説明しました。

　しかし、野茂選手は「裁判はしたくないんです。でもメジャーに行きたい」これが答えでした。

　ただ、弁護士としては、結果がどうなるかは別として、最後は裁判（最近は仲裁もありますが）で、法的に争うことまで委任してもらえないと、受任はできません。その点も話しましたが、野茂選手は、「やはり訴訟までは……」との結論でした。

　そこで、弁護士としては残念だけれど仕事として受任することはできないと伝えました。ぼくは、そのとき弁護士の仕事の保守性を痛感しました。大げさにいえば弁護士は革命家にはなれないと。

　それでも、ダン野村・野茂チームはメジャー移籍を敢行し、当時メジャーリーグ選手会がサラリーキャップ制などで未曾有のストライキをやっていたこと、そして本当は残ってほしかったのに、近鉄球団の対応のまずさもあり、ドジャーズ移籍が決まりました。当時のマスコミの記事を見てもらえば、野茂選手のメジャー移籍が決して肯定的評価でなかったと理解してもらえます。とてもつらい先駆者の道だったのです。あるいは、代理人をしていたダン野村さんが、これも当時マスコミ受けしていなかったサッチー（野村沙知代さん）の息子だったことも影響していたのかもしれません。

　その後アメリカへ渡った野茂選手は、いわゆるトルネード旋風を起こし、文字

どおり英雄伝説が始まったのです。そしてその後、続々とメジャーを目指す日本人選手が増え、日米間の協定、ポスティングシステムなどもできました。

　その結果、伊良部秀輝、大魔神・佐々木主浩、メジャーリーグのワールドシリーズでMVPを獲った松井秀喜、松坂大輔、ダルビッシュ有、田中将大ら50人以上の選手が海を渡り、そして記録でもこの6月、イチロー（鈴木一朗）が、日米通算ですが4257本の安打でピート・ローズのメジャー記録を抜き、メジャーリーグ3000本安打も達成しました。このように、野茂選手の1歩が、多くの選手のメジャー行きのきっかけになったのです。

　ずっと後の話ですが、野茂選手がメジャーを引退した後、大阪府茨木市の文化講演会をお願いしたことがあります。近鉄時代に一緒だった元投手の佐々木修さんと並んでの話でした。かなり太めになり、失礼ながら野球選手の体型ではありませんでしたが、野球にかける思いは、全く少年の時のままの感じで、本当に野球が好きなんだなと思いました。

(3) 宮本恒靖選手のこと

　2002年は、日韓でのサッカー・ワールドカップが開催された年として記録されています。ぼくは、このワールドカップでの日本代表キャプテンを務めたディフェンダー宮本恒靖選手の代理人もさせてもらいました。

　宮本選手は、大阪の出身ですが、2000年当時は、まだ不動の日本代表ではありませんでした。ただ、甘いマスクとクレバーさで、特に若い女性には大変人気がありました。2001年、ニュースソースはわかりませんが、宮本選手がイングランドのサッカー・プレミアリーグのウェスト・ハムに移籍するとのニュースが流れました。実際、英語も得意な彼は、本気で移籍を考えていたのです。そして、ぼくは、選手としてももちろんですが、彼の今後のキャリアにとって大変意義があると思い、全面的に応援し、移籍契約締結に向け努力していました。

　当時所属していたガンバ大阪の親会社の法務部の方や、ぼくの事務所に来ていた海外留学の経験があり英語が堪能な掛樋美佐保弁護士（当時修習生）の応援も得ながら、イギリスとの時差を克服しつつ、ようやく双方の実質的な合意が成立したのです。

　ところが、結果的に移籍は実現しませんでした。イギリスからの労働ビザが下りず、ウェスト・ハムから契約断念の連絡が入ったのです。この件では、同僚の

第3章　スポーツ法の現代的課題

　黒田悦男弁護士が、宮本選手とイングランドへ赴き、現地のピッチやスタジアムも見るなど、こちらとしても大変気合いも入っていたのですが残念でした。
　それは、具体的にはイギリスの労働政策の関係で、直前1年間の国際試合において一定割合の出場がない外国人選手は、イギリス国内に選手（労働者）として参加させないとの規制があり、残念ながら宮本選手は、その基準に少しだけ足りなかったのです。契約内容について宮本選手はもちろん、双方のチームが了解していたのに大変残念でした。
　ぼくは、東京のイギリス大使館に赴き、抗議の意味を込め真意を尋ねたことがあります。担当者もその間のことをよく知ってくれていて、それによると、東洋、特に日本からの1人の選手が、プレミアリーグに参加してくれるのは、日英交流、スポンサーの関係などからも、むしろ望ましいともいえるが、宮本選手で例外を認めると、国際試合でそれほど活躍していない、南米やアフリカの若い選手がどんどん参入し、イギリスの若者のプレミアリーグへの帰属・参加が著しく少なくなる可能性があり、公平性（フェア）の観点から残念ながら例外は認められなかったとのことでした。
　結果が失敗だったのは残念でしたが、彼はそれも1つの糧としながら、国内でセンターバックとして立派な成績を残し、日韓そして2006年のドイツと2回のワールドカップ日本代表でキャプテンを務めました。その後、オーストリアのザルツブルグに移籍し、現役引退後はFIFAマスターで学び、現在ガンバ大阪で若手を育成するため現場に関わっています。将来は日本の、いやFIFAをも背負って国際人になってくれる人物だと大いに期待しています。
　宮本選手は現役引退後、大阪での人種差別問題のスポーツシンポジウム、日本では浦和レッズ戦でのジャパニーズオンリー（JAPANESE ONLY）の横断幕で問題となった会合にも報告者として参加、スポーツ文化の担い手として大変頼もしい存在です。
　ところで、ぼくの経験ですが、スポーツ選手を代理するについて、プロ野球とサッカーでは、明らかに雰囲気が異なりました。
　一言でいえば、野球の場合はぎこちないのですが、サッカーの場合は普通なのです。野球はアメリカ生まれでアメリカは契約社会、そして代理人（エージェント＝Agent）が最も活躍できる社会とのイメージがあるので、日本でも普通に容

認されると思われがちですが、先にも書いたとおり、事実上代理人が長い間認められなかっただけでなく、ようやく名乗り出たときも、「(本人でなく)代理人でやるのか」との雰囲気があり、有名な新聞社の主筆氏は「わが球団に代理人など連れてくる選手がいれば、それだけで減俸だ！」などと乱暴な発言をし、それを怪しまない風潮さえあるのです。

これには、2つの意味があると思います。

1つは、他でも説明しますが、日本における「スポーツの体育化」と「遅れた契約社会」という法社会学的側面です。

2つめは、ベースボールの世界と野球の世界は別の世界であり、野球は独立した日本独特の習慣や手続があるということです。実際、メジャーリーグとNPB（一般社団法人日本野球機構：Nippon Professional Baseball Organization）には、組織としての上下関係はなく対等です。

この点、サッカーは、上記1つめの点は同じなのですが、2つめの点は完全に異なります。つまり、日本のサッカーは、FIFA（Fédération Internationale de Football Association）の一元的ピラミッド体制の中にあり、FIFAでは、その規約の中に明確に代理人制度を肯定しており、代理人を排除するなどという発想そのものが存在しないのです。仮にJリーグのスポンサー企業や監督が、上記主筆氏のような発言をすれば、とんでもない制裁を受けることでしょう。

そのようなこともあり、サッカーでの代理人としての仕事は、プロ野球でのそれとは異なり、スムーズに進行したことを報告しておきます。

5　全柔連女子15人の選手を守る

この事件のことは、「スポーツと体罰・暴力行為」（178頁以下）のところで少し詳しく説明しますが、2012年から13年にかけ、全柔連の女子15人のエリート選手に対する体罰問題、暴言・パワハラ問題が発生しました。その時、縁あって同僚の岡村英祐弁護士と巨大な全柔連を相手に、15人を代理して匿名のまま告発したことがあります。そして、もちろんまだ入口に入った程度の状態ですが、全柔連改革へのステップとして、それなりの成果を上げることができたと自負しています。

その時、実は大阪では桜宮高校のバスケットボール部キャプテンへの体罰・暴

力と自殺問題という大きな事件もありました。ぼくはある経緯で、その事件の教諭側（部活の顧問）の代理人になる可能性もあったのです。

全柔連女子と桜宮バスケ、それぞれが大変大きくて重要な事件でしたが、体罰・暴力のベクトルが正反対（被害者側と加害者側）だったので、先に相談を受けていた全柔連女子の方の依頼を引き受け、そちらのほうに全力を傾けました。

先に教諭側の相談を受けていたら、そちらの事件を受任し教諭側の代理人になっていたかもしれません。

どちらの事件を受けていたほうがよかったのか、結果論になるので一概にいえません。というのは、紛争にはそれぞれ法的な言い分があるのが普通なので、やってみなければわからないことが多いのです。

もっとも、いったん引き受けた以上は、たとえ法的・社会的に不利な立場であっても、弁護士は依頼者のため可能な限り法的主張を展開します。

ただ、どちらかといえば、弱い側の立場、スポーツにおける選手と団体・組織の関係でいえば、選手側に立って弁護・代理するほうが、ぼくは、弁護士を志した時の気持に添っていることが多いと感じます。

6　スポーツと弁護士の職責・職域

弁護士法1条は、「弁護士は、基本的人権を擁護し、社会正義を実現することを使命とする」と弁護士の使命を規定しています。

弁護士は、裁判官、検察官と並んで司法国家の一翼を担っています。もろもろの紛争場面で、暴力ではなく法律理論・言論で相手方を説得するのが仕事です。

スポーツ分野で弁護士が関与する法律問題として、いろいろな分類があると思いますが、ぼくは、

① 事　故
② 契　約
③ スポーツビジネス
④ 人権問題全般

に分けて考えてみたいと思います。理論的には民法の債権各論、つまり債権の発生原因に関係する分野が多いと思います。

(1) 事　故

　スポーツにおける事故は、もっとも古くから、そして今もスポーツ法の中心です。死亡事故やケガをした場合、誰が、誰と、どのような場合に、どの程度の損害賠償責任を負担するのか、基本的には民法709条を基本とする不法行為の問題ですが、弁護士は、それぞれの当事者の代理人として活動します。

　これまでも、極めて多くの裁判例がありますが、これからもスポーツ法の中心的で重要なテーマであることは変わりありません。何しろ、事故の起きないような行為はスポーツではないという人もいるくらいですから。

　事故の場合の判断の基準は、発生した「損害の公平分担」の思想が根本です。

　スポーツ法学における重要性からすると、本来は、ここの項目にもっとスペースを割くべきでしょうが、あまりに事例が多すぎます。民法だけでも、709条～724条、その中でも責任無能力者の監督責任の714条、使用者責任の715条、工作物責任の717条などがあります。そして、特別法としての国家賠償法、製造物責任法（PL法）など、関係する多くの法律があります。

　これらについては、参考資料3『Q&A スポーツの法律問題』の事例なども参考にして、事故に関し、さまざまな類型化を試みつつ各自で議論し、学習してください。

(2) 契約問題

　契約問題とは、主としてスポーツをする人の関係ですが、大きくプロフェッショナルスポーツとアマチュアスポーツに分けて考えることができます。

　ぼくは、スポーツで「お金をもらう」のがプロ、スポーツで「お金をはらう」のがアマだと説明しています。

　㋐　プロフェッショナルの問題

　プロは、スポーツビジネスとも関係しますが、たとえばプロスポーツ選手やプロの指導者などが契約する場合の代理人が考えられます。その具体例の一部は、上記で述べました。

　また、プロ野球でいえば統一契約書で規定されている選手の契約上の問題、複数年契約、ドラフト制度やFA制度による移籍、海外でのポスティングシステムなどについて、選手に不利な契約内容にならないようアドバイスします。

　一方、選手のプライバシーやパブリシティの権利を守ること、国際競技大会で

の活躍を促進するための支援などが考えられます。国際関係の仕事の場合、語学、特に英語の能力が必須であることを覚悟してください。

　　(イ)　アマチュアの問題

　アマの問題としては、そもそもアマとプロの境、垣根の問題（問題があった野球ではかなり垣根が低くなりました）、社会人（セミプロ）選手の雇用関係を含む契約上の地位の問題があります。また、文書（書面）になっていない場合が圧倒的に多いのですが、民間スポーツ指導者が有償・無償で契約する場合の代理、仲介・立会、アドバイスの問題などがあります。

　スポーツでアマといえばボランティアの問題があります。そもそもボランティアとは何か、地域でのボランティアでスポーツ支援する人への法的・契約上のサポートが必要です。ボランティア（無償奉仕）であっても、事故が生じた場合、基本的には法的責任が問われます。

　　(ウ)　学校教育法上の問題

　多少特殊な問題として、学校教育法1条校における体育・スポーツ、特に部活との関係での、契約上の問題があります。教員は、各担任教科の関係ではプロですが、事実上任される部活関係ではアマです。にもかかわらず、部活の担当を事実上強制されているのです。部活での報酬はほとんどなく、ボランティア的といわれています。ところが、いったん事故などが発生すれば、法的責任問題も発生します。

　この点、教員としての契約上、明らかにしておかなければならない大きな問題がありそうです（191頁以下参照）。

　　(3)　**スポーツビジネス**

　スポーツビジネスは、エンターテインメント性を有するスポーツが経済活動として関係する場面であり、その中では当然、権利義務が問題となりますから、法的サポートをする弁護士の役割は大変重要です。

　そして、この分野は、現代スポーツ界における法律問題の先端的な活動領域です。対応する案件や依頼者が誰かとも関係しますが、高収入の可能があることもあり、若手弁護士にとってはある意味憧れ的な仕事といえます。このような観点から、現在スポーツビジネスをめぐって、いろんな書物も刊行されています。

　ただ、スポーツビジネスは、上記のとおり、スポーツ（する、観る、支える）を、

スポーツそのものの側からではなく、経済活動としてさまざまな契約関係に関与するところに力点が置かれます。

したがって、スポーツビジネスは、その兼ね合いが難しいですが、度が過ぎると、「スポーツの発展や振興」というより、その「ビジネスの発展や振興」にすり替わる可能性があり、スポーツ文化の発展に背馳(はいち)する可能性もあるので注意が必要です。

ぼくは、最近の例でいえば、たとえば、アンブッシュ・マーケティング（便乗商法：263頁参照）の議論にその臭いを感じます。

(4) **人権問題全般**

上記弁護士法1条のとおり、弁護士が広く人権問題の守護者としての立場でスポーツに関与する場合があります。

基本的人権や社会正義は、決して狭義の法律の分野にとどまりません。つまり上記(1)～(3)でのスペシャリストをも含む、より広い範囲での関わりを弁護士に求めるのです。いわばオールラウンドプレーヤー・ジェネラリストとしての役割が弁護士に期待されているといえます。すなわち、

① ガバナンスやコンプライアンスの観点から、スポーツにおける体罰や暴力問題に積極的に発言し、提言すること。

② 個別のスポーツの現場で、選考問題、運営問題などで不合理な差別や対応などがあった場合、それを告発し是正するために行動すること。

③ 一般的に、スポーツ関係団体の理事や監事、スポーツ大会や審議会の委員、協議会での運営や選考委員、また、第三者委員会委員などとして関与すること。この場合、当該団体や協議会の個別利益だけにとらわれず、スポーツ界全体の利益を俯瞰できる識見と、お飾り的でない積極的で具体的な発言、行動が必要です。

④ 大学でのスポーツ法の講義、スポーツ少年団での法的指導、スポーツ基本法でのスポーツ推進委員への就任、国や地方公共団体、学校や教育委員会でのスポーツシンポジウムなどで講義・講師をすること。

⑤ スポーツルール、ファインプレイやスポーツマンシップについての法的なアドバイスや提言をすること。

⑥ 補助金、助成金、寄付金など、金銭の収支にまつわる法的チェック。

⑦ スポーツ仲裁人、調停委員などとして事件を担当し、フェアさを基本とするスポーツ界に指針を与えること。

⑧ ベクトルが異なるように見えますが、スポーツに関する刑事裁判・民事裁判において、弁護人・代理人として被告人・被告側の利益を守ること。

⑨ その他にも、カッコ良く言いすぎですが、弁護士には、スポーツ文化の守護者としてのさまざまな役割があるといえます。

なお、ここで注意が必要なのは、以上、主として正義を主張する側からのアプローチを記載しましたが、⑧で述べたように、不正を働いた、あるいは失敗をした側に立って弁護、主張することもためらってはいけないことを述べておきます。

憲法上、刑事事件の被告人には必ず弁護人が必要とされていますが（憲法37条）、これは、物事には必ず両面があるからです。つまり物事をそれぞれの面から投影して浮かび上がるのが真実なので、決して責められる側の弁護や代理をためらってはいけないと思います。非があった側を正当に弁護・代理し、主張してあげることで、真のスポーツ文化が発見され根付くと考えます。

30年前はもちろん今でも、スポーツと法律、スポーツと弁護士といっても、「はあっ？　それ何ですか？」と尋ねられますが、上記に述べたことがその回答の一端です。なお、「スポーツ界における法と弁護士の役割」は菅原哲朗弁護士が詳しく書かれています（『スポーツ法への招待』ミネルヴァ書房）。

Ⅲ　スポーツと平等について

1　法の下の平等

平等とは、人が国家・公権力により、差別されず等しく扱われることをいいます。私たちは、だれもが差別されると怒りますし、平等でなければいけないと強く思っています。

このように、平等の権利は、現代法において自由と並び、もっとも基本的な権

利です。日本国憲法でも繰り返し使われており、みなさんももちろん当然のことだと考えているでしょう。

憲法は、具体的には「人種、信条、性別、社会的身分、または門地により、政治的、経済的、社会的関係において差別されない」（14条）と平等の一般規定を置き、さらに「家族生活における両性の平等」（24条）、「国会での両議院の選挙の関係での平等」（44条）など、差別できないとの理念は大切な憲法上の原則です。

日本国憲法下のスポーツ基本法でも、平等は自明のことです。

すなわち、前文冒頭の「スポーツは世界共通の人類の文化である」で始まり、前文の第2段落で、「スポーツを通じて幸福で豊かな生活を営むことは、全ての人々の権利であり」との言葉で平等の一端を明らかにしています。

そして、2条8項で、「スポーツを行う者に対し、不当に差別的取扱いをせず」と明文化しています。

また、個別的には2条5項で障がい者に対し必要な配慮をと規定して、実質的な平等をうたっています。

いずれにしても、平等は近代法の大原則ですから、改めていうまでもないのが本当のところだと思います。

2　実際上の問題点

では、差別的取扱いをしない、つまり等しく扱われるとはどのようなことでしょうか。たとえば両性、男性と女性では性に違いがあるという意味では異なっています。でも平等なのです。つまり、違い（区別）はあっても、それぞれの価値においては等しい、これが平等の意味です。たとえば、明治憲法時代には女性には選挙権がありませんでしたが、男と女が平等である以上、そのような差別は許されないのです。

ただ、このようにいうと、簡単に思えますが、実際の個別事例ではなかなか難しいのです。このことを学者の先生は、差別は許されないが「合理的」な差別であれば許されるといいます。

しかしそうはいっても、実際上、何が合理的であるかは、実は各事例ごとに大変難しい判断が迫られます。

3　私人間の問題

1つ、押さえておく必要があるのは、私人間では、差別にあたることがそれほど疑われず行われており、それは基本的に憲法上・法律上の問題にできないことです（私人間における憲法の間接適用説）。たとえば、男性だけしか加入できない私立のゴルフクラブ、逆に女性に限る会員制スポーツクラブ、これは、上記に述べた平等原則違反とは考えられていません。異性がそのクラブに入れないことを法的に問題にしても、裁判所は認めません。

これは法律的にいうと、差別の問題は「公権力との関係」で問題になり、「私人間の適用」は、直接には問題にならないとの理論です。

4　具体例

平等については、さまざまな角度でいろいろと問題が提起され、スポーツの関係でも、裁判上あるいは実際の社会の中で争われてきました。詳しくは、参考資料3の『Q&A スポーツの法律問題』などで検討していただきますが、ここでは、「国籍」と「性」の差別について、いくつか例示しておきます。

(1)　国籍＝外国人のスポーツをする権利

㋐　国民体育大会

「国民体育大会に外国人が参加できないのは、法律上問題ありませんか」。

ぼくは、学生に対する質問で、いつもこのアンケートをします。というのは、国民体育大会開催基準要項で、参加資格として「日本国に国籍を有する者であること」という規定があるからです。

すると、スポーツは誰もが自由にすることができ、平等に扱われるべきだから、それは憲法違反である、公のスポーツ競技大会での差別は許されず、法律の規定に反すると回答する学生がかなりいます。

この回答は、反差別意識を持つ若者の純粋な気持としてよく理解できるのですが、残念ながら回答は正しくありません。

「国民」体育大会であることからすれば、参加できないことを「法の下の平等に違反する」として、違憲・違法とするのは難しいと思います。ただし、政策上外国人の参加を認めるのは許されます。

実はこの関係では、古くは、王貞治さんの事件があります。王さんは、早稲田実業高校の投手として1957年高校野球甲子園春の選抜大会で優勝、夏の選手権大会でベスト8になりました。そのため、早稲田実業は国民体育大会（国体）少年の部に出場できたのですが、王さんだけは台湾国籍だったため出場できませんでした。当時、高野連（日本高等学校野球連盟）では外国人であっても甲子園に出ることはできたのですが、国体では、上記原則どおり外国人は参加できないとされていたため、王選手は、参加できなかったのです。王さんは、ある本の中で「生涯で一番悔しかったこと」と書いています。

　ちなみに、現在、国体の参加資格（選手と監督）は、日本国籍のあることが条件ですが、次の者は日本国籍がなくても参加できます。

① 永住者

　「出入国管理及び難民認定法」での在留資格として永住者と認められた者です。2015年時点で、約70万人。国籍としては、中国、ブラジル、フィリピン、韓国・朝鮮人の順です。

② 特別永住者

　先のアジア・太平洋戦争の事後処理としての「日本国との平和条約に基づき日本の国籍を離脱した者等の出入国管理に関する特例法」による特別永住者です。同じく2015年時点で約35万人。国籍別では韓国・朝鮮人が99％とされ、三大都市圏、特に近畿圏（大阪府・京都府・兵庫県）に45％居住しています。

③ 他の条件としては、少年として出場するか成年として出場するかで異なりますが、基本は、学校教育法の1条校に1年以上在籍したり卒業した者であること。ただし、成年については留学生でないことなどとされています。

以上要するに、住民として長期居住の外国人や1条校関係者は出場できますが、飛び入り的な「留学生」はだめ、このように解されます。

　不明な点については、日本体育協会に問い合わせてください。

　(イ)　全国高等学校総合体育大会（インターハイ）

　一方、1990年頃まで、国体だけでなく、国籍は関係ないと思われる全国高等学校総合体育大会（インターハイ）でも同じような問題がありました。

　ぼくが相談を受けたのは、関西の在日系の高級学校（学校教育法1条の高等学校

ではない）が、春高バレー大会に出場できない、何とか出場させてやりたいという生徒の親御さんからのものでした。

　この場合、国体ではないし、生まれてからの居住の実態、平等の価値、日常の言葉（日本語）、同じルールで戦うスポーツの本質などから、裁判所に行けば、結構戦えると考え訴訟の準備もしました。しかし、生徒が所属する学校の先生や職員からは、「裁判になるといろいろ嫌がらせなども考えられ何とか交渉の窓口で」と、弁護士の行動としては内心不本意なものでした。

　ところで、この参加拒否にも段階があり、都道府県の大会にも参加できない場合と、そこは参加できるが、優勝しても全国大会には出場できない場合と段階があったのです。この相談事件のときは、署名などを集め持参するなどして交渉しましたが、その時は結局らちがあきませんでした。

　ただ、その後もいろんなチャンネルからの働きかけで、結果的には1994年からは、インターハイなどでは出場が可能となりました。今は、このレベルでの差別（参加できない）はなくなりました。

　ただし、個別の大会、たとえば高校駅伝大会において、距離の長い区間に、外国人留学生を走らせることはできないなどの差別があり、それが合理的といえるかなどの問題は、今後の課題として残っています。

　余談ですが、情けないというか腹だたしい最近話題のヘイトスピーチの話を聞くと、あの時、裁判を避けた教職員の方々の辛い気持が良くわかります。

　(ウ)　外国人枠問題

　プロスポーツ選手の、いわゆる外国人枠については、プロ野球、Ｊリーグ、ラグビー、バスケットボールなどで、そもそもその競技における「外国人とは」の定義から始まり、それぞれ細かい制限があります。この点は、プロとしての興行権の問題、資金力のある球団だけが強力な助っ人を集め、実力に差ができすぎると、観る側も面白くない（観る権利の侵害）、など、いろいろな角度から検討する必要があります。

　これは、各自の平等権確保とエンターテインメント性を維持することとの利益較量など、なかなか難しい問題です。

　一方、外国（たとえばアメリカやヨーロッパ）では、この問題がどう処理されているのか、関心を持って一度調べてみてください（ボスマン判決）。

(エ) 大相撲での外国人力士問題

　現在、大相撲の幕内上位はほとんどモンゴルなどの外国人力士が占めています。日本人横綱は、2003年に貴乃花が引退して以来出ていません。幕の内最高優勝も、2016年1月（初）場所で大関琴奨菊が10年ぶりに優勝するというありさまです。

　この関係でも、これも興行的側面から、現在は外国人の新弟子の入門を1部屋1人にするといった規制が行われています。正確にいうと帰化による脱法的入門を排斥するため、外国出身力士は1名とされています。

　また、公益財団法人日本相撲協会の寄付行為（内部規則）により、親方（年寄）になるには、「日本国籍」が必要とされています。ですから、たとえば、白鵬が親方になるには、モンゴル国籍を捨てて日本国籍になる必要があるのです。これらは、平等違反にはならないのでしょうか。

　この点は、日本相撲協会も私的団体であることから、一次的には、先にも述べた憲法の平等規定が直接適用されるか否かの問題です。そして、それについては直接適用されないと考えられているので、憲法違反の指摘はあたらないでしょう。また、相撲協会が、大相撲を日本の国技と自負していることもあります。

　しかし、相撲協会が、文部科学省の許可を受けた「公益」財団法人であり、天皇賜杯など一定の公的支援も受けていること、平等の問題についての法の関心や適用範囲が世界的に拡がる傾向にあることなどを考えると、ぼくは「スポーツは、軽く国境を越える」との精神からいっても、新弟子の入門制限や日本国籍を有する者にしか年寄名跡を許さない現在の内部規定は、現時点ですでに民法90条の公序良俗に違反する違法な規則ではないかと考えます。

　ぼくの立場をもっとはっきりいえば、特に親方（年寄）については、すぐにでも国籍条項は廃止すべきです。まして、その下部団体ともいえるアマチュア相撲連盟が、国際化を掲げオリンピック競技を目指すのであれば、なおさら偏狭な国籍条項は削除すべきだと思います。大相撲の歴史などから反対する人が多いのも知っていますが、ぼくは廃止により、相撲界がより発展すると思います。

　ちなみに、相撲協会が、大相撲を国技と規定しているのは、特に法律上の根拠があるわけではありません。国技という文言の関係でいえば、プロ野球も野球協約で、目的として「不朽の国技にする」（2008年版）と自らの競技団体を国技に近づけて記載しています。

(2) 性による差別

　性による差別、特に女性差別は根深いものがありますが、スポーツ分野も例外ではありません。

　ぼくが担当した、スポーツと関連した女性差別の問題では、上記大相撲に関連して次の例があります。

㋐ 大相撲の女性差別

　大阪府知事を務めていた太田房江さんが、大阪３月場所（春場所）の千秋楽の知事表彰を直接優勝力士に渡したいと希望し、私たちのスポーツ問題研究会が、当時の財団法人日本相撲協会に公開質問状を出しました。しかし、協会は「伝統」を主張して女性知事が土俵に上ることを拒否しました。

　伝統の内容はいいませんでしたが、古代の神に対する奉納儀礼を源とする大相撲、そしてその後の勧進相撲において不浄なものは避ける、からきているようです。そして不浄には、「赤不浄（生理）」、「白不浄（出産）」、「黒不浄（死）」があり、この赤と白の不浄の観点から、不浄の者として、女性は土俵に上ることが禁止されているのです。

　ところで、伝統とは、団体などが長い歴史を通じて培い伝えてきた制度などですが、ぼくは、「古くて長い」だけではなく「合理的」なものが本当の伝統であり文化だと思います。協会のいう「伝統」は、単なる惰性でしかありません。別の言い方をすれば、協会のいう「伝統」は、女性知事が表彰に土俵に上がるくらいで潰れてしまうほどもろいものなのでしょうか。

　まして、太田さんは、大阪府知事つまり、公務として表彰するのですから、女性に対する公務遂行上の差別であるといえます。ぼくは、太田知事の前任の横山ノック知事（女性問題もあり失脚）が良くて太田さんがダメというのは笑止千万と皮肉って抗議しましたが、相撲協会の態度は変わりませんでした。

　平等の問題として裁判にすれば、文化論としても大変興味深い判例ができたと思いますが、太田さんがそれ以上望まれなかったので、スポーツ問題研究会もそれ以上深入りしませんでした。同じ例は、それより以前、森山真弓文部大臣のときにもありました。

　最近は、女性の国際相撲大会も行われ、オリンピック競技種目を目指しているとも聞きます。しかし、上記のような旧態依然とした女性差別の団体がオリン

Ⅲ　スポーツと平等について

ピック種目になれるとはとうてい考えられず、必ず寄り倒されてしまうでしょう。
　協会はもっともっと懐深く、女性をも包み込んでほしいものです。

　(イ)　高校野球の女性差別

　相談を受けた1つに、公立商業高校の硬式野球部の女子生徒からのものがありました。男子部員が少ないこともあって、野球部に入っているのですが、甲子園を目指しての地方大会に女子は出場できない、何とかならないかというのです。
　そのチームは正直弱小ですから、実際に甲子園に出場することはないのでしょうが、試合そのものに出場できないのは、不合理だと思い規約を調べましたが、危険性などから選手としてはダメで、女子にはソフトボールに移ってもらうかマネージャーなどをお願いしているとのことでした。
　仮に、これを法的問題として争うとすれば、私法人（公益財団法人日本高等学校野球連盟）による女性差別は、民法90条（公序良俗）違反になるのかという問題になります。
　ちなみに、大学野球では、一般に女子の出場は禁止されておらず、実際東京六大学では投手として出場した女子選手もいます。また、実はプロ野球でも女子は拒否されておらず、合格はしませんでしたが、球団（オリックス）への入団テストに参加した女性もいました。話題づくりだとの批判や揶揄もありましたが、門戸は開かれているのです。
　なお、今夏（2016年）の選手権大会で、女子マネージャーが練習中のグラウンドに入ることが禁止される事件もありました。
　もっとも、野球の関係では、現在女子の高校・大学の野球大会があるだけでなく、女子のプロ野球も誕生していますから、競技したい人がいれば、男女別々にというのが今後の進む方向といえるでしょう。

　(ウ)　その他の問題

　実は近代オリンピックの祖であるクーベルタンも、女性がオリンピックに参加することに反対で、実際第1回の1896年アテネ大会に女性選手の参加はなく、女性の参加は、テニスなどに参加が認められた1900年の第2回のパリ大会からです。
　スポーツと性をめぐる議論としては、その他に「その人が女性なのか男性なのか」の問題や「性同一性障害」の問題などがあります。
　前者も、そして後者「自らの生物学的性別と自己意識とが一致せず、持続的に

違和感や嫌悪感を持ち続けている状態」の問題も、入門編では難しすぎますので、参考資料3の『Q&A スポーツの法律問題』などを参照し、勉強してください。

(3) その他の差別

その他に次のような差別があります。

(ア) 年齢による差別

以前、浅田真央さんが年齢制限で（若すぎて）オリンピックに出場できなかったことがありましたが、これに法的問題はないのでしょうか。

逆に、プロボクシングで、一定の年齢以上の選手は試合できないとの規定がありますが、これはどうでしょうか。自己責任で認めてもよいとの考えもありそうですが、どう考えますか。

(イ) 体重制と身長制

柔道やボクシング、レスリング、ウェイトリフティング（重量あげ）などでは、オリンピックなどで体重制が採られています。運動会の定番であり、1920年アントワープまでオリンピック競技であった団体綱引きでも体重制（8人の総重量）がありました。これは合理的なのでしょうか。

また、体重制があるのなら、バスケットやバレー、個人種目のハイジャンプ（走り高跳び）など身長制もあってしかるべきだとの考えもありますが、どうしょうか。

ちなみに、大相撲は体重無制限ですがアマチュア相撲では体重制になっているという例もあります。

(ウ) 男子の記録、女子の記録

男子の記録、女子の記録といいますが、たとえば女子マラソンが男子マラソンを上回ることは考えられませんか。

(エ) 順位は不要？

平等、平等というなら、そもそも順位など付けない形の徒競走もあるのではないでしょうか。ただし、この点学生にアンケートを取っても、圧倒的に反対論が多いですし、ぼくも反対です。

順位付けが差別につながると懸念する人もいますが、そのような差別意識を持たせないようにするのが、教育者や指導者の力量です。

(オ) その他

その他、スポーツと平等について、各自の生い立ちなども含めみんなで意見を出しながら議論してみてください。結構新鮮で面白い議論ができると思います。

◆コラム◆　〔民族問題その２〕　ソ連・ロシアの思い出

　今は国際交流も進み、来日する年間の外国人は2015年度で2000万人を超えました。ただ、ぼくが高校生の時は、能登にまで来る外国人は、ほとんどいなかったと思います。
　その例外として、七尾港に入るソ連船がありました。今は知りませんが材木などを積み、ナホトカなどからほぼ毎月のように来ていたように思います。
　ぼくは、ソ連（ロシア）のことで、本書とも関連し３つの思い出があります。
　１つは、当時、市が主催して「市民ロシア語講座」を開講していました。日常会話くらい話せることで、市内で買い物するロシア人とささやかな市民交流、今でいうおもてなしをしようというのでしょう。この無料のロシア語講座に通いました。全部で15人くらいの参加者だったとの記憶ですが、高校生はぼくと、あと１人七尾商業高校の女生徒でした。
　受講したのは、ぼくが単なるうれしがり屋だということですが、ところが、その受講生を国（確か公安調査庁）が調べたということで問題になり、匿名で、ぼくが新聞やラジオのインタビューを受けることになったのです。今、このようなことを調べれば大問題ですが、当時は平気で名簿提出などを求めていたと思われます。
　２つめは、そこで習ったロシア語（ドーブルイ・ジェイ＝こんにちは）を確かめに、ソ連船に遊びに行ったとき、何とそこに２名の女性が働いていたことです。
　当時のぼくの頭の中は、「船乗り＝男」と決まっていたので、男女平等の社会主義ってやっぱりすごいんだと思いました。仕事は料理係ということでしたが、船の中に卓球台があり、そこで男性の船員を含め、卓球をしたのを覚えています。もっとも２人とも、優しいおばさんでしたが、タマラ・プレスのような体型だったのはご愛敬でした。1964年東京・オリンピックの金メダリストでソ連の女子砲丸投げ選手がタマラ・プレスで、ふっくらしすぎです。
　ちなみに、そのソ連型社会主義が20世紀後半失速するのはその後の話です。
　３つめは、ぼくが弁護士になって以後、1989年大阪弁護士会で中坊公平団長の下、モスクワ・キエフ・レニングラード（現在はサンクトペテルブルク）３都市の法視察の時の話です。丁度、メーデーの頃で、白夜のレニングラードなどいろいろ楽しい思い出もあるのですが、ぼくにとって面白くない出来事を１つ。それ

> は、キエフでの夜のレセプションで、ぼくがその昔、市民講座で習ったロシア民謡「カチューシャ」を日本語も交えながら熱唱（？）したのです。ところが、拍手はあったものの、いかにもおざなりという程度のぱらぱら。ロシア語の発音が悪かったのかなと思いつつ、下手でも異国からの客人がロシア語で一生懸命歌ったのだから、もうちょっと拍手してほしかったなと残念な思いでした。
> 　しかし、後でわかったことですが、キエフはウクライナの首都ですから、ロシア民謡は彼らには面白くなかったんですね。当時は反ロシアの感情も高まっていたでしょうから、彼らにすれば「あの日本人は、何でここでロシア民謡を歌うんだ」ということだったのでしょう。そういった民族的機微には慣れていなかったゆえの失敗でした。
> 　その直後ソ連が崩壊し、ウクライナなどが独立したことなどを思うと、民族問題はやはり難しいなと改めて感じているところです。

Ⅳ　スポーツと障がい者

1　スポーツ基本法の規定

障がい者とスポーツは、スポーツ基本法の2条5項・6項の他、12条、26条、27条でも出てくる現代的テーマです（2条5項（70頁）参照）。

2　障「害」者の文字

ぼくは、個人的に一般社団法人日本パラ陸上競技連盟（JPA）関係の役をいただいているので、接する機会は他の人より多いと思いますが、まず、障がい者に関する「害」という文字についてです。

この「害」文字をめぐって、障がいを持っている人に対する侮辱的・否定的表現であるとの立場で、最近は「障がい」と表現することが多いので、本書でも、法文や大会公式名などで「障害」とされている場合以外は、できるだけ「障がい」という表現を使います。

ちなみに、「害」の漢字について、ぼくの知り合いの身体の不自由な方に何人

も聞きましたが、元気なアスリートとして全然気にしないといわれる方が多い一方、やはり、少しは気になる、違う言い方がよいなど、正に当事者としての微妙な反応の差があります。その人の、生い立ちやこれまでの経験、現在の立場などにより、思いは異なるのだと考えられます。

ところで、この原稿を書いている時、相模原市で重度障害者に対する大量殺人事件（19人死亡）が発生しました。元従業員という被疑者は「いる命・いらない命」を勝手に選別し、事件後も反省していないとのことです。本書の守備範囲ではありませんが、同じ人間なのに、警察が死亡者の氏名を発表しなかったことも含め、犯人の考えの奥に潜む社会的背景を一緒に考えてみましょう。

3　障がい者の定義

障がい者については、障害者基本法2条で、
① 　身体障がい
② 　知的障がい
③ 　精神障がい（発達障がいを含む）
④ 　その他の心身の機能の障がい

がある者であって、障がいおよび社会的障壁により、継続的に日常生活または社会生活に相当な制限を受ける状態にあるもの、と定義しています。

スポーツが楽しいのは、障がい者であっても健常者であっても変わりません。むしろ、心身の関係あるいは社会的関係などで、自発的にスポーツをする機会に恵まれない障がい者のほうが、かえってその楽しみは大きいともいえます。

そして、スポーツ権が基本的人権である以上、当然障がい者にも平等にスポーツを楽しむ権利が認められます。現在は、それぞれの障がい者の関係で、スポーツが語られ、実際それぞれのカテゴリーで、その特性に応じたスポーツの取組みが行われています。

4　障がい者スポーツの歴史

障がい者スポーツの歴史について年表風にまとめると以下のとおりです。
・1888年　ドイツ、ベルリンで聴覚障がい者のスポーツクラブが結成
・1910年　ドイツ、聴覚障がい者スポーツ協会設立

・1924年　ろうあ者の、第1回国際デフリンピック競技大会
・1944年　イギリス、ストーク・マンデビル病院の挑戦開始
・1951年　第1回東京都身体障害者体育大会
・1952年　第1回国際ストーク・マンデビル競技大会
・1961年　スポーツ振興法制定
・1964年　東京・パラリンピック大会（東京・オリンピックの時）
・1965年　全国身体障害者スポーツ大会を国民体育大会開催地で開催
・1970年　障害者基本法制定
・1975年　第1回極東・南太平洋身体障害者スポーツ大会
　　　　　ヨーロッパ・みんなのためのスポーツ憲章
　　　　　国連総会で「障がい者の権利に関する宣言」
・1978年　ユネスコ、体育およびスポーツに関する国際憲章
・1981年　国連国際障害者年。大分国際車いすマラソン（中村裕医師）
・1981年　スペシャルオリンピック全国大会
・1989年　国際パラリンピック委員会（International Paralympic Committee：IPC）
　　　　　設立（本部ドイツ・ボン）
・1992年　新ヨーロッパ・スポーツ憲章が採択
・1992年　全国知的障害者スポーツ大会
・1993年　国連、障害者の機会均等化に関する標準化に関する標準規則
・1999年　㈶日本障害者スポーツ協会設立
・2000年　㈶日本障害者スポーツ協会が、㈶日本体育協会に加盟
・2011年　スポーツ基本法制定
・2015年　スポーツ庁設置
・2016年　障害者差別解消法（障害を理由とする差別の解消の推進に関する法律）
　　　　　施行

5　障がい者とノーマライゼーション

　スポーツは、基本的に楽しいものですから、障がい者にとっても健常者同様に、スポーツに関係する機会が増えることは望ましいことで、実際に歴史はその方向に進んでいます。そして上記年表からもわかるとおり、内外で、いろいろな法律

の制定や宣言などが行われ、種々の施策が実行されています。

　念のため1978年のユネスコ、体育およびスポーツに関する国際憲章では、1条で、「すべての個人は、スポーツに参加する権利をもつ」と、スポーツの基本的人権性を明確にしたうえで、5条で、「十分な施設と設備は、体育・スポーツに不可欠」であるといい、2項では、「あらゆる段階の政府……適当な私的機関は、協力し、ともに計画して、体育・スポーツの施設、設備、用具を提供し、最適な条件で利用できるようにする『義務』がある」と述べています。

　そして、スポーツ基本法には、7条で国や地方公共団体だけでなく民間団体に対しても、基本理念の実現を図るための連携、協働を求めています。これは、一般的には「福祉からスポーツ」への転換といわれています。

6　パラリンピック

(1)　ストーク・マンデビル病院の挑戦

　上記のとおり、障がい者スポーツについては、ヨーロッパが先駆的ですが、障がい者のスポーツの源流としてよく説明されるのは、イギリスのストーク・マンデビル競技大会です。

　第2次世界大戦は、戦死者だけでなく、敵味方を問わず多くの脊髄損傷者を生み出し、多くの人が車いすによる生活を余儀なくされました。

　そんな中、医師グットマンを中心に、治療の一環として「スポーツ」を利用しようとの試みがなされたのです。それが、イギリスのストーク・マンデビル病院で、その治療としての有効性と社会生活における有意義性などを踏まえ、1952年、その脊髄損傷センターで最初の国際ストーク・マンデビル競技大会が行われました。

(2)　パラリンピックへの承継

　その後、グットマンを会長とした国際ストーク・マンデビル大会委員会が組織され、1960年のローマ・オリンピック大会から今日のパラリンピックに引き継がれています。

　正確にいうと、今では、ローマ・オリンピックでの障がい者の大会が第1回パラリンピックと呼ばれ、1964年のオリンピックでも、同じ東京で開催されたのです。ところがその後、オリンピック開催の都市で開催する方式が途切れ、1988年

のソウル・オリンピック大会で、同一都市での開催が復活し、正式名称が「パラリンピック」となり、今日に至っています。

　(3)　パラリンピックの名称

　パラリンピックの名称は、元々は、「パラプレジア（脊髄損傷等による下半身麻痺＝Paraplegia）＋オリンピック（Olympic）」の造語とされていました。

　もっとも、競技が進展拡大し、IOCは、下半身麻痺者以外にも参加するアスリートがいることなどから平行・並行の意味である、「パラレル（Parallel）＋オリンピック」、つまりもう1つのオリンピックと再解釈し、ソウル・オリンピックからは、強くIOCが関わっています。

　パラリンピックのシンボルマークは、赤・青・緑の3色で表されており、それぞれ、心（スピリット）、肉体（ボディ）、魂（マインド）を示しているとされます。

7　障がい者がスポーツや運動をする場合の条件

　2001年、JPSA（公益財団法人日本障がい者スポーツ協会＝当時は財団法人日本身体障害者スポーツ協会（JSAD）といいました）は、障がい者がスポーツや運動をするときに必要な条件（施設、設備の基盤整備、組織、人的サポート体制など）について調査しました。法律とは直接関係しませんが24項目の内容を紹介します。

---

(1)　一般スポーツ施設のバリアフリー化
(2)　障がい者スポーツ施設職員の理解
(3)　利用できるスポーツ施設の情報
(4)　利用可能なスポーツ施設の建設
(5)　一般スポーツ施設職員の理解
(6)　施設職員の理解
(7)　指導者の養成
(8)　家族の理解
(9)　一般スポーツ指導者の理解
(10)　医療関係者のサポート
(11)　障がい者スポーツ団体の育成
(12)　ボランティアの確保

⒀　仲間の確保

⒁　医療関係者の理解

⒂　経済的公的支援

⒃　指導者派遣

⒄　器具・用具の開発

⒅　移動方法の確保

⒆　種目の開発

⒇　障がい者スポーツ全般に関する情報

㉑　法的整備

㉒　入所施設の環境改善

㉓　補装具や車椅子の開発

㉔　ルールの変更

8　障がい者がスポーツ観戦する場合の配慮

　障がい者は、スポーツを観る権利も有しており、その点について、1990年にアメリカで制定された法律（ADA法＝Americans with Disabilities Act）に、

①　スポーツ施設に最低でも1％の割合で車いす用の席の設置をすること。その場合、安全性、滑り止めなどを確保すること

②　車いす利用者が、他の観客、友人、家族から孤立しないよう配慮すること

③　車いす用の席が、スカイボックスや特別席などすべてのエリアに設置されること

④　300席以上の観客席が設置されるときは、車いす用の席は2カ所以上、健常者席と同等のものであること

これらが規定され、障がい者の平等性を保証しているとのことです。

　この点、スポーツ基本法12条2項では、国および地方公共団体に対して、障がい者の利便性の向上を図るべきことを要請しており、アメリカ法と同様のあるいはそれ以上の具体的な立法や政策が求められます。

9　障がい者の施設利用などにおける不法行為

　上記に述べたとおり、障がい者がスポーツや運動をする場合、実際上いろいろなハンディが予想され、それに対する不適切な対応が差別による不法行為などとして損害賠償請求の対象になることがあり、たとえば次のような例があります。

① 　車いすバスケットの練習申込みに対し、体育館の床が損傷するとして、使用を断られた例
② 　ダウン症の16歳の女性が、民間のスイミングクラブへの入会を断られた例
③ 　両足義足の選手が、標準記録を突破し、パラリンピックではなくオリンピックに参加しようとしたところ、義足の使用が身体のエネルギー消費を抑える効果があること、本来の足よりも軽量であることなどを理由に、義足に「機能的優位性」あるとして、参加が認められなかった例
④ 　パラリンピック陸上での金メダリストで視覚障害のある選手が、スポーツクラブに入会を申し込んだところ、昼間の利用に限定するとされた例
⑤ 　右足に障がいを持つプロゴルファーが、ゴルフカートの使用を禁止され裁判に訴えたアメリカの例

など、いろいろなケースが考えられます。

　ごく最近（2016年）、上記③と同じような例で、ドイツの右足義足の男子走り幅跳びの選手が、オリンピックの参加を認められなかった例があります。この問題は、義足機能のハイテク化の問題もあり、難しい問題ですが、ぼくは、次のように考えます。つまり、障がいがあることさえ本人が立証すれば、義足（の方）が有利であることは、競技連盟が立証すべきだと思います。ところが今回、選手に対し、障がいがあることだけでなく、義足の方が不利である（健常者より有利でない）ことまで立証すべきだというのです。

　これは、障がい者に不当な立証を求めるもので、フェアではないと思います。いずれにしても、参考資料3の『Q&A スポーツの法律問題』の個別のケースについては、それぞれの立場で大いに議論してください。

10　障がい者を普通に考えること

　平等は憲法14条を基本にした重要な権利であり、スポーツ社会においても、障

がい者差別は許されないと、スポーツ基本法などで再三強調しています。

　ただ、中には、そのことを意識しすぎてか、障がい者や障がい者の行動について、逆に神聖視したり純粋化して考える人もいるので、普通に考えましょうとの意味を込め、少し触れておきます。

　これを書いている現在（2016年9月）、リオ・パラリンピックが開催されており、熱戦が続いています。

　そんな中、イギリス発の障がい者関係のスポーツニュースで、障がいの等級区分を偽り、重く見せかける不正が発覚したとの記事がありました。当たり前ですが、障がい者にもこのように狡いことをしてよい成績を求める人はいるのです。これはフェアではありませんから、不正は厳しく糾さなければなりません。

　また、オリンピアンの為末大選手が書いていますが、障がい者スポーツは、障がいの種類や程度に応じてクラスが細分化されているため、結果として種目数が増え出場選手が著しく少ない種目があり、競技レベルが高くない種目もあります。そして、そんな選手の中には、たとえ障がいがあっても、もう少し鍛え上げられたのではないかと感じることもあると書いています。

　もちろん誤解のないようにいいますが、為末さんは、障がいを抱えながらスポーツに打ち込む選手の努力やレベルの上がったすばらしいパフォーマンスに感動し讃えておられます。そのうえで、本当のすごさを見極めるべく、パラリンピックを肩入れしすぎずに観戦しようと述べられており、本当にそのとおりだと思います。

　場合は異なりますが、これも今年、障がいのある高名な作家・教育評論家が、不倫でバッシングを受けました。もちろん、不倫が良いとはいいませんが、要するに障がい者にもいろいろな人がいて、また、いろいろな場合もある人間社会だと、そのことを忘れてほしくないのです。

　振り出しに戻ります。障がいの概念にもよりますが、人類には6〜10％の障がい者がいるとされています。近・老眼や自身の歯を無くした人なども入れれば、もっと増えるでしょう。ただ、不自由な状態を克服する技術や設備などがあれば、社会生活上それを障がいと感じなくても良い場合も多いのです。メガネやインプラント義歯、車いす利用者へのスロープ設置などのことを考えて見ましょう。

　考えに詰まったら、憲法13条の個人の尊重・尊厳の精神に立ち返りましょう。

V　スポーツと体罰・暴力行為

1　2つの事件

　ロンドン・オリンピック開催の2012年の暮れから翌年にかけ、日本のスポーツ界で、体罰、暴力をめぐり注目される事件が2つ起こり、大きな社会問題として報道されました。事件が公になった順でいうと、以下のとおりです。

　1つは、大阪市立桜宮高校で、バスケットボール部のキャプテンが、顧問教諭の体罰、暴力を苦に自殺したとされる事件です。

　2つめは、全柔連の女子トップ選手15人による体罰、暴力やハラスメントに対し、告発がなされた事件です。

　ぼくは、この2つの事件の相談を受けましたが、特に全柔連女子の事件では、同僚の岡村英祐弁護士と告発代理人になったので、忘れられない事件です。

◆コラム◆　楽しむ原点に戻る——スポーツと体罰について

　　　　　　2015（平成27）年2月20日、読売新聞大阪本社版「論」より〔要約〕
※柳本晶一氏（前バレーボール全日本女子監督）と著者との対論

　柔道女子15人の選手の代理人を務めました。スポーツ選手の権利を守る活動をしてきたぼくにとっても、伝統競技である柔道の代表チームで体罰が横行していたのは大きな驚きでした。

　代表選手は所属企業や母校の指導者、家族らに支えられ期待を背負います。支援してくれる人の迷惑になると思い、監督に異を唱えるのを避けがちです。それでも告発したのは、暴力行為が、選手としての、人としての誇りを傷つけたからです。

　体罰は公然と行われており、全柔連も早い段階で報告を受けていました。しかし、十分な調査をせず、前監督は軽い処分を受けただけでした。全柔連は体罰への意識が低かったといわざるを得ません。

　意識の低さは、選手側にもあります。講義している大学で学生にアンケートを取ると、「体罰は、場合によっては仕方がない」との答えが多くを占めます。「体

罰で精神的に鍛えられた」と回答する学生もいます。

　スポーツの語源は英語では「Disport」（遊ぶ・楽しむ）とされます。だが、日本では、スポーツが学校教育に組み込まれ「教えてもらうもの」になっています。上意下達の意識が体罰の土壌を作っているのではないでしょうか。

　「勝利至上主義」も問題です。体罰に頼るのは、指導力が未熟だからとも言えます。日本では優秀な選手が、指導法も学ばないまま指導者になることが多いですが、選手の力量と指導力は別です。指導者には、技術だけでなく、指導哲学を教える仕組みを整えなければなりません。サッカーでは指導者ライセンスの制度があります。野球でも、若手指導者が合宿してベテランから学ぶ「甲子園塾」が行われており、参考になります。国は、選手だけでなく指導者育成にも予算をつけるべきです。

　2011年に成立したスポーツ基本法は、「スポーツを通じて幸福で豊かな生活を営むことは全ての人々の権利」とうたいます。柔道女子や、桜宮高校の問題では、その考えが現場に定着していないことが明らかになりました。その後、各競技団体は、相談窓口設置などの対策を講じました。だが、体罰はまだなくなっていません。効果の検証が必要です。

　2020年の東京五輪は、「楽しむ」というスポーツの原点を見直す絶好の機会です。選手の強化は重要ですが、体罰の入り込む余地はありません。すべての選手や指導者が原点に立ち戻れば、おのずと体罰はなくなるはずです。（聞き手・関俊一）

2　法律による体罰・暴力の禁止

　体罰や暴力がよくないのは、常識的には誰もがそう思っています。

　法律では、まず学校教育法11条には、「児童、生徒および学生には懲戒を加えることはできるが、体罰を加えることはできない」と規定されています。したがって、違反すれば行政上の懲戒処分の対象になります。

　また、刑法では、体罰は「有形力の行使」で暴行罪となり（208条）、結果怪我をしたり死亡すれば、傷害罪、傷害致死罪という刑事事件に発展します（204条、205条）。

　さらに、民法では709条の不法行為になり、損害賠償責任の対象になります。

　このように、教育関係法、刑法、民法、いずれの立場からも体罰や暴力行為は禁止されているのです。体罰・暴力問題は、体育・スポーツの世界では古くから

問題になっていて、上記2つの事件で一気に噴出したのが、この年でした。

3 体罰・暴力が続く理由

　個人の尊厳（憲法13条）を無視する人間関係の中で、体罰や暴力が、直接、また水面下で日常的に発生しているのは間違いありません。2つの事件が、マスコミで、スポーツ面だけでなく社会面でも大きな記事になったのは、正に、これらの背後に、私たちの社会の縮図的な要素があったからだとぼくは思います。

　もう少しこの点を掘り下げると、社会的な背景として3点が指摘できると思います。

(1) 明治以降の教育制度

　1つめは、日本の教育界全体の中で、自主性・自律性を育む手法が遅れていたと思われる点です。

　明治政府は、教育が市民社会の基礎であることを意識し、速やかに教育制度の改革に取り組みました。そして現実には西欧列強に対応する関係で、富国強兵・殖産興業を早急に推進する必要がありました。

　その関係で、本来であれば、教育は子ども達が幼稚な議論を闘わせながら、それぞれの意見を修正しつつ、そしてときどき教師が触媒的に意見を述べて議論を成長させるのが筋ですが、明治以降の日本の場合は、ややもすると教師が促成的に上から教え、児童・生徒・学生がそれを覚える、この形態の教育が普通に行われていったと考えられます。

　そのため、児童・生徒・学生が自由に発想し闊達に議論する気風に乏しかったのではないでしょうか。これは、歴史的制約とはいえ、わが国で市民革命がきちんと遂行されなかったからともいえます。

　その結果、教えられたことは黙々とこなし、真面目ではあるが自主性・自発性に乏しく、そのため、指導者はもちろん、先輩・上級生に異論を唱えられない教育環境になっていったと思われます。

　そして一方、「楽しい」を本来の要素とするスポーツが、体育として教育の分野に編入（スポーツの体育化）され、しかも一時期、その場に軍人が乗り込み、教練などの名の下に介入がありました。軍人・軍隊は、名実ともに暴力装置であり、暴力で国を守り他国を制圧するのが使命ですから、どうしても組織や体質は、

暴力的にならざるを得ません。その影響が、教育全般における自主性が阻害される傾向と相まって、体育や部活の世界で、安易に暴力が振るわれるきっかけになっていると思います。

そんな中、特に未熟な指導者が、言葉や論理で具体的に伝えきれない場合に、暴力に訴える傾向になるのです。

(2) 上命下服・上意下達の隷属状態

次に、学生時代に部活でスポーツを経験された人なら、「4年神様、3年天皇、2年平民、1年奴隷」という言葉を聞かれたことがあると思います。この言葉は、いわゆる体育会系的運動部において長年存在し続けてきた、そして今も続いている可能性が高い、上命下服、上意下達の隷属状態の人間関係を表しています。まして、上記標語からいえば、指導者は、4年生の神様を超える、いわば抗うことのできない絶対的存在になります。

事件を担当し、武道といわれる柔道の関係で気付いたのが、柔道界での古い体質です。これは、段位制度ともからみ、師弟関係が極めて濃密で、より極端な縦社会を強調する体制だといえます。その点では、西欧から入ってきた「楽しむ」を基本とする余暇の娯楽としての近代スポーツとは大いに異なります。

もちろん柔道は、日本発祥のオリンピック競技であり、今では、世界での競技スポーツとして確固たる地位を占めているのですが、それでもやはり、特に日本では球技などのスポーツとは異なっているのだと感じました。

ぼくは、全柔連女子の選手15名が終始、監督や指導者を「先生」と呼び続けていたことに違和感を持ちました。つまり、敬う指導者として先生というのは理解できるのですが、そうではなく、ハラスメントを受け苛められた人をさして、なお「先生」と呼び続ける彼女らへの違和感でした。

この関係で、彼女たちとの打合せや協議の中で、彼女らが一貫して自身のことを「自分（じぶん）」というのも気になりました。あまり皆が一致して「自分」というので、「ちょっとおかしくない？『わたし』にしたら？」と聞いたところ、ある1人が「家でもおかしいといわれますけど、でも自分は……！」と答えたため、みんなで大笑いしたことを思い出します。

この、会話の中で自身のことを「自分」というのは、間違ってはいませんが、日本軍が出てくる戦争映画の中でよく使っているのを聞いた記憶があるのです。

関連すると思うのですが、どうでしょうか。

(3) 放置・無自覚による体罰・暴力の連鎖

しかも、3つめに監督らによる暴力・ハラスメントが、行為者自身、悪いという意識や気持に乏しく、また、明確な意識がないまま行使されている点が問題です。そして、体罰が長期間継続して閉鎖的社会の中で見過ごされてきた事実があり、周りもそれを当然のように放置していたと考えられるのです。

それは、桜宮高校教諭の長い顧問の経歴と実績からそういえますし、実際顧問は、「体罰は精神的、技術的に向上してほしいという気持の一環だった」と自身、生徒のことを思った善意だったと説明し、その言葉に嘘はありません。

また、全柔連の監督も「感情的にカッとなって叩くのではなく、何とか強くしたいという思いだった」と語り、続けて「自身の指導力不足が1番、言葉で伝える力を持っていなかった。選手に信頼されていると思っていたが、それが独りよがりであるとわかった」と反省しています。

2人とも、通常の生活態度などでは、周りの人から、むしろ好かれるいい人だったと聞きました。

このような環境の中で、体罰・暴力が連鎖し、再生産されてきたと考えられます。

4 体罰・暴力に関するアンケートから

(1) 一般のアンケート結果

2つの事件を受け、新聞社などを通じ多くの、「部活などでの体罰・暴力に関するアンケート」が取られました。いつ、誰を対象にアンケートするか、質問の仕方などによっても回答は異なるのですが、部活でスポーツをしていた人の関係でいうと、指導者や先輩からの体罰・暴力行為について、おおむね次のような傾向がみられます。

① 約半数が体罰・暴力を受けたことがある。
② 受けた人の半数以上が、そのことを非難しない。

(2) ぼくが行うアンケート

上記結論は、ぼくが講義する大学で学生に質問しても、毎年同じような結論になります。もっともぼくのアンケートは、下記の内容です。

> 〔質問〕
> ・スポーツや教育の現場で、指導者による懲戒や体罰が問題になることがある。「愛の鞭（むち）」とも呼ばれるこの行為について、自身の体験も踏まえ、自身の考えを述べなさい。

　このアンケートは、学生に学校教育法11条（懲戒は良いが体罰はダメ）を自ら考えさせ、最終的には体罰・暴力によらない指導方法を模索することを目的にしているのですが、質問自体に２つの偏差が仕掛けられています。

　それは、「愛の鞭（むち）」という言葉を使っていること、「暴力」という言葉を使っていないことです。つまり愛の鞭という言葉で、学生は体罰に肯定的なイメージを持ちます。また、もし「暴力」という言葉が入っていれば、質問を読む段階で否定的イメージが増すでしょう。

　それはともかく、ぼくが担当するアンケートでも、必ず上記①、②のような結果になるのです。

(3) アンケートの具体的回答とそこから見えてくるもの

　肯定説の回答例としては、
　「自分に非があったので、体罰してくれた先生には感謝している」
　「叱咤激励の意味だったと思う」
　「人格形成の場だった」
　「泣きながら先生が叩いてくれ、感動した」
　「殴らないとわからないヤツもいる」
　「ケガをしない程度なら構わない」などです。
　一方否定説の回答は、
　「自分（先生）の感情で殴っていた」
　「本当に愛情があれば体罰などしない」
　「言葉で説明できないのは指導者として失格」
　「言うことを聞かない部員は、練習させなかったり部活を辞めさせればよい」
　「今でも恨んでいる」
　「叩きやすいヤツを選んで叩いていた」などです。

それぞれの個人的な経験から、いろんな意見が出てきますが、指導者の中には、「上手くなってほしいので」とか、「壁を破ってほしかったので体罰を加えた」と弁解する人もかなりいます。確かにその気持はわからないでもありませんが（特に泣きながら叩いた指導者）、叩く以外に方法はなかったのでしょうか。

人格形成に役立ったと感謝する学生もいますが、そのような学生は、スポーツでの成績が良く、いわば成功者、勝ち組として現在を過ごしているケースが多いように思います。

他方で、今も恨んでいる学生もいるのです。そして、体罰・暴力で、スポーツが嫌いになったり辞めた人もいたし、現在もいると思います。

ぼくは、現場で指導したことはありません。そして実際に現場で指導した人、している人の話を聞くと、正直、そんなにきれい事だけで説明はできません。実際、この2つの事件が起こった後、部活の教師に「殴ってみいや！」などといって挑発する生徒もいると聞きました。

でも結論としてぼくは、やはり体罰をするのは、指導者として未熟、指導者の負けだと思います。繰り返しますが、そこを工夫するのがスポーツ指導です。当然のことですが、スポーツにはフィジカルな技術だけでなく知恵も必要であり、指導者であればなおさら、それを追求し克服するのが楽しみであり醍醐味のはずです。

5　指導者の暴力行為の4類型

(1)　指導者が暴力に訴える理由とその影響

望月浩一郎弁護士は、指導者の暴力行為に4つの類型があるとしています。
① 感情爆発型
② 暴力行為好き型
③ 確信犯型
④ 指導方法わからず型

上手く分類されていると思うので使わせていただきます。

①の感情爆発型は、自分の感情をコントロールできずに暴力を行う人で、②の暴力行為好き型は、自分のウップンやストレス解消のためのはけ口として暴力を行使するタイプです。この2類型については、誰もが、指導者としては失格、ダ

メだとわかります。

　問題は、③の確信犯型と④の指導方法わからず型です。確信犯型は、積極的に暴力行為が有効な指導方法だと考えており、いわゆる「熱い指導者」にありがちなパターンです。また、指導方法わからず型も、部員を何とか向上させてやりたいとの思いから、他の方法が見つからないため暴力行為を行ってしまうのです。この両類型は、積極的、消極的に「暴力行為が有効な指導方法の1つだ」と考えています。

　そして、これらの、場合によっては「涙を流しながら」叩いてもらった部員の中から、上記の「人生の恩師として」指導者を讃えたり、「良い思い出」として、暴力を肯定する人が出てくるのです。

　ただ現場での実際上の暴力を考えると、これらの純粋型ではなく、4つの型が複合的に現れることが多いと考えられ、被害者である本人を含む居合わせた生徒・学生の記憶に残るのです。

　しかし、当時の体罰・暴力を肯定し感謝までしている当人ですが、翻って考えると、そもそも体罰・暴力でなければ、彼は上手くなれなかったのでしょうか、それ以外の方法で反省できなかったのでしょうか。

　ここに、人生における難しさがあります。というのは、私たちは、いろいろな選択肢、可能性を持ちながらも、結局は、一本の人生道を歩まざるを得ないからです。今の例でいうと、その部員は、もし体罰・暴力を受けなかったら、どのような今の彼になっていたのでしょうか。仮に、体罰・暴力以外の、たとえば指導者の言葉や理論による説得、謹慎、練習禁止、退部などの措置だったとしたら、もっとすばらしい今（選手）になっていたかもしれず、それを具体的に検証することはできないのです。

　逆に、練習時や試合での体罰・暴力行為によって、恨んだり、そのスポーツを辞めたり、最悪、死亡した部員もいたはずです。そして、その部員が体罰・暴力行為を受けていなかったら現在どうなっているのか、これもいわゆるタラ・レバの話です。これは、選べる道はたくさんあったが、歩いた道は1つだけという当たり前の話で、検証はできません。

(2) 指導者のあるべき姿など

　最初に述べた2つの事件の指導者に、これを重ねてみたいと思います。先にも

書きましたが、これらの指導者がホントの意味でワルだったとは思いません。

　学生の頃、「地獄への道は善意で敷き詰められている」という言葉を教わりましたが、良かれと思って体罰・暴力を行っている指導者は、まさにその類ではと思います。

　現在のぼくの結論をいうと、体罰・暴力により技術が向上したり上手くなることはありません。むしろ、萎縮したり自分で考えなくなり、マイナス面の方が多いと思います。また、暴力行為に宥和的態度や親和性を持ち、暴力的指導の連鎖が続く可能性があります。そして何よりも、スポーツが楽しくありません。

　選手が、そして選手を支える指導者が勝利を目指し、必死に努力しトレーニングするのは当然で、すばらしいことですが、指導者には体罰や暴力によらない指導を工夫して欲しいものです。それは、指導者にとって難しく苦しいことでしょうが、それを克服し新しい指導方法を考えるのがまた、スポーツを支える指導者としてのスポーツの楽しみ、醍醐味ではないでしょうか。

　その意味でぼくは、スポーツ科学の進展の1つとして、指導者を指導するシステムの開発や、指導者としての器を広げるための企画や指導者としてのトレーニング方法などを考案すべきだと思います。その点、たとえば高野連が毎年行っている甲子園塾などは、大変良い試みだと思います。

　なお、スポーツ基本法では、11条をはじめ多くの条文で指導者、指導の重要性を規定しています。たまたま、学校教育法11条が体罰禁止規定であることが暗示的です。

　引き続き、指導者について説明します。

◆コラム◆　モンスターペアレンツ

　関西の公立中学の3年生を担当していた先生の話です。彼は、ある格闘技スポーツで実績のある50代の男性で、体育や部活だけでなくクラスの担任もしていました。

　放課後、クラスのみんなでやる教室の掃除の時間に、女子生徒が2人、掃除をせずにふらふらしているので、クラスの班長が彼に「いつもあの2人は、さぼって掃除しないので注意してほしい」といいに来ました。彼は、他の教師から授業中の態度も良くないと聞いていたこともあり、2人に注意しました。

2人がしぶしぶその場を離れたので、掃除を始めるかと思いきや、今度は廊下に出て、また2人で話をし始め、掃除をしようとしませんでした。また班長が言い付けにきたので、彼が「いい加減に、掃除しないと本気で怒るぞ！」と強くいったところ、2人の内の1人が「おまえがやったら、いいんじゃ！」と反抗的な言葉を吐いたため、ついカッとなって、その生徒の頭をごつんと拳骨で叩いてしまったのです。

「イタッ」といって、そのまま2人帰っていったので、ちょっとやりすぎたなと思ったものの、そのままにしていました。

翌日、「加療5日間」の診断書を持って、彼女の父親が学校にやってきて校長に面会を求め、午前中いっぱい校長室から出ませんでした。担任の教師を出せとの要求だったのですが、彼がたまたま出張で留守だったので、父親は、校長室で2時間以上、学校の管理体制などをいろいろ話して帰ったようです。診断書では、少しコブができたようでした。彼は、放課後彼女の自宅に謝罪に行きましたが、生徒は顔を出さず、父親は彼を許しませんでした。

しばらくして、弁護士を代理人として彼の自宅に100万円を請求する内容証明が届きました。

そして、彼が法律相談に来たのです。彼の一番の心配は、懲戒解雇になるのではとの点でした。それに請求金額も多いと。

話を聞いてぼくは、「懲戒はされるが懲戒解雇はない、100万円も、この事件では多すぎる、せいぜい治療費プラスαだろう」、と説明しました。

彼は、解雇さえなければ、今さら管理職になるつもりもないし、それなら訴訟で闘うといいました。

ぼくは、ちょうど全柔連の事件の直後で、今度は体罰側か、でも事情は違うしと思い、準備を始めました。

クラスの生徒は、掃除の時の出来事、校長室へ父親が来たことなどを知っており、卒業してからもみんな先生のために証言するなどといってくれており、ある意味教育論争として興味深い裁判になると思っていました。

ところが、思わぬ所からストップがかかったのです。それは、校長と教頭（副校長）先生でした。教育委員会に知られたくないというのがその趣旨でした。途中は省略しますが、結果合計30万円の示談で落着しました。詳しくは聞いていませんが、3人それぞれ10万円負担されたのでしょうか。

もちろん、カッとなり、生徒・子どもの頭部を叩いたのは許せませんし落ち度はありますが、彼によると随分手加減したようです。そして、診断書持参による父親の登場です。

ぼくが子どもの頃は考えられない事件ですが、体罰問題が出たので、相談を受

けた事件として、外から見た現在の教育事情の一端を書かせてもらいました。み
なさんはどう考えますか。

Ⅵ　スポーツ指導者の法的地位

1　スポーツ基本法での「指導者」、「指導」

　スポーツ基本法では、「指導者」、「指導」の文言は、11条、12条、14条、17条、
19条、21条、25条、32条の8つの条文で使われています。
　スポーツにおける指導者の重要性や機能、また、条文についての基本的事柄、
実際どのような場所で指導・コーチをしているかなどについては、上記各条文で
説明していますので参照してください。

2　指導者の資質

　スポーツの格言に「名選手必ずしも名監督ならず」との言葉があります。これ
を逆に考えると、「監督＝指導者」になるには、そのスポーツに精通している必
要はありますが、名選手でなくてもよいのです。
　名選手が名監督になれない場合があるのは、普通の選手のような苦労をせずに
技能・技術を修得できた可能性があり、そのためなぜそれができないのか理解で
きず、他の人に教えるのがかえって難しいからともいえます。
　普通の選手から指導者になった人は、苦労して技能・技術をマスターしている
ため、そのノウハウを上手に教える術（すべ）があるともいえ、良い指導者になる資質が
あるともいえるのです。
　いずれにしても、指導する・教える技術をどう高めるかを不断に考えて進化し
ようと努力する指導者が、優れた指導者だといえます。
　他方、指導される児童・生徒・学生は、必ずしも全員がオリンピックや世界選
手権を目指しているわけではありません。いや、当初は多くの人が、自分もでき

ればオリンピックや世界選手権、またプロ野球選手やJリーガーにと考えてスタートするでしょう。でも、練習や内部での競争、さらに対外試合を行ったり見たりするうちに、井の中の蛙、大海を知り、自身でその限界を悟るのです。

　もちろん、そんな中でも抜きん出ていて、世界を目指す選手であれば、指導者はその選手に適切な指導を行い、一緒に上を目指す努力をすべきです。そのときは、当然指導者にも、世界に伍すための技術を教える力量が求められます。

　問題は、自身の非力さを悟りつつ、なお、その競技に愛着を持ち競技を続ける選手に対しどう接するかです。皆さんの周りにも必ずそのような人がおられるでしょう。そのようなアスリートに対し、上から目線ではなく、寄り添う形で伸ばしてあげるのが「監督＝コーチ」です。それぞれのレベルがあってよいのです。

　コーチは、語源からいって選手を目的地まで寄り添って導くのが仕事で、その目的地は選手によって区々なのです。

　指導者になった人の間では、確かに現役時代強かった人、成績の良かった人の方が影響力があります。指導者会議などで、弱かった人が正論を吐いても「お前何をいってんの？」といわれることを認めつつ、柔道家で筑波大学の山口香さんは、そんな正論を吐く「弱かった人ほどその競技に愛がある」といって讃えておられます。そんな人こそスポーツ愛好家であり、本当のスポーツパーソン（スポーツマン）なのでしょう。

◆コラム◆　プロのすごさと慈善事業

　やっぱりプロだなあと思う2つの例を書きます。いずれも15年ほど前のかなり古い話です。

　1つは、カズ山本（元プロ野球山本和範選手）のことです。カズさんとは、現役時代から契約問題などで親しくさせていただいています。一見いかつい風貌に似合わず優しく、一度プロを解雇されながらバッティングセンターでのバイトをしてよみがえり、プロ現役最終打席でホームランを打って引退という、記憶に残る選手です。そのカズさんが、現役を辞めた直後、太陽法律事務所の新矢事務局長がお願いして指導してもらった三重県の（伊賀）上野市の少年野球でのことです。

　現地へ行くと、少年野球（軟式）のボランティアの監督が、守備練習で内野へのゴロや外野へのフライなどノックをされていました。

第3章　スポーツ法の現代的課題

　一段落した後、カズさんが、まずキャッチボールからといって、相手の胸にぴしっと収まるようにと見本を見せました。それもビシビシとすごかったのですが、びっくりしたのはノックでした。
　みな普通に守備位置についた後、カズさんが、「外野、ちょっと浅いぞ」といって打ち上げたボールが、センターの遙か頭上を越え、（きちんとした球場ではないのですが）見事なほど遠くの草むらまで飛んでいきました。もちろん、驚かすために思い切り打ったと思いますが、あそこまで飛ぶのかと、ぼくらや監督さんは驚きました。もっとびっくりしたのは子どもたちで、見上げた後は、ボールを追いかけもせず、ただみんなで大騒ぎして喜んでいました。
　あの子らは、今でも、（もう大人になっていますから）飲み会の席などで、間違いなくあの時の衝撃、プロのすごさを語っていると思います。
　もう1つは、これも野球選手ですが、大阪府茨木市にある浪速少年院に、ボランティア（激励）に行った時の話です。オフシーズンのオリックスの若手選手に、お願いしました。4人の選手に行ってもらい、ソフトボールの試合をしました。
　男子の非行少年が、更生のために少年院生活を送っているのですが、更生の一環としてスポーツが取り入れられており、院長先生と交渉してその時間をいただいたのです。
　プロの選手は、それぞれのチームに分かれて選手として試合をしました。その試合、バッティングについて、確かにプロの選手は、それぞれ鋭い当たりで、外野の頭上や間を抜くヒットなどもあり、その都度歓声や拍手はありました。
　ただ、一番びっくりしたのは、センターを守っていたI選手のバックホームでした。ソフトボールなので60メートル位でしょうか、距離は不正確かも知れませんが、ともかくそのボールが速くて正確にノーバウンドでキャッチャーミットに収まり、3塁ランナーは途中で立ち止まるくらいのすごさでした。2軍の選手ですが、やっぱりプロはすごい、ぼくは心底そう思いました。そして、その時の院生たちの驚きの顔と大歓声を忘れることができません。あの少年たちは、今頃、どこで何をしているのだろうかと思います。
　なお、上記とは別に、ガンバ大阪と浪速少年院が毎年交流をしていて、ぼくが所属している茨木ローズライオンズクラブがその橋渡しをしています。そして、少年からは、ドリブルやシュートなどを見て「やはり上手かったこと、同じ年代なのにプロサッカーの選手として頑張っているのを知り、少年院を出た後の決意を固めました」などの礼状をもらいます。
　日本のプロスポーツ選手による慈善事業（社会還元）が、特にアメリカのプロスポーツ選手と比べ遅れているといわれています。日本人選手に思いやりがないという意味ではなく、一般の社会教育や選手に対するアドバイスが不足している

と思います。また、収入の一部を寄付する場合の税制の問題などもあると思いますが、上記に述べた活動も1つのヒントになると思います。

3 指導者の現場と法的地位

スポーツ指導者は、指導者として、以下の(1)〜(8)の形で、指導を受ける選手・アスリートの前に立ちます。

(1) トップアスリートの育成・強化
(2) 学校教育法での教師
(3) 各種学校・専修学校での教師（指導者）
(4) 教師以外の学校でのコーチ（指導者）
(5) 民間のスポーツジム・クラブ、NPO法人、総合型地域スポーツクラブなどでのインストラクターなど
(6) いわゆるボランティア（無償）としての指導者
(7) プロスポーツ選手に対する指導者
(8) 学校での部活指導者

それぞれについて、簡単に問題点と法的地位・契約関係などを説明します。

(1) トップアスリートの育成・強化の指導者

オリンピックや各種世界選手権の選手を育成・強化するための指導者は、当該競技で実績を修めた元代表選手らが指導する場合が一般的です。具体的には、国内の各種競技団体（NF = National Federations）の内部で強化担当などの指導者を選任し、目標に向けてのトレーニングや強化合宿などを行います。

先にも述べたとおり、競技での指導者の実績と指導能力は別の側面はありますが、やはり、一定以上の高レベルの技能・技術については、実際に経験したり会得した選手しか理解できないことがあるのも事実でしょう。

世界に伍して、あるいは世界1を目指す選手を育成・強化するため、指導者は、選手に劣らず指導者としての資質を高めなければなりません。

この指導者の法律上の地位は、雇用契約（民法623条・労働基準法・労働契約法など。以下同じ）と、請負契約（民法632条）もしくは準委任契約（民法656条）が関係してきます。

　つまり、指導者が、たとえば所属企業から派遣の形で強化合宿の指導に赴く場合は、所属企業との雇用関係を維持しながら、強化合宿本部との関係では、請負もしくは準委任契約として、一定の報酬をもらいます。

　その指導者が企業に所属していなければ、強化合宿本部との関係での請負もしくは準委任契約のみの関係になります。

(2) 学校教育法での教師

　学校教育法での、いわゆる1条校といわれる幼稚園・小学校・中学校・高等学校・中等教育学校・特別支援学校・大学および高等専門学校での指導者です。普通は、保健体育の教師としてそれら学校での雇用契約上の地位にあります。多くは、大学の教育学部や体育・スポーツ系学部において、教員養成課程の単位を取得し学校の教員として職務に就き、保健体育の授業を行います。

　問題は、教師が部活において指導する場合の契約関係です。この点については(8)で説明します。

(3) 各種学校・専修学校での教師（指導者）

　各種学校は、医療、料理、裁縫、経理などの分野を教育する施設として設置されています。1975年以前は、学校教育法での1条校以外はすべて各種学校とされていましたが、専修学校の制度が制定され、修業年限や授業時間数など一定の基準を超えた各種学校は、多く専修学校に移行したとされています（学校教育法124条以下）。

　この種の学校でも、体育・スポーツが授業科目として入っていることがあり、正課になくても、選択的にサッカー、バスケットなどを推奨しているところもあるようです。そこに、スポーツの持つ有用性、普遍性、種々の社会生活面での不可欠性が見て取れます。

　この場合のスポーツ指導者と学校との契約関係は、雇用あるいは請負もしくは準委任契約の関係にあります。常勤は雇用契約が多いでしょうが、ケースバイケースで考える必要があります。

(4) 教師以外の学校でのコーチ（指導者）

　教師以外で、部活での学校でコーチとして指導する場合です。ここでの指導者は、その学校での教師ではなく、学校の依頼を受けて、外部から部活動のコーチをしたり監督をする場合です。

　この場合のスポーツ指導者は、学校との契約関係が有償の請負契約もしくは準委任契約の場合が考えられます。有償の場合、契約書が作られることが多いでしょう。一方、特に契約書は作らず、ボランティア（無償・交通費のみ支給）であったり、口頭での約束など、曖昧なまま生徒・受講生らと接触し指導している場合が多いのが実情です。この点も後記(8)で説明します。

(5) 民間のスポーツジム・クラブ、NPO法人、総合型地域スポーツクラブなどでのインストラクターとしての指導者

　ここでの指導者は、指導者がジム・クラブなどに雇われている場合は、雇用契約上の被用者として、つまり業務の一環として受講生らにスポーツの指導をします。指導者が、ジム・クラブと雇用契約にないときは、請負契約での請負人もしくは準委任契約での受任者の立場です。請負は有償で、準委任の場合も有償が多いでしょうから、事前に契約内容を確認し、書面にしておきましょう。

(6) いわゆるボランティア（無償）としての指導者

　これは、わかりやすい例でいえば、土曜・日曜の少年少女の野球やサッカーの指導者です。時間があるときに、無償ボランティアの善意で指導するパターンで、多く見られる指導関係です。契約書などはありませんが、契約としては成立しており、指導者と生徒・児童・受講生らの親権者（父母）との間には、黙示の準委任契約あるいはこれに類似した無名契約があるといえます。

　ただし、このようなボランティアでも、事故が発生したときは、上記契約に基づく善管注意義務違反や安全配慮義務違反の問題となり、指導者の損害賠償責任が追及されるので注意してください。ボランティアの場合も、スポーツ自体の危険性は同じですから、親御さんと話をして、事前にスポーツ保険などに加入し、事故時に備えておくことが大切です。

(7) プロスポーツ選手に対する指導者

　スポーツ基本法は、プロフェッショナルの関係でも適用があります（2条6項）。この点が、旧振興法とは異なる点です。

ただ、たとえばプロ野球やJリーグでの指導者、すなわち監督・コーチは、球団やチームと契約し、現役時代の実績をもとに、専門的知見を駆使して指導をしています。

この場合、監督・コーチが、当該球団やチームの職員であれば、その契約は雇用契約の被用者ですが、そのような例はほとんどなく、外国人監督・コーチはもちろん、日本人監督・コーチも、その球団やチームを優勝に導くという仕事遂行のための請負契約での請負人、または準委任契約での受任者です。

なお、プロ野球では、監督・コーチになるについて特段の資格は必要ありませんが、Jリーグの場合は、いかに元名選手でも、指導者の資格を取っていないと監督・コーチに就任できません。サッカーのコーチ資格には、Jリーグおよび日本代表の監督を務めるための「公認S級コーチライセンス」を最上位に、指導できるレベルのコーチ資格が決められています。この資格制度自体は、法ではありませんが、サッカー関係者にとっては極めて拘束性の強い規範だといえます。

この指導者資格が必要な点、野球とサッカー、2つのプロスポーツでとても大きい違いだと思います（「野球型経営・サッカー型経営とスポーツ文化」227頁）。

(8) 学校での部活指導者

前記(2)、(4)の指導者との関連で、公立学校の部活指導者の問題があります。

部活は一般的には、「体力向上」、「健全育成」、「生きる力の向上」そして、教師と生徒、生徒同士の人間関係を育てるうえで不可欠な活動だと考えられていますが、スポーツ法との関係で大きく分けて2つの問題点があります。

① 指導者である顧問に技能がない場合が多いこと
② 指導者である顧問の負担が過重であること

以下、順に説明します。

① 学校での保健体育系の教師の中には、自身、大学の競技種目で優秀な実績を収めたり、多種目の指導方法をマスターした人も多く、その人が、当該部活の指導をするのは、競技技術の関係では全く問題ありません。

　ただ、部活指導においては、当該部活の競技について未経験、あるいはほとんど経験がないにもかかわらず、「全員顧問」の慣行で、名目だけ部活担当として関与する教師も多いのです。体育（スポーツ）系学部以外から教師になったかなりの人がそうだと思われます。

この後者（名目だけ）の指導者は、スポーツ基本法17条の趣旨、学校における体育の充実、スポーツを基本的人権として位置づけ、文化として普及しようとする精神からすると、大きな問題で、ここでの指導者からは当然排除されなければなりません。単なる遊びではなく「指導する」との観点からすると、次の②とも関連し、外部の指導者に有償、場合によっては無償でお願いする方向しか考えられません。

② 　実はこの点、学校における部活の法律上の位置づけや実際の運用が、はっきりしていないのです。つまり学習指導要領の中では生徒指導に位置づけられているようですが、あくまで法律的には「教師の自主的活動」なのです。

　自主的活動だから拒否できるかというと、現実はそうではなく「全員顧問」の慣行で、事実上強制されているのが実態だと聞きます。少し古い2006年の統計ですが、92％が顧問担当であるとの報告があります。

　この（2016年）7月の新聞報道によると、文部科学省は、現在休日4時間以上で3000円の部活動手当を、次年度から3600円に増額するとのことです。これについて、一部それを歓迎する熱血教師（顧問）もいるようですが、逆に、お金はいらないから顧問を辞退させてほしいとの声も多いようです。

　ここで議論する余裕はないのですが、運動部も文化部も含め、部活を積極的に教育活動の一環としたうえで上記のとおり、外部の指導者を有償で、場合により無償で招聘するしかないと思います。

このように、学校での部活指導には大きな課題があります。

ただ、経験された方も多いと思いますが、文化部も含む学校での部活動は、結果的に青春時代の財産として、人生の大切な宝になる有用なものです。したがって、問題があるからといって部活を否定的に考えるのではなく、ぼくは、外部の指導者の導入をためらわず、より良い教育システムを構築してもらいたいと思います。もちろんそのためには費用はかかりますが、大切な必要経費です。

なお、私立学校でも同様で、学校経営での労基法の三六協定や変形労働時間制採用をめぐり、労使間で微妙な駆け引きや交渉が行われています。したがって、スポーツ（部活）の教育上の位置づけは、今後の大きな課題です。

そして、一方で学校の部活と総合型地域スポーツクラブとの連携なども検討すべき課題です。

Ⅶ　スポーツ指導者の義務と責任

　スポーツ指導者の義務と責任について、ここでは、以下3つに分けて順に説明します。

1　スポーツ事故における指導者の義務あるいは責任

　スポーツ事故における指導者の義務・責任については、民法709条、714条、715条、国家賠償法1条などの不法行為の注意義務違反、また契約法上の民法415条による安全配慮義務違反などの問題として、これまで多くの事故例が紹介されています。本書の参考資料3の『Q&A スポーツの法律問題』でも多く紹介されていますので、それぞれ各自で検討してください。

(1)　高槻市落雷事故の概要

　ここでは、1件だけ、安全に対する指導者の重要性、学習の必要性を確認してもらうため、大阪府高槻市の落雷事故を紹介しておきます。ぼくは隣接する茨木市に住んでいるため、この事件は、事故発生直後から気になっていました。

　事故は、1996年8月に起きました。高知県の私立高校サッカー部が大阪高槻市でのサッカー大会に参加したところ、大型で強い台風の天候のもとで競技が行われ、その試合中、フィールド内で競技をしていた生徒の頭部を雷が直撃し、幸い命は取りとめたものの、重篤な後遺症が残った事例です。

　そのため、生徒と両親が、学校法人と財団法人高槻市体育協会を訴えたのです。

　事故の状況を述べると、当日、この高校の第1試合が開始された午後2時前には、上空には雷雲が現れ、小雨が降り始め、時々遠雷が聞こえる状態でした。その試合が終了した午後3時頃には上空に暗雲が立ち込めて暗くなり、ラインの確認が困難なほどの豪雨が降り続きました。午後3時15分頃には大阪管区気象台から雷注意報が発令されましたが、大会関係者はこのことを知りませんでした。第2試合開始の直前頃には雨が止み、上空の大部分は明るくなりつつありましたが、南西方向の上空には黒く固まった暗雲が立ち込め、雷鳴が聞こえ、雲の間で放電が起きるのが目撃されました。

第2試合は、午後4時30分頃に開始され、開始間もなく、生徒が頭部に落雷を受け転倒、意識不明となりました。その後、視力障害、両下肢機能の全廃、両上肢機能の著しい障害などの後遺障害が残ったという事案です。

(2) 被害者の提訴と訴訟の結果

生徒・両親から民法415条・709条・715条などを根拠に損害賠償請求訴訟が提起されました。

これに対し、1999年高知地裁は原告の請求を棄却、2003年高松高裁も控訴を棄却しました。生徒側の請求が否定されたのです。

理由は、落雷を受けることを予見することが可能であったとはいえず、予見すべき義務があったとはいえないとしました。また、主催者ないし運営責任者に競技者の落雷事故を防止すべき「安全配慮義務違反」があったとはいえないとしたのです。生徒側が上告しました。

上告事件で、2006年最高裁は、事故当時に落雷事故を予防するための注意に関する文献上の記載は多く存在していたなどとして、教諭は落雷事故発生の危険が迫っていることを、具体的に予見することが可能であり、また、予見すべき義務を怠ったと判示して、高松高裁に審理のやり直しを命じたのです。

そして、2008年、高松高裁は、教諭は、試合中止や延期を申し入れたり、周囲のコンクリート柱の近くに避難させたりして事故を回避できたのに、漫然と試合に出場させた過失＝「安全配慮義務違反」があったとしました。

結論として、高校と高槻市体育協会に、逸失利益1億1700万円と将来の介護費用1億2000万円など、連帯して合計約3億円の支払を命じたのです。

(3) 訴訟の評価と指導者

この結論を聞き、ぼくは、将来の健康を奪われた生徒にとって、少しでも被害回復ができて良かったと思う反面、学校や体育協会側に厳しい判決だなと思いました。そして、訴訟の結果、学校は何とか負担分を支払いましたが、高槻市体育協会は支払うことができず破産しました。

この訴訟では、教諭である指導者は直接被告になっていませんが、法律上は学校側から求償される可能性もあります（民法715条3項。なお、学校が国公立の場合は国家賠償法1条2項）。

ぼくは、一方でスポーツを支える指導者は、そのスポーツに関する技能や技術

の指導にとどまらず、より広く深い科学的識見も必要だという意味で、やり甲斐はあるが厳しい地位だと感じました。

そして、他方でスポーツを文化というなら、このような場合（特に指導者に故意または重大な過失がない場合）には、被害を国が補償する制度を考えるべきではないか、少なくとも安価で充実したスポーツ安全保険を考案・普及させるべきではないかと思います。

2 スポーツ指導上の義務あるいは責任

ここでは、指導者が陥りそうな点を中心に考えてみます。民事上・刑事上・行政上の義務あるいは責任を問われないため、そして何よりもスポーツ指導者として輝いてもらうためのアドバイスです。

(1) 科学的指導を行っていますか

指導者が、結果的に苦しませるだけの指導を行っていないかの問題です。たとえば、真夏の炎天下をひたすら長時間走らせる、うさぎ跳びや階段の上り下りを多数回継続させるなどです。そのトレーニングでどのような運動能力の向上やスキルアップがあるかを科学的に説明せず、単に我慢強さを育むとか、根性をつけるためなどといって強制し、満足している指導者もいます。

さすがに最近は、水分補給もせずに長時間の耐久トレーニングをするような例はないと思いますが、科学的指導は、現代スポーツ社会における指導者に不可欠な条件です。

(2) 懲戒と体罰（学校教育法11条）

懲戒は、児童・生徒・学生の不正・不当な行為に対し、懲らしめ戒めることをいいます。体罰は、身体に直接に苦痛を与える罰をいい、学校教育法11条は、懲戒は良いが体罰はダメと規定しています。しかし、実際上、話や説得だけで懲戒の効果が出る場合ばかりとは限らず、懲戒として何らかの有形力の行使が必要な場合も否定できません。

この点、身体を傷つけることは許されませんが、軽く叩く、ひねる、佇立させる、正座させる、走らせるなどが考えられます。結局は、行為者の年齢、悪さの内容・程度、発生の経緯、被害感情、反省の態度など諸般の事情を勘案して、教育上必要な懲戒内容（限界）が決まるとしか言えません。各論的な個別具体的事

例を、これまでの判例などで確認してみてください（参考資料4の参考図書参照）。

(3) セクハラ問題（セクシャル・ハラスメント）

ハラスメント（harassment）とは、「悩ますこと」をいいます。

セクハラは、相手方の望まない、相手方が不快に感じる性的言動です。現代日本社会でのセクハラは、どの分野でも主として男性側から女性側に対して問題になっていますが、スポーツ指導者での関係でいうと、次の特徴があります。

① 体を接触させたり体の動きを具体的に指示する必要性など、スポーツ（競技）の特性から、指導と称する身体的接触が行われやすい
② ①の関係で、個別指導の名目で行われる密室性
③ 上命下服が通用しやすいわが国教育界、とりわけスポーツ（体育）界の歴史的特徴
④ 選手選考、試合出場など、指導者が選手活動の生殺与奪の権力を握っていること

などがその原因としてあげられます。

このセクハラに対する対処としては、

① 指導者に対する不断の啓発活動
② 選手に対する事前の注意喚起
③ 団体内部の自治的チェック機関・機能を充実させること
④ 選手（被害者）からの申告・告発に対し、守秘義務を厳格に守るなど、二次被害を誘発しない工夫
⑤ 発覚した指導者への毅然とした処分

が必要です。

なお、オリンピック2連覇の柔道選手が、窮極のセクハラ、準強姦罪（刑法178条）で懲役5年の実刑を受けたことは、残念な事実として記憶されるべきでしょう。

(4) パワハラ問題（パワー・ハラスメント）

より広いハラスメントに、パワハラがあります。これは、当事者間における権力関係、上下関係を利用しての嫌がらせです。そもそも権力とは「他を条件付ける力」ですが、この権力や優越関係を利用して、いじめたり恣意的な処分などを行う関係をいいます。

パワハラは、公正さ（フェア）を重要視するスポーツ界においては、あってはならないことで、指導者は常に自覚し厳しく自戒しなければなりません。

　ただ、現実には、実績を残すことなどで指導者としての地位が長くなり、周囲に諫める人がおらず、裸の王様状態になると、指導者本人が思っている以上に周囲にパワハラ被害者が出ている可能性があります。

　特徴や対策については、性的な観点を除き、上記セクハラの場合と異なりません。

　ただ、一般的にパワハラは、団体・組織の維持・運営にあたり、地縁・血縁・学閥などを背景に陰湿に展開する可能性もあります。つまり、実際はパワハラなのに、選手のちょっとした落ち度を過大に指摘したり、たとえばその措置が多数決の結果であるとか、指揮命令系統の流れの結果そうなったなどとして矮小化され、表面化しないケースが多いと思います。

　その意味では、たとえばその団体内部の理事に、その団体に理解があり直接利害を有しない「発言できる」有識者を配置したり、上部団体・組織が、個別の苦情をきちんとチェックし処理できる体制になっていることも必要です。

　パワハラの特殊な例として、ぼくが相談を受けた次のような事例があります。

　有名社会人女子バレーボールチームのレギュラー選手が膝を故障し、現役が続けられず一般の仕事に移ることになり、配転先がレジ係になりました。180センチ以上もある本人は、他の目立たない部署を希望したのに、辞めさせるためのいじめではないかと父親と相談に来ました。

　確かに、レジ以外の仕事も十分あり、一般事務処理の能力もありそうだったので、場合により雇用問題で法的に争う可能性もあると思いましたが、「スカウトされたときは、現役後もきちんと仕事が続けられるようにするといわれていたのに……。でも争うと結局トラブルメーカーのようにいわれる。自分の仕事（配管関係）の事務でもさせます、まだ嫁入り前の娘ですから……」と、無念そうに父親がいい、彼女はそのまま退職しました。

(5) 内部通報者保護制度の設置

　セクハラ、パワハラを通じ、内部通報者保護制度の設置、運用をお勧めします。ぼくが経験した事件でも、セクハラはもちろんパワハラの場合も、それを他人に相談したり、まして公にするには大変な勇気とエネルギーが必要です。

特に、わが国の場合、たとえ被害が真実であり正しい主張をした場合であっても、外部にまで話を持ち出した問題児でありトラブルメーカーであると、いわれなきレッテルを貼られ、結果的に団体や組織から排除されることが多いのです。

これは、もともと内部告発を行った労働者を保護する制度で、特に欧米諸国との対比での法社会学的な検討事項でしょうが、それだけに内部改革の一環として内部通報者保護制度を設置し、適正な運用をすることが求められます。

その場合、特に被害者の秘密を遵守し、正当に内部告発した当事者を孤立化させずに守ることが大切です。

そして、ハラスメントを行った人への毅然とした処分が必要です。併せて、告発者への嫌がらせ禁止や、手続妨害者へのきちんとした対処の体制も必要です。

その内部通報者制度は文書化し、必ず枢要な地位に弁護士など実際に物言いができる公平な第三者を関与させることが不可欠です。そうでなければ、上記のなれ合い的、閉鎖的な組織の中で、「悪気はなかった」などの言葉で安易に処理されてしまう可能性が高いからです。いずれにしても一朝一夕にできることではありませんが、された人、なった人しか理解できない悲しみや苦しみを共有できる体制と、その適正な運用を期待したいと思います。

さらに、一般論として、公正な「第三者委員会」のチェック体制が必要です。

3　少年・少女に対するスポーツ指導者の義務と責任

可塑性に富む少年・少女に対する指導者の義務と責任は、特に注意が必要です。ここではオーバーユースの問題を考えますが、これには大きく分けて2つあります。

(1) 身体酷使によるオーバーユース

文字どおり、身体を使いすぎてその競技ができなくなってしまう、本来のオーバーユースの問題です。

野球肘などは、身体の酷使により競技ができなくなるのですから、それは、スポーツ基本法2条、5条での「心身の健康の保持増進及び安全の確保」の規定の趣旨に反します。

傷害を生ずるような、そして障害が残るような練習方法やメニューに問題があり、指導者が防止に対する配慮をせずに傷害が生じた場合は、指導者に民事上・

刑事上の責任が発生する場合があります。民法上の不法行為（709条）による損害賠償責任や刑法上の業務上過失傷害罪（211条）の問題です。

ぼくは、野球肘や肩の問題については、スポーツ医学の意見を取り入れながら、少年野球の団体規則、試合のルールなどで、たとえば、試合や練習時における、球数制限や投球イニング制限などを決めるしかないと考えています。これは、衣笠祥雄選手の恩師である平安高校の故中村雅彦先生から以前教えていただいた、「トーナメント戦の多い少年野球では、連投により有望な投手から壊されていく傾向にあります」という言葉がヒントになっています。

つまり、現場指導者としては、結果を出したい、その試合に勝ちたいと思うときは、どうしても2番手よりもエースに頼ってしまい、痛めているエースに「投げるか」といえば、多少痛くても必ず「投げます」と答え、しかもその試合についていえば間違いなくエースのほうが優れているので投げさせてしまう、そんなことがよくある、結果を求められる指導者としての宿命でしょうといわれていました。

その意味で、指導者の個人的な自覚・自主性に委ねるのは限界があり、投球制限やタイブレーク制など制度化・規則化するしかないと思うのです。

少年に対する酷使を漫然と放置するのは、中村先生によれば、本当にすごい投手がプロに行く前に消えているのですから、その選手（アスリート）の最も大切な「スポーツをする権利」が侵害されるだけでなく、すごいプロ選手を観ることができなかった点で、スポーツにおける私たちの「観る権利」も侵害されていることになるのです。

(2) バーンアウト（燃え尽き）問題

これは、頑張りすぎて心身が消耗し尽くすことをいいます。一般社会では、仕事の関係で必死に努力してきた結果が期待はずれであったとか、思いどおりの報酬が得られなかった、献身的な介護が実らなかった場合などに起こる疲労感、欲求不満の病的状態をいいます（バーンアウト・シンドローム）。

スポーツでは、日常の生活時間や費用を1つの競技にかけ、必死に頑張ったにもかかわらず、思った効果・結果が出ない、思った学校・チームなどに入れなかったりポジションを得られず、極度に疲労し無気力になる場合をいいます。

また、逆に、ある大きな大会で優勝するなど、客観的には良い結果が出た場合

にも発症することがあります。

その原因としては、自身の思い込みが強すぎること、親や家族の期待が大きいこと、わが国においては1つのことに打ち込むことが過大に評価されがちであることなどがあげられます。

これについては、第一次的には親など家族が義務・責任を負う問題です。というのは、入寮し別居している場合などは別として、選手と日々接触しているのは家族であり、その家族が、選手の肉体的・精神的な好・不調の様子を知り、早期に適切な対応が可能なはずだからです。その意味で、最も身近な指導者として親がいるといえます。

当然、スポーツの現場で指導している本来の指導者にも、選手が陥りやすいメンタル面の問題を学習・研鑽し、その時々の様子などを適宜、選手はもちろん家族に説明する義務があります。

(3) 身近な指導者としての親の義務あるいは責任

最後に、一番身近な指導者である親・家族について説明しておきます。

子どもがスポーツを始めるとき、最初に相手をするのが親であることはよくあることです。キャッチボールやボール蹴り、逆上がり、潜水等々です。その意味で、一番身近な理解者で指導者が親であるのは、昔も今も変わりません。したがって、子ども達の体調管理や悩み事などに対しても、進んで相談に乗るようにすべきですし、スポーツ医学などの知識も学習しなければなりません。

ところで親の中には、マスコミ報道を通じてのスポーツ選手の成功例、特に幼い頃から1つのスポーツに集中し成功した例をもとに、大変熱くなっているケースも見られます。

ただ、正直、誰もがイチローや浅田真央や錦織圭選手になれるわけではありません。実はこのことは、選手、子ども自身が一番よくわかっていることが多いのです。もちろん努力は必要ですし、安易に音を上げる子どもに簡単な妥協は禁物です。そして、夢に向かい可能性を追求することは大切ですが、大局を理解せずに、いたずらに子どもにプレッシャーをかけ続けるだけでは失格です。

このあたり実際は大変難しい選択で、選手本人、家族の生き方に関わることです。確かに誰もがトップ選手になれるわけではありませんが、上記各選手は架空ではなく、いずれも努力を重ねた実在の選手なのです。結局は人生が一本の線で

しかないため、結果論的評価になるのですが、選手本人を中心に大いに悩んで、最後決断してもらうしかありません。先にも述べましたが、選べる道はいくつもありますが、歩く道は1つなのです。

ただ、スポーツが本来は楽しむものであるとの原点は、最も身近な指導者として、親はしっかりおさえておいてもらいたいと思います。

Ⅷ スポーツにおけるガバナンスとコンプライアンス

最近、この2つの言葉をよく耳にします。これについては、スポーツ基本法5条2項で概略を説明しました（80頁）。それを踏まえ補足しておきます。

1 ガバナンス（governance）とコンプライアンス（compliance）の意味

ガバナンスは統治するとか支配する、管理するという意味ですが、実際に使用されるときは、グッド・ガバナンスすなわち「適正な統治」の意味で使われます。要するに、団体や組織をきちんと適正に管理しましょうという意味で使われるのです。元々は営利団体である会社組織を運営・発展させるために使われ始めた言葉です。経営学において企業経営をきちんとするためのコーポレートガバナンスとして使われたのです。

一方、コンプライアンスは、通常「法令遵守」という訳で使われます。要するに、違法なことをせずにきちんと法律や命令、内部規則に従っていますよという意味なのです。

ぼくの理解では2つとも目指すところは同じで、「あるべき方向」を、一方は「経済・経営的観点」から、他方は「法理念・法律的観点」から、それぞれ目指そうとするものです。

あるいは、ガバナンスは実質的側面に力点を置き、コンプライアンスは形式的側面に力点を置いているともいえます。

そして双方相まって、団体・組織を公正に管理・運営しようというのです。

◆コラム◆ 「競技者への敬意を持て」 トップなぜやめぬ

(2013(平成25)年8月2日、毎日新聞大阪本社版、大阪体育大学大学院・藤本淳也教授「論ステーション」より〔要約〕)【聞き手　編集委員・堂馬隆之】)
※藤本淳也氏(大阪体育大学大学院教授・スポーツマーケティング)と著者との対論

　不祥事があれば、トップは責任を取るべきなのに、今回(全柔連女子)の体罰問題のようにトップが辞めないのは、地位に恋々としていて情けなく思います。上村さん(全日本柔道連盟会長)については、その道を究めた人が女子柔道選手15人の告発問題以降、こうも潔くないのかと悲しいです。「オレに代わる人はいない」と思っておられるのかもしれません。嘉納治五郎さんが生きていたら、どうおっしゃるか。全柔連自体が自主性を発揮できず、国家権力の介入で、結局、渋々従う悪い結果になってしまいました。

　プロ野球の統一球の問題では、加藤コミッショナーが「知らなかった」と発言しましたが、話になりません。プロ野球選手会が「コミッショナー解任」を決議しましたが、選手会の決議には法的拘束力はありません。ただ、オーナー会議の決定でやめさせることはできます。そうしないのは、球界の別の力が働いているのでしょう。アメリカでこれが起きたら、トップはすぐに退陣ですよ。野球の命であるボールが、極秘に規格を変えられていた、選手にとっては重大な問題なのに知らされず、メーカーのミズノは口止めされていました。どう考えてもおかしな話です。

　2004年のプロ野球再編問題では、選手会がストライキまで決行して抵抗しました。その時、読売新聞のトップが「たかが選手が」と発言して物議を醸しましたが、10年近くが過ぎながら、トップの意識が全く変わっていない気がします。

　これらの問題に共通するのは、スポーツや競技者へのリスペクト(敬意)がなさすぎることです。競技者は競技をやっていりゃいい、これは、スポーツ・体育会系に対するある種の差別、偏見ですね。そういう意識だから不祥事が起きても平気で居座るんです。一昨年(2011年)にできたスポーツ基本法は、スポーツが「する人、観る人、支える人」から成り立っていて、する人が一番なのに、ちっともそうなっていない。今回も支える人が機能せず、する人のマイナスになり、結局、観る人まで無視されています。

　昨年のロンドン五輪柔道代表の発表では、候補者全員が一室に集められ、代表の名前が読み上げられました。その時、フジテレビが、代表に選ばれた選手と落選した選手をアップで放映しました。選手の気持などどうでもいい、全柔連とテ

レビ局の意識を物語っていました。この時の無念の思いが、女子選手による告発の理由の1つです。

スポーツや競技者に、もっと敬意を表させるには何が必要でしょうか。

1つは、競技者自身がより知識を深め、理論武装して積極的に発言することです。ぼくがかつて代理人を務めた古田敦也選手は、選手会長としてストライキに踏み切りました。彼は立命館大時代、ドラフトの日、プロから呼ばれず大変悔しい思いをしました。トヨタ自動車を経てヤクルトに入りましたが、ぼくによく言っていました。「月給十数万円で生活していましたから、何があっても大丈夫です」って。地に足がついた彼のキャラでけん引したので、ストライキができたと思います。彼のような存在は他の競技にもいます。ヨーロッパで勉強し、FIFAマスターの資格を取って帰国するサッカーの宮本恒靖選手などです。

もう1つは、指導者を指導するシステムの構築です。日本では、強い選手、実績のある選手が、指導者になるための指導を受けず、いきなり指導者になっています。この点が改善されれば、スポーツや競技者への敬意は増すと考えています。

2　スポーツにおけるガバナンスとコンプライアンス

上記で述べたとおり、ガバナンスは、元は営利団体（会社）をめぐって用いられた言葉です。したがって、そこでは、営利を目的とする者同士が会社法などに基づき、自分たちの方がグッドガバナンスであるとして正当性を主張するわけですが、最終的には資本の論理で、多数決による支配が貫徹します。もちろん、その際コンプライアンスの観点からのチェックは入りますが、どちらかといえば二次的だといえます。

ところが、スポーツは、本来営利を目的としたものではなく「楽しみ」を目的とし、それ自体が文化として公益性・公共性を有するので、営利を目的としたガバナンスとは決定的に異なるといえます。

したがって、会社では、利害関係者（ステークホルダー）との関係で、「会社は誰のものか」といった議論もなされますが、スポーツでは、そのような議論はありません。スポーツは楽しむ自分のものであるし、公共のもの・公共財です。

それでも、スポーツ界においてガバナンスがいわれ、コンプライアンスが唱えられるのは、現実にスポーツの団体・組織やスポーツ指導者などにおいて、さまざまな不祥事が発生し、それらをきちんとしなければ、文化としてのスポーツが

損なわれるからです。

スポーツでの不祥事については、いろいろな分け方がありますが、ここでは、
① 体罰などをめぐる問題
② 団体・組織内対立をめぐる問題
③ 選手選考をめぐる問題
④ 経理上の問題
⑤ その他の問題

に分けて考えます。

そして、これらを解決するためには、グッドガバナンスが必要で、それを形式面で規律し支えるのが、法令または内部規則によるコンプライアンスです。

3 具体的事件・事例

個別の具体例については、たとえば参考資料3の『Q&A スポーツの法律問題』の各事件・事例ごとに考え議論してください。テーマだけ記載します。

① 体罰をめぐる問題
　ⅰ 大相撲での力士死亡事件
　ⅱ 桜宮高校バスケットボール部キャプテン自殺事件
　ⅲ 全柔連女子15人の告発事件
　ⅳ PL学園の野球部廃止問題
② 団体・組織内対立をめぐる問題
　ⅰ テコンドー界の内紛問題
　ⅱ バスケットボール界のリーグ分裂問題
　ⅲ 企業名表示に関する川淵・渡邉論争
　ⅳ 各種競技団体での役員人事をめぐる紛争
③ 選手選考をめぐる問題
　ⅰ シドニー・オリンピック水泳の千葉すず選手問題
　ⅱ スポーツ仲裁に係属した多くの選手選考事件（テコンドー、障がい者水泳、馬術、障がい者陸上、ローラースケート、セーリング、カヌー、軟式野球、綱引、スケルトン競技など）
④ 経理上の問題

ⅰ　JOC傘下団体の国庫補助金不正受給問題
　　　ⅱ　日本スポーツ振興センターの助成金不正受給問題
　　　ⅲ　日本フェンシング協会のJSC委託金不正受給問題
　　　ⅳ　ラクロス協会幹部による横領事件
　⑤　その他
　　　ⅰ　プロ野球球団合併問題と選手会のストライキ問題
　　　ⅱ　高野連特待生問題
　　　ⅲ　サッカーJリーグの我那覇選手のドーピング異議事件
　　　ⅳ　国体選手代表参加資格問題
などがあげられます。

4　スポーツにおけるガバナンスとコンプライアンス体制

　上記のような紛争や不祥事が発生した場合、必然的にガバナンスやコンプライアンスに従った解決への方策が検討されます。また、それとは別にあるいはそれと並行して、グッドガバナンスやコンプライアンスを維持・充実するため、下記の規則・牽制が考えられます。

(1)　法令による規制

　まず、民法などの改正により、スポーツ団体を含む法人につき、一般の法人と異なり、公益社団法人、公益財団法人制度ができました。この制度は税制などでの優遇措置を受けながら、他方、財務関係を中心としたガバナンス・コンプライアンスのきちんとした体制を求めています。この公益団体になること自体で、おのずからきちんとした体制への自覚が生まれるといえます（スポーツ基本法5条2項参照）。もっとも、この件について80頁を参照してください。

　この場合、ガバナンス・コンプライアンスの維持に貢献するスポーツ仲裁機構の関係で「自動応諾条項」を、団体・組織が有しているか否かも参考にされるべきです。

(2)　補助金・助成金による牽制

　これら公費が支給される場合、その前提として団体の組織体制、これまでの行動実績や経理の収支状況などが検討されます。したがって、団体としてはガバナンス・コンプライアンスへのきちんとした体制に向けて自律せざるを得ません。

ただし、国や地方公共団体の立場としては、お金を出すからといってそれを圧力にスポーツ団体の自治に口出しする姿勢は、好ましくありません。

(3) スポンサーによる牽制

スポーツ団体には、スポンサーが付くことがあります。この場合スポンサーは、スポーツ団体のガバナンスなどにも関心を有しています。すなわち、スポンサーは、スポーツの明るさ親しみやすさなどを前提に、基本的にはグッドガバナンスを実現しているスポーツ団体を相手にスポンサードしますから、おのずとスポーツ団体もきちんとしなければならないのです。

仮にスポーツ団体で不祥事が発生すれば、スポンサー自体の企業イメージも悪くなり、企業としてスポンサーする意味がなくなるからです。

(4) 上部団体などによる牽制

海外の国際団体・組織を含む当該スポーツ団体の上部団体によるチェックも大切です。また、憲法上の「知る権利」(21条)に基づくマスコミなどの取材や報道などにより、スポーツ団体のガバナンス・コンプライアンスが矯正され充実することもあります。

人間は弱いですから、他からの干渉やチェックがないと、どうしても自身に甘くなりがちで、それはどの団体・組織でも同じです。

スポーツ団体の構成員(選手)は、その団体の、最も有力な利害関係者(ステークホルダー)です。ですから選手自身が、代表や強化選手の選考に対する公正さ・透明性などはもちろん、経理の問題などでも大いに関心を持つことで、その団体のガバナンス・コンプライアンスがレベルアップします。

この点、わが国では、選手が自身で発信する機能が脆弱で、今後のスポーツ教育の重要な課題です。

5　日本スポーツ界におけるガバナンス・コンプライアンスの確保

それでは、そもそも不祥事が発生しないようするため、また、不祥事が発生した場合、それぞれどのような体制が望ましいのか、さらにどのような対処の仕方があるのでしょうか。

この点についてぼくは、国家の体制と類比して考えるのが妥当だと思います。団体組織の中での権限分配をはっきりさせるのです。三権分立の考えをここでも

採用することが大切です。

　すなわち、決定する機関と執行する機関、そしてチェックする機関を分けるのです。団体の総会や理事会で事柄を決定し（国会）、代表がこれを執行し（内閣）、不正などについては監査役や監事がこれをチェックする（司法）体制です。

　この関係で大切な事柄の1つに、代表者を長くその地位にとどめないことがあげられます。ぼくの考えでは、代表者の期間は、オリンピック2回分の8年、譲歩しても10年ではないでしょうか。権力は腐敗する、絶対的権力は絶対的に腐敗するという政治学の公理がありますが、これは、スポーツ団体の代表や団体の維持管理においてもあてはまると考えます。

　この話をすると、「弱小団体のわれわれには全くあてはまらない」、との反論が考えられます。つまり献身的な一部の人が団体を担って運営しており、理事会も代表も一体で、事務局すらきちんとしておらず、お金の問題も収入より支出が多く、それは代表らが負担していて、会計チェックなど夢のまた夢ですなどといって反論し嘆かれる方がおられます。

　確かに法人でもなく、献身的な代表者などのボランティアに、物心ともに支えられて維持運営されている弱小・中小のスポーツ団体が多いのは、そのとおりです。ですから、そのような団体に上記理想論を話しても、受け入れてもらえないのは十分予測できます。

　しかし、文化としてのスポーツをこれからもっと発展させ、楽しむ舞台を増やすためには、きちんとした体制づくりは欠かせないのです。

　ここで、日本でのスポーツ団体のガバナンス・コンプライアンスが貧弱である背景について説明しておきます。

6　日本スポーツ界におけるガバナンス・コンプライアンスの特徴

　日本におけるスポーツの歴史（10頁）でも書きましたが、日本でのスポーツは、明治以降「楽しむ」というより「体育」、つまり学校教育の一環として位置づけられてきました。ぼくはそれを日本における「スポーツの体育化」といいますが、その特徴の1つとして、スポーツ（体育）にはお金がかからないとされてきたことがあります。つまり義務教育における体育は当然無償で、それを契機に、スポーツ（体育）にはあまりお金がかからないとの思いが定着したように思います。

その代わり、いったん学校を卒業すると、それまでやっていた体育や部活がなくなり、民間のスポーツクラブへ行くか、自分たちで新たにチームを作るなどしないとスポーツを継続できないのです。裏返せば、卒業した時から、スポーツ（体育）はまさしく遊びになり、当然それなりのお金が必要で、学校教育時代の無償のサービスは受けられません。

　一方、欧米諸国では、地域を中心にスポーツが展開した関係で、自分たちが好きで行うスポーツに、1人ひとりがお金や労力などを出すのは当然という気風があります。つまり、たとえば地元のサッカークラブに、子どもから老人まで参加し、年代ごとのチームを結成し、毎週日曜日に隣接のクラブチームと対戦し、リーグ戦などで楽しみ、優秀な選手はプロリーグにスカウトされるというシステムになっています。

　したがって、地元の人々は一方で、ボランティアをするとともに、必要なお金を拠出し、税制でも優遇されているとも聞きます。

　このような結果、日本のスポーツ団体は、特に地域や地域の人々に十分支えられていない点で、財政的基盤が脆弱です。ですから、脆弱な財政的基盤のスポーツ団体は、三権分立や経理のチェックどころではないのです。

　今後、総合型地域スポーツクラブを充実させ、困難でも地域との関連を密にし、団体・組織、団体構成員の自立、そして自律を強める努力をすべきです。また、スポーツ（楽しいこと）にはお金がかかるものだと意識を変革することも必要で、他方、国や地方公共団体としては税制上の特典なども考えるべきです。もっとも、お金がかかるといっても、グルメやショッピングなどの趣味と比べれば安価でしょう。

　もちろん、それとは別に、スポーツ基本法の理念の下、国や地方公共団体の補助金なども適切に配分されるべきです。

　反対に、独裁的な、また、経理的チェックのないことを奇貨として横領・使い込みなど不正を働く指導者には、厳しい制裁も必要です。

7　国際的なスポーツ界でのガバナンス・コンプライアンス

　一方で、近時国際的に巨大なスポーツ団体・組織での不祥事が目につきます。たとえばIOCやFIFAでの金銭疑惑です。これら巨大組織は、スポーツのグロー

バル化、マスメディアなどを通じて巨額の収入などで、極めて大きな利権組織に変貌しています。

ぼくは、今後スポーツ界が真に発展し、平和な国際社会創造に貢献できるか否かは、これら巨大組織におけるガバナンス・コンプライアンスがきちんと確立するか否かにかかっていると確信しています。

そのためには、3つの要素が不可欠だと考えます。

(1) 組織内部の自浄作用：三権分立的体制

1つは、その組織自体の自浄作用として、組織内部に先に述べた三権分立的組織体制をきちんと確立することです。もともと、スポーツ団体は、営利団体ではありませんから、資本の論理は適用されず、真にフェアな組織として正義の観点から、維持・運営が行われるべきなのです。その意味で、スポーツ団体自体の自律が求められます。

巨大な団体・組織で1人の会長が20年近くも君臨するなどは論外だと思います。

(2) 外部の監視体制：国際連合の活用

2つめは、外部の強力な刑事・民事を通じての監視体制の確立です。上記のとおり、団体としては、まず内部自治（三権分立）の中で処理するのが原則ですが、いったん権力を握ると、特に執行部を掌握すると、なかなか内部での統制やチェックが難しいのが実情です。しかも、組織の巨大さ、国際的組織であることから、各国がその国の法制で、これら国際的団体・組織に司法的なチェックを入れたり対応をするには限界があります。

したがって贈収賄などに関し、今後は国際的検察機関など刑事、また、民事での損害賠償請求などの対応が可能になるよう検討すべきです。

ぼくは、その場合、日本の発案で国連組織の中にスポーツ省を作り、また、国際司法裁判所の機能の拡充などによって、巨大国際組織での不正を糾していくべきだと思います。

大変難しく長い道のりですが、正義と公正さ、何よりも平和を願う人類の叡智による法的対処法が必要です。

(3) スポーツ関係者の自立と自律

3つめは、当たり前で当然のことですが、原点に戻り、ステークホルダー（利害関係者）であるスポーツに関係する各自の自立と自律による自覚です。

いろいろと述べてきましたが、スポーツ団体・組織も、結局は人間が作ったものです。行き着くところは、スポーツ団体に関わる（する、観る、支える）各関係者が、楽しみを基本としながら、きちんと自立し自律する中で、スポーツへの思いを込めて、それぞれの持ち場で関心を持ち続け、正義に向かって発信を続けることです。

IX　スポーツ仲裁の意義とその活用

　スポーツ仲裁については、スポーツ基本法5条3項（82頁）、15条（99頁）に、スポーツに関する紛争の迅速かつ適正な解決方法として規定されていますが、補足的に説明します。

1　司法権＝裁判所について

　世の中で紛争が生じた場合、だれもが、それは裁判所で解決してもらうべきだと思います。それはそのとおりで、実際、民事上、刑事上、行政上のさまざまな紛争について、日本国憲法は三権分立の立場から司法権が裁判所にあると規定し、紛争の解決にあたることになっています（憲法76条）。

　そして、そのために、最高裁判所を頂点として、高等裁判所、地方裁判所、簡易裁判所、また、家庭・少年事件では家庭裁判所とそれぞれ裁判所が準備され三審制が採られています。

2　スポーツ仲裁の必要性

　では裁判所（特に民事裁判）以外に、なぜスポーツ仲裁が必要なのでしょうか。

　それは、裁判所が万能ではないからです。それには、大きく分けて2つの意味があります。紛争の内容と、解決までの時間です。

　それを考える題材として、千葉すず選手の事件を考えてみましょう。この事件は、2000年のシドニー・オリンピック水泳の代表選考会を兼ねた日本選手権で、千葉選手が、女子200メートル自由形で優勝し、そして、記録的にもオリンピッ

ク出場の標準記録を突破していたにもかかわらず、代表メンバーに選ばれませんでした。そこで千葉選手が、「なぜですか。選んでください」と日本水泳連盟に異議を申し立てたのです。

　これは明らかに紛争ですから、何とか解決しなければなりません。

　それでは、この場合、裁判所で解決してもらえるのでしょうか。

　結論として、これは難しいのです。

　というのは、裁判所法3条1項には、「裁判所は、法律上の争訟を裁判する」とされています。この「法律上の争訟」という概念は難しいのですが、要するに事件に対し、法律に則って権利・義務の有無を判断することであり、オリンピックの代表選手として誰が相応しいかとか、誰にすべきかということは、その権利・義務の判断とはいえないとされる可能性があるのです。

　みなさんの身近な話でいえば、学校の運動会のリレーに誰が出場するかとか、学芸会に出演するのは誰で主役は誰かとか、学校の期末試験の採点や成績に納得できない場合、裁判所を利用できないのと同じように、「法律上の争訟」性がないとして、門前払い（却下）される可能性が高いのです。

　このことは、その処分をした団体・組織の自律権、自治権の問題でもあります。

　もう1つは、裁判（民事訴訟）は、一般に長期間かかることが多いことです。第1審の地裁で早くて半年、普通は1年位、高裁や最高裁まで行けば、間違いなく何年もかかります。

　そうすると、特にスポーツ競技大会の代表選考の場合などは、争ったり審理しているうちに大会が過ぎてしまいます。しかも、スポーツ選手が活躍できる全盛期は短いので、なおさらスピーディに処理する必要があるのです。

　さらにもう1つ付け加えれば、それぞれのスポーツ競技の特性や紛争の背景などを、スポーツという専門分野の立場から分析し理解してもらいたいとの希望もあります。

　そこで、千葉選手は、裁判所ではなく、スイス・ローザンヌに本部のあるCAS（Court of Arbitration for Sport）に仲裁の申立てを行ったのです。CASは、キャスまたはカスと呼ばれ、スポーツ仲裁裁判所と訳されていますが、後で述べるとおり、いわゆる裁判所とはかなり異なった制度・組織です。

　千葉選手事件の結論は、結局、代表選手としては認められなかったのですが、

選考を行った日本水泳連盟に、今後はもっと選考基準を明確にすることなど注文を付け、一部の費用を千葉選手に支払うよう命ずるなど、千葉選手の立場にも多少配慮した内容になりました。

3 日本スポーツ仲裁機構（JSAA ＝ Japan Sports Arbitration Agency）

実は、2000年当時、日本にはCASのような仲裁制度がなかったのです。そこで、千葉選手の事件を1つの契機にして、2003（平成15）年6月に日本スポーツ仲裁機構が設立されました。

このJSAAは、ADR（Alternative Dispute Resolution）、つまり、「裁判所以外で紛争を解決する手段」の1つです。たとえば、交通事故紛争処理センターや建設工事紛争審査会などがこれにあたり、いずれも裁判所以外で、公平で専門的立場から紛争を解決しようとする制度です。

スポーツ仲裁の利用については、代表選手選考問題だけでなく、団体から受けた処分が間違っている、あるいは重すぎる、また、他の処分と比べ不公平であるといった問題や、ドーピングをやっていないのに処分された場合などにも申立てをすることができます。

4 民事裁判とスポーツ仲裁の比較

民事裁判と仲裁を比べると、

① 憲法上の権利か

　裁判を受けるのは憲法上の権利（憲法32条）ですが、スポーツ仲裁はそうではありません。

② 紛争の内容

　裁判ではこの点が問題となり、「法律上の争訟」でなければ門前払い（却下）されますが、スポーツ仲裁では審理の対象になります。

③ 申立権者

　裁判については、誰でも訴えることができますが、スポーツ仲裁は、処分などを受けた競技者等（選手・監督・コーチ）とされており、基本的には団体・組織が選手・競技者などをスポーツ仲裁に訴えることはできません。

④ 申立時期

　裁判については、消滅時効の問題などはありますが、期間の制限はありません。これに対しスポーツ仲裁は、原則として決定を知ってから6カ月以内に申し立てる必要があります。

⑤ 合意の有無

　裁判の場合は、合意は不要で、正規の訴状が送達されたのに放置すると、欠席判決されます。一方仲裁は、仲裁の合意がないと手続が始まりません。この点は大きな違いです。

　私たちは、団体・組織の規約の中に、競技者などから申立てがあった場合、当然応諾することになる「自動応諾条項」を設けるべきだとの運動も行っています。それにより、紛争がスムーズに解決できる場合が多いからです。

⑥ 申立費用

　裁判の場合、訴額（経済的利益）により裁判所に納める申立費用が異なり、訴額が1000万円なら5万円、1億円なら32万円などとなっています。

　仲裁の場合は、紛争の内容を問わず一律5万円（＋消費税）とされています。その意味ではスポーツ仲裁は申し立てやすいといえます。

⑦ 判断者

　判断するのは裁判では裁判官、スポーツ仲裁は仲裁人です。裁判では、事件の内容、審級により1、3、5、9、15人（9人は刑事の裁判員裁判）です。

　仲裁では基本的に3人ですが、緊急のときは1名で迅速に対応することになっています。

⑧ 判断者を選べるか

　裁判では裁判官を選ぶことはできませんが、仲裁の場合は、仲裁人候補（日本スポーツ仲裁機構のHPに掲載）の中から、申立人がまず1人選ぶことができ、次に相手方（団体）が別の1人を選ぶことができ、選ばれた2人の仲裁人が、仲裁長にあたる3人目を選びます。

⑨ 公開・非公開

　手続は、裁判では基本的に公開（憲法82条）ですが、スポーツ仲裁では、原則非公開とされています。なお、結果はJSAAのHPで公表します。

⑩ 審理期間

この点については、いずれも規定はありません。実際上は裁判の場合、地裁では1年以内での処理が通常で、スポーツ仲裁ではもっと早く、おおむね3カ月以内に判断されています。

⑪ 緊急の場合

裁判では仮差押え・仮処分の制度があり、スポーツ仲裁では仮の措置・緊急仲裁の制度があります。

⑫ 上　訴

裁判は三審制なので、一審の判断に対し控訴、さらに上告と最高裁まで争うことができます（裁判所法）。スポーツ仲裁の場合は、仲裁人に結論を任せますという仲裁合意を前提に始まっているので、仲裁判断が出ればそれで確定で、上訴はできません。

以上のような違いがあり、図式化すると下記のようになります。

〔民事裁判とスポーツ仲裁の比較〕

		民事裁判	スポーツ仲裁
①	憲法上の権利か	○（憲法32条・76条）	×
②	紛争の内容	法律上の争訟 （裁判所法3条）	左の限定なし
③	申立権者	誰でも	競技者等 （選手、監督、コーチ等）
④	申立時期	制限なし。ただし 消滅時効の問題あり	決定を知ってから 6カ月以内
⑤	合意の有無	×	○（自動応諾条項へ）
⑥	申立費用	訴額による (ex. 1000万円の訴額で 5万円)	一律5万円
⑦	判断者	裁判官 （1、3、5、((9))、15人）	仲裁人 （1、3人）
⑧	判断者を選べるか	×	○
⑨	公開・非公開	原則公開（憲法82条）	原則非公開（結果の公表は有）
⑩	審理期間	規定なし（1年？）	規定なし。ただし おおむね3カ月以内の判断
⑪	緊急の場合	仮差押え・仮処分	仮の措置・緊急仲裁
⑫	上訴	3審制	1審制

5　スポーツ仲裁機構の運用の実態

日本スポーツ仲裁機構は、当初「法人格のない団体」として設立されましたが、その後一般財団法人を経て、現在は「公益財団法人」となっています。

まだまだ一般には認識されていませんが、それでもスポーツ仲裁規則による仲裁手続での仲裁判断された件数は、2003年度の3件をスタートとして、以下、毎年2、1、1、0、1、2、3、3、3、8、3、6件と、少しずつ増え、2015年までで合計36件の判断がなされています（申立て件数はもう少し多い）。このうち、特徴としては15件、割合にして40％が代表選手選考に関する紛争です。

この代表選手選考の方法ですが、それぞれの競技の特性があり、競技団体の自治・自律性も大切で裁量権もあるので、どの競技にもあてはまる共通の代表選考基準を作るのは難しいといえます。しかし共通理念としては、「公正さ」が命で、選考過程の透明さ、きちんと説明責任を果たせるかがポイントになります。

なお、2015年度までで仲裁判断まで至った競技団体などを挙げると、①ウェイトリフティング、②テコンドー、③身体障がい者水泳、④馬術、⑤身体障がい者陸上競技、⑥ローラースケート、⑦セーリング、⑧カヌー、⑨ドーピング、⑩軟式野球、⑪綱引、⑫ボウリング、⑬障がい者バドミントン、⑭アーチェリー、⑮ボート、⑯ボディビル、⑰水球、⑱ボッチャ、⑲スキー、⑳卓球、㉑自転車、㉒ホッケー、㉓空手、㉔バレーボール、㉕水泳、と多くの競技にのぼっています。

これら競技団体を見ると、比較的小規模で財政規模などで弱小と思われる団体が目立ちます。

6　競技団体の決定が取り消される場合

仲裁判断において、競技団体の決定が取り消されるのは、以下の場合が考えられます。

①　団体の規則それ自体が法秩序に反する、あるいは著しく合理性を欠く場合
②　団体自らが定めた基準に違反した形で決定がなされている場合
③　団体の決定が、基準に違反しているとまでいえないものの、著しく合理性を欠いている場合
④　団体の決定に至る手続に瑕疵（欠陥）がある場合

これらの場合に、取り消すことができると考えられています。

7　スポーツ調停

JSAAには、スポーツ仲裁と似たスポーツ「調停」という手続もあり、「特定調停合意に基づくスポーツ調停規則」を作っています。これは、和解の斡旋ともいわれます。仲裁との違いは、次のとおりです。

仲裁は、「当事者が合意して選んだ仲裁人の判断に従います」と宣言して（仲裁合意）手続に入っているので、仲裁判断内容には、当然拘束されます。

これに対して調停の場合は、担当する調停人が、双方の言い分を聞きながら、「○○○○○の内容でどうですか」と提案し、双方が「了解しました」と納得して初めて内容が確定します。

この点が異なりますが、仲裁も調停いずれも、公平な立場、専門的な知見を活かしつつ、迅速に判断、提案する制度であり、スポーツ関係者には、今後もっともっと活用してもらいたいと思います。

8　自動応諾条項の導入

上記で述べたとおり、仲裁がスタートするためには、相手方との仲裁合意が必要です。そして現実的にも、これまで、競技者側から仲裁の申立てはあったものの、競技団体が仲裁手続に入ること（仲裁合意）を拒否したため、手続に入れなかった例もかなりあります。

そこで、現在、競技団体のガバナンスの一環として、各競技団体の規約の中に、「選手側から仲裁の申立てがあったときには自動的に応じる規定」を設けるための啓発活動が行われています。

これを「自動応諾条項」といいますが、現在JOC、日本体育協会の傘下にある競技団体のうち、自動付託条項を規定している団体は、約70％まで増えています（2016年3月31日現在）。

なお、一定の制限はありますが、申立手続費用の支援制度もあります。

自動応諾条項は、結果的にその団体・組織の発展に繋がる制度ですので、ぜひ、すべての団体がこの「自動応諾条項」を規則の中に規定し、スポーツ文化発展に力を貸してほしいと思います。

X スポーツ予算と法

　なぜ、スポーツ予算がスポーツ法と関係するかですが、国・地方公共団体が、スポーツ団体などにお金（公金）を交付するのは、憲法89条に抵触する可能性があるのです。

1　スポーツ予算と財政原則

　憲法は国の財政を処理する権限を、広く国会に委ねています。そして、租税法律主義を明記し、税制を変更したりする場合（消費税なども）、国会の決議により処理するとされています（憲法83条、84条）。

　そして89条に、公の財産の支出・利用提供についての規定があり、「公の支配に属しない慈善、教育、もしくは博愛の事業に対しては公金を使ってはならない」と定められています。この規定はかつて、私立学校に補助金（公金）を出すことが憲法上違反ではないかと議論されました。

　その趣旨は、私立学校は建学の精神による自主性を有しています。そして自主性を持っている以上、公の支配に属さず、国や地方公共団体から補助金をもらうべきではないとの議論なのです。

　しかし今では、教育が極めて公共性の強い事業であり、むしろ国家・地方公共団体もその充実に尽力すべきであるとの観点から、私立学校への財政的援助は何ら憲法に違反しないというのが確立した学説です。

　この比較でいうと、スポーツについても、それが基本的人権であり、個人はもちろん国家や地方公共団体そして国際社会にも不可欠な文化であること、また、体育（スポーツ）は、教育の一部であり、学校教育法や上記私立学校への補助金に関する説明を援用できることなどから、スポーツへの適切な補助金は当然認められる、との結論を記述して次に進みます。

2　国のスポーツ予算

　わが国のスポーツ振興関連の国家財源を示す資料として、「体力つくり関係予

算」があります。文科省に事務局を置く、「体力つくり国民会議」が、わが国における健康や体力つくり、スポーツなどに関する予算を、省庁横断的に集約したデータであり、毎年「体力つくり関係予算額」として公表されています。

　これによると、文部科学省・厚生労働省・社会保険庁・農林水産省・経済産業省・国土交通省、環境省の合計で、2013年の予算は396億円でした。

　少し角度を変えて、2013年の文部科学省スポーツ・青少年局が所管するスポーツ予算は243億円と報告されています。この金額は、2003年の129億円から比べるとかなり伸びていますが、でもこの程度です。

　スポーツ予算について、各国との比較をすると、ドイツ345億円、イギリス299億円、フランス347億円、カナダ305億円、オーストラリア307億円、中国619億円などとなっていて、いずれも2013年予算です。全体の予算規模が異なるので正確な比較はできませんが、日本よりは、かなり多いことがうかがえます。

　他方、地方自治体のスポーツ振興関連財源についても説明しておきます。

　これは、2012年の金額ですが、都道府県のスポーツ関係予算は791億円、市町村のスポーツ関係予算は、2922億円だったとされています。

3　サッカーくじ、公営ギャンブル競技などによるスポーツ財源

　行政の代行機関である独立行政法人によるスポーツ事業への助成金は、形を変えた国のスポーツ振興財源と考えることもできます。対象となる事業経費の支給や、定率による対象経費の部分的補助など、いろいろな助成金制度があります。

　ここでは、スポーツ振興くじ（toto法）と、公営ギャンブル競技によるスポーツ振興財源について、簡単に説明します。

(1) 日本スポーツ振興センター（JSC）の助成金制度

　独立行政法人日本スポーツ振興センター（JSC：Japan Sport Council）は、toto（スポーツ振興くじ）の収益金やスポーツ振興基金の運用益などを原資として、生涯スポーツ振興や国際競技力向上などを目的として、スポーツ団体や地方自治体に助成金を配分しています。

　このうち、toto の略称で呼ばれている「スポーツ振興投票の実施等に関する法律」の説明をします。toto は、スポーツ振興に必要な以下の財源を確保するため、広く小口の寄付を募るという趣旨で導入されたといわれています。

① 誰もが身近にスポーツに親しめる環境の整備
② トップレベルの選手の国際的競技力向上のための環境の整備
③ 国際的スポーツ活動への支援
④ スポーツ指導者の養成・資質の向上

　totoの売上げは、初年度2001年の643億円がいったん135億円まで減少しました。その後、BIGの発売などで持ち直し、2012年には860億円の売上げとされています。

　そしてtotoでは、まず売上げの50％が当選者への払戻しにあてられます。残り50％から諸経費を引いた分の、1/3が国庫へ納付され、2/3が助成金としてスポーツ団体や地方自治体などのスポーツ振興事業に配分されます。

　その結果、2012年には2800件に対し150億円が助成金として活用されています。

(2) **公営ギャンブル競技や宝くじによるスポーツ振興財源**

　次に日本での公営ギャンブル、つまり競馬・ボートレース・競輪・オートレース、また、宝くじも、本来は、賭博・富くじ行為として犯罪です。ただ、国家が政策的観点から、例外的に肯定している制度です。

　そして、そこからの収益の一部を、一般の公営事業またスポーツ関連事業の財源として還元し活用しているのです。

　実際には、2013年の公営ギャンブル競技によるスポーツ振興財源としては、公益事業への助成金が117億円あり、そのうち、約10％の12億円がスポーツ関連事業に充てられています。

　また、宝くじの売上げの約41％が、都道府県などに納められて公共事業などに活用されています。さらに売上げの一部（2012年度は約4億円）が、健康・体力づくり関連事業に助成されました。

　したがって、ぼくもこれらの活用自体は反対しませんし、弱小スポーツ団体などにとって、とてもありがたいとは思います。しかし、スポーツは文化であり、憲法が認めスポーツ基本法が明記する基本的人権ですから、スポーツ予算の基本は、totoも含むギャンブルに頼らず、きちんと国家予算の中で確保されるのが正しいと考えます。

　一方で、日本は寄付文化が育っていないともいわれますが、スポーツのために寄付した場合、税法上の特典を与えてほしいと思います。寄付に節税的効果があ

れば、スポーツ権のうち、スポーツを「支える権利」を行使するスポーツ関係者がたくさん増えると、ぼくは思います。

(3) 公営ギャンブルの問題点

念のため、前提として次のことを確認しておく必要があります。

すなわち、競馬やボートレースや競輪などを賭けの対象としたり、サッカーくじを販売するのは、本来刑法185条以下の「賭博罪」、「富くじ罪」として、一般人が行えば犯罪行為です。これらは、射幸心を助長し、健康で文化的な社会の基礎をなす勤労観念（憲法27条）を麻痺させる可能性が高いのです。そして、実際、人間は弱いですし、依存症に陥る人が出てくることも、歴史上間違いのない事実です。

一方で組織暴力団の資金源にもなる可能性があります。これまでに発覚した大相撲での八百長やプロ野球界での不祥事（賭博）を思い出してください。

したがって、近時、カジノなどを扱うギャンブル特別区を作り、それを国際的にして収益を増やし、スポーツなどの財源にも充てようとの議論もありますが、ぼくは反対です。

ぼくも、財政上、経済政策上などの理由での上記ギャンブルや、それによるスポーツ財源への補填については、全面的には否定はしません。

しかし、それはあくまで「例外的に認められている」制度であること、そのことをしっかりと確認しておかないと、文化としてのスポーツを語るうえで本末転倒の議論になります。

◆コラム◆　1兆円の話：100億円＝10万人×10万円

ぼくは学生に、この20年くらい、講義の中で「君らが金持ちになれるか占ってやる」といって、毎年同じ質問をしています。

1　1兆円を差し上げます

「1兆円あげるから、毎日必ず100万円ずつ使ってください。何年で使い切ってくれますか？」と質問します。

学生たちは、紙に1兆円の0（ゼロ）の数字を書きながら考え始めます。中にはスマホを出して計算機仕様にして計算を始めようとする者もいます。「考えずに直感でサッと答えて！」と促します。そして、どんどんあてていきます。「毎

日100万円使うんですよ‼」どうでしょう、皆さんも今、考えてみてください、直感で。学生にあてると、答えはさまざまです。

「50年？ 100年？ 200年？ 中には7〜8年くらいかな」などと答える学生もいます。

そして、ぼくが講義をした約20年の中で、正解か正解に近い学生は、皆無でした。ぼくは、「君ら大金持ちにはなれんなあ」といって正解を伝えます。「正解は、約3000年だ！」といいます。そうすると、みな「エッ？」という顔をして改めて計算機を動かそうとするのですが、0（ゼロ）の数が多くて答えがなかなか出てきません。

正確には2740年でしょうか。縄文時代から、毎日休みなく100万円使ってもまだ使い切れない、それが1兆円。

2　100兆円と国防費5兆円

「日本の国家予算は」と聞くと、これは就職活動のアイテムになっているのか、かなりの学生が大体一般会計100兆円、と答えが頭の中に入っているようです。

で、そのうち、国防予算はどれくらいかと聞くと、「うーん」と考え込んで、今度はまた、答えが出てこない。国家予算が100兆円と出ているので、あてずっぽにあたる学生もいるのですが、きちんと覚えていて答える学生はほとんどいません。もちろん、ご存知の方も多いと思いますが、答えは5兆円です。

ここで学生たちは、国防費がいかに膨大であるか、つまり、毎日100万円使って3000年もかかる金額のさらに5倍が、わが国の年間国防予算であると、具体的に理解するのです。

3　5兆円と戦闘機1機100億円

考えてみると、5兆円というのは、確かにすごい金額です。そこでさらに、国防費について質問を続けます。「国防の空の要ともいえる戦闘機1機の値段はどのくらいか」との質問です。この答えは、学生がわいわいいいながらも結構あたることも多いですね。当然、戦闘機にもいろんなレベルがありますから一概にはいえませんが、だいたい1機100億円と考えて、そう間違っていないでしょう。

そこからが実は本題で、「日本のスポーツ予算ってどれくらいか知ってるか？」と続きます。

でもこれは、全く知りませんし、わかりませんとの答えです。本書の上記で記述しましたが、2013年の文部科学省スポーツ・青少年局が所管するスポーツ予算は243億円でした。ですから、年間大体200億〜300億円だよと伝えます。

4　100億円ちょうだい＝10万人×10万円

次に「ぼくは、戦闘機1機分の100億円をぼくに託してくれたら、それをスポーツを通じての平和のために使いたい。具体的には、子ども達のスポーツを通じて

の国際交流に、年間100億円使いたいねん」、とぼくの計画を話すんです。

　100億円で、10万人の子どもに10万円使えます。ですから、春・夏・冬の長期の休みの時に、子ども達を交換するのです。日本から派遣する5万人の子ども達に10万円ずつ、外国から日本に来る5万人の子ども達に10万円ずつ使うんです。外国から来る子ども達にも50億円使うなんて、日本政府も太っ腹ですね。

　そして、1人10万円もあれば、団体で2泊3日、あるいは3泊4日くらい、いやもっと長期でも外国遠征は十分できるでしょう。そして、それぞれ現地で、サッカーでも野球でもバレーボールでもラグビーでも、あるいはドッジボールやキックベース、ポートボールのようなゲームでもよいのです。本当は、体をぶつけ合ったりする、柔道やレスリングのような個人の格闘技の方が、痛くてより良いと思いますが、いずれにしてもスポーツの共通ルールの下、思い切り試合で戦うのです。全力で戦い、勝って喜び、負けて泣く、そしてノーサイド。

　いろいろなレベルで2～3試合はできるでしょう。ちょっとくらい、観光地などへも行き、スポーツ以外の別の文化的要素に触れることもできるでしょう。

　ぼくは、特に仲が良くないと思われている国との間で、子ども達を交換派遣するのが良いと思います。今の日本なら、中国・韓国・北朝鮮。行けば、特に子どもだから、決して粗末には扱わないと思います、お互い。

　言葉なんかわからなくても、ニーハオ、アニョンハセヨーくらいの相手国の最小限の挨拶だけ覚えておけばいい。なにせ主たる目的でのスポーツルールは共通ですから、全く困ることはありません。

　そして食事は、豪華なご馳走を食べる必要は全くなく、その国の普通の食事、本場の餃子やキムチ、日本では子どもたちの定番のハンバーグやカレーや焼き魚。ちょっと贅沢に1回くらいは回転寿司。寝るのは、これもお互い、そこらあたりの民宿かホームステイでの雑魚寝。

　試合で戦った子ども達はもちろん、それぞれの国の父親、母親、おじいちゃん、おばあちゃん、兄弟姉妹らに会ってジェスチャーでボディランゲージ。子ども達は、少しぐらい眠らなくたって全く大丈夫でしょう。

　参加できるのは、若い方が良いんです。小学生から大学生くらいまでが良いですね。

5　スポーツの平和創造機能

　ぼくは、楽観主義者なので、このような2泊3日の国際的なスポーツ体験が、世界平和にとって、将来極めて重要な意義を持つと考えるのです。けっしてオーバーではなく、スポーツで相まみえた経験は深く心に刻み込まれ、彼らが成人になったとき、平気で海外に行けるようになるし、また、仮にそれぞれの国が争い事になろうとする場合のブレーキ役になり、とりわけ、簡単に相手に銃口を向け

たり爆撃したりすることはできなくなると確信しているのです。

　ぼくは、スポーツ交流の方が、見学などを主とした修学旅行や研修旅行より得るものが多いと思います。なにせ、基本が心身・肉体を通じ、思い切り戦うのですから、そのエネルギーのぶつかり合いが、深いところでつながって、友好の灯に変化・転化すると思うのです。

　正確にいうと、海外への普通の修学旅行・研修旅行も良いけれど、それとは得る部分が異なるのが国際スポーツ交流だといえます。

　ほんの数日のことですが、子ども達は、言葉はわからなくても、また皮膚の色は異なっても、どこにも同じような日常生活があること、そして、同じスポーツルールで戦ったことを、文字どおり肌で感じて自国に帰ります。そしてお互いに、試合の様子や結果はもちろん、言葉や食事内容や生活環境など、良いこと悪いこと、相手方の国の話しをするでしょう。

　子ども達は住所を教え合い、メール交換を始める子どもも、ごく普通にたくさん出てくるでしょう。その国の言葉・文化・歴史に関心を持つ子もいるはずです。

　そして、それぞれの国の家族や友だちも、他の外国旅行の話よりも熱心にいろいろと子どもたちから聞くでしょう。そういったたくさんのやりとりや会話が、また、国際平和の創造につながる、ぼくはそう確信します。

　パワーポリティックの現代国際社会、ぼくは、決して非武装を主張するものではありません。平和を目指す国防のために努力されている自衛隊員には敬意をもっています。

　ただ武装による国防予算5兆円の500分の1を、スポーツによる平和のため、子ども達に使わせてほしいのです。

　ぼくの計画による事業を10年続けてみてください。間違いなく世の中は変わるとぼくは確信します。

　だから言いたい。ぼくに毎年100億円ちょうだいと。

　補足しますと、現在でもいろいろ困難な状況の中、日韓・日中などで、スポーツ関係者がスポーツを通じて相互交流されていることは知っています。

　しかし、ぼくは、もっと積極的に100億円を子ども達の国際スポーツ交流に使ってほしいのです。

　まあ、貧乏性のぼくとしては、戦闘機の尾翼部分くらいの毎年10億円でもいいかなあと思っていますが、それでも毎年1万人は交流できます。

　よろしくお願いします。

XI 野球型経営・サッカー型経営と スポーツ文化

1 文化としてのスポーツの意味

　日本におけるスポーツについては、明治以降学校教育が体育として取り組むようになり、「日本におけるスポーツの体育化」として特殊な展開を遂げてきました。このことは、スポーツと教育関係法との問題として取り上げました。

　スポーツは文化であり公共財です。したがって、スポーツを維持し発展させるには、相当なお金がかかります。このことは、憲法25条の「健康で文化的な……生活を営む権利」を確保・推進したり、文化財保護法で文化財を守るときに費用がかかることを考えるだけでも理解できます。

　その意味で、公的なスポーツ予算については、国や地方公共団体での正規の予算としてきちんと確保される必要があります。現在、公立の体育館やスポーツ施設の維持・管理が赤字であるとして閉鎖、統廃合が行われているようですが、それは、公立の文化施設である図書館に黒字運営を求めるのと同じで、文化に対する理解が足りません。

2 スポーツと企業

　日本企業は明治以降、スポーツを利用・活用してきました。とりわけアジア・太平洋戦争以降、企業はスポーツを利用・活用し、運動部を持ちながら企業スポーツを推進してきましたが、そこには3つの理由があります。
　① 企業の宣伝効果
　② 企業に勤務する従業員の士気高揚、愛社精神の涵養
　③ 労働運動への牽制
　このうち①は、対外的な大衆消費者の購買意欲促進が理由で、営利企業としての一番の目的です。
　②は対内的な福利厚生を理由として、そして③はいわゆる労務政策の一環としての位置づけです。

このような前提で、1945（昭和20）年の敗戦後、わが国はマイナスからの復興の中で、基幹産業、いわゆる第二次産業の急成長とリンクする形で、野球、バレーボール、サッカー、ラグビーなどの企業スポーツが盛んになり、毎年、社会人全国大会などが開催されるようになりました。

そして、1964年には東京・オリンピックを開催し、戦後わずか20年ほどで世界第2位のGNP（国民総生産）国になり、アジアの奇跡といわれるようになったのです。もっともこの間、朝鮮戦争（1950年～）とベトナム戦争（1960年代）という、当事国にとっては、大変悲惨で苦難の歴史があり、一方でわが国が、いわゆる戦争特需で潤い経済成長をとげたという特殊性があったことも忘れてはいけません。

それはともかくここでのテーマは、企業がスポーツの元気で明るく健康なイメージを上記3つの理由に重ねることで、スポーツを活用したということです。

ところで、スポーツと企業が関係し、経営問題が絡むとき、大きく2つの方向がある点について考えます。野球型とサッカー型です。

そして、いずれにしても、スポーツ経営をめぐっては、会社法、労働法、税法、独禁法などが法律的に関連し、その適用や活用などが問題とされます。

3　野球型スポーツ経営：フランチャイズ型文化

ここで、野球型スポーツ経営というのは、端的にいって、読売ジャイアンツ（巨人軍）に代表される、企業とスポーツの関わり方です。読売新聞社は、戦前から企業スポーツのもつ意義に着目しました。そして、単なる企業内スポーツ団体・組織ではなく、それをプロリーグにまで発展させたのです。1934年、巨人軍の前身の株式会社大日本東京野球倶楽部が発足しました。

そこでは、フランチャイズ、つまりその企業が独占する形で、一定地域のそのスポーツの興行権が肯定されます。そして、親会社の一部門として、ただし、別の法人としてプロ野球団（スポーツ団体）が位置づけられました。読売ジャイアンツは、株式会社読売巨人軍という一応は独立した法人所属の球団呼称ですが、実体は読売新聞の完全子会社です。

ですから、読売新聞社の最高権力者である渡邉恒雄氏は、たとえば読売ジャイアンツの原辰徳監督の退任について、それが辞任か解任かなどはどうでもよく、あくまで「読売グループ内の人事異動」であると言い切ったわけです。このよう

な読売商法は、スポーツ（巨人軍）をテコに新聞の発行部数を商業日刊紙世界一に押し上げた点では大変な功績で、正力松太郎氏以来の経営手腕として、とてもすばらしいと思います。

他のプロ野球11球団も、盟主読売に唯々諾々と従うことで、プロ野球界を発展させてきました。具体的には、各フランチャイズでの各球団の独占的利益を守りつつ、巨人戦の放映権（かつて1試合1億円といわれました）にすがり、足らずの赤字分は、税法上認められている各親会社からの広告費名目の補填で、球団経営を乗り切ってきたのです。そして、それにも耐えられない場合、いわゆる身売り（球団の売却譲渡）が行われてきました。これを野球型スポーツ経営といいます。

しかし、ぼくは、そこには2つの問題点があると考えています。

1つは、発想が内向きでリーグとしての自主性・活発性・発展性に乏しい点です。具体的には、親企業（読売新聞、阪神電鉄、ソフトバンクなど）の子会社である各球団は、親会社の名前を冠にし、親会社のパラサイト（寄生）的存在になっています。つまり、「中日・ドラゴンズ」であり、「ヤクルト・スワローズ」であり、「西武・ライオンズ」であって、自主性などが乏しいと感じられることです。そのこともあり、特に近時のプロ野球界は、球界の拡張・発展というより、球団減少や減少しての1リーグ制の検討など、ほとんどが縮小的発想になっています（セ・パ交流戦は例外）。この点、拡張を続けたアメリカのメジャーリーグベースボール（MLB）と異なります。

2つめは、本書の立場ではより大切ですが、スポーツやスポーツ選手に対する敬意（リスペクト）や、文化としてのスポーツの尊重が感じられないことです。

それは渡邉氏が、2004年のプロ野球選手会のストライキ前に、選手会長の古田敦也選手に対して「たかが選手が（われわれと対等に話をするつもりか？）」の発言に象徴されます。この言葉は明らかに侮辱でしたが、そうでなくても、経営者やいわゆる知識人といわれる人の発言の中に、スポーツやスポーツ選手に対する、軽侮の意味が込められていることが往々にして存在します。

4 サッカー型スポーツ経営：ホームタウン型文化

スポーツ界には「裾野の論理」という考え方があります。トップクラスの選手や団体・チームが活躍することにより、そのスポーツが注目され魅力が伝えられ

れば、山の裾野が広がるようにそのスポーツが、それぞれの各層でのレベルに応じて広がり、結果的に頂も高くなるとの考え方です。そのためには、優良なプロリーグが存在することが望ましいのです。

野球がわが国で長く親しまれ、圧倒的な人気を誇っているのは、1つは戦前における中等学校以来の高校野球の甲子園大会での毎日新聞（春の選抜大会）・朝日新聞（夏の選手権大会）の支援があります。他方では、特に戦後巨人を中心としたプロ野球リーグがあった影響が大きいといえます。

サッカーは、世界では圧倒的な人気スポーツで、野球（ベースボール）は、世界的にはマイナー競技ですが、わが国においては、野球の人気のほうが圧倒的です。明治初期、ほぼ同時期に入ってきた両スポーツに人気の差が出たのは、アメリカ（野球）のほうがイギリス（サッカー）より、普及に熱心だったことが主な理由だったといわれています。そんな中、サッカーもプロ野球人気に追いつくため、1993年、プロリーグを発足させました。

ところが読売新聞は、サッカー界でのプロ（Jリーグ）発足においても、野球界での手法と同じやり方で臨もうとしました。つまり、アマである日本リーグ時代の読売を冠としつつ、経営母体である親会社の読売新聞がJリーグを牽引しようとしたのです。そして読売はアマである日本リーグ時代からの「読売ヴェルディ」を唱え続けました。

ところが、サッカーJリーグを指導した川淵三郎氏は、プロ野球とは異なるやり方でのスポーツ経営とスポーツ文化を考えていました。もちろん、「経営母体」も大切ですが、「地域住民」、「行政」と連携しての三位一体の体制で行くことに意義があるとの発想でした。そしてこれを100年構想として位置づけました。

そのため、クラブ・球団名から「経営母体」の名前を外し、地域名と愛称を重ねるように各クラブに求めたのです。そして、地域独占の意味の「フランチャイズ」ではなく、地域密着を意味する「ホームタウン」制を採用しました。さらに、TV放映権なども各クラブではなく、Jリーグが一括で管理する方法にしました。

「読売ヴェルディ」に対しては、読売を外し、地域名の「川崎・ヴェルディ」とするように求めました。もちろん、他のクラブにも、企業名たとえば、「パナソニック」、「三菱」、「住金」などを外し、「ガンバ・大阪」、「浦和・レッズ」、「鹿島・アントラーズ」などと表示するよう求めたのです。

XI　野球型経営・サッカー型経営と　スポーツ文化

プロ野球界での成功を自負する渡邉氏は激怒し、川淵氏との大論争になりました。渡邉氏は、成功した経営者の論理で、資金提供する会社が名称やロゴなどで企業名を露出するのは当然であること、TV放映権も各クラブが自由に管理できること、などと主張しました。しかし結果は、渡邉氏が敗退、読売はJリーグから撤退しました。

なお、この関係で忘れてならないのは、日本のプロ野球では常識とされている経営母体と愛称の合体、つまり、「読売・ジャイアンツ」、「阪神・タイガース」、「日本ハム・ファイターズ」、「オリックス・バファローズ」、古くは「国鉄・スワローズ」、「西鉄・ライオンズ」などは、野球の母国アメリカのメジャーリーグ（MLB）ではそうなっていない点です。つまりチームに、オーナー名や企業名は直接出ず、たとえば「ニューヨーク・ヤンキース」、「ロサンゼルス・ドジャース」、「シカゴ・カブス」、「シアトル・マリナーズ」のように、サッカーJリーグと同じく都市（地域）名と愛称で呼ばれています。

5　スポーツ文化としての優越性

企業に全面的には寄りかからないとの川淵氏の姿勢は立派ですが、現実は甘くはありませんでした。そもそも、Jリーグ発足の1993年は、バブル崩壊後でしたが、まだバブルの高揚感が残っており順調な船出といわれました。しかし、あと1年発足が遅ければ、Jリーグは発足できなかったかもしれないと川淵氏自身語っておられます。

そしてその後も、横浜・フリューゲルスが、1999年1月1日の国内トーナメント最高峰の天皇杯優勝にもかかわらず解散するという衝撃的な出来事がありました。また、その他の参加企業の多くが厳しい経営環境下に置かれ、Jリーグの観客が半分近く減少するなど、Jリーグの運営自体の危機もささやかれました。

しかし、Jリーグは、ここで萎縮せずにリーグの活性化を企図し、発足時の10クラブを全部で28クラブに増やし、J1・J2の2部制を採用し、今ではJ3、JFLなども創設して危機を乗り越えました。

各クラブ経営が危うく、観客動員数も半減している中で、クラブ数を増加させれば、観客の一層の分散を招き興行自体やっていけないとの意見もありました。しかし、上記積極攻勢（エクスパンション）の結果は吉と出、サッカー不毛の地

といわれた新潟や山形にもJチームができるなどしました。

　一方でJリーグは、クラブ経営のガイドラインを示し、やみくもにビッグクラブを目指すのではなく、身の丈に合った経営を目指し、経営状態を公開するなどガバナンスやコンプライアンスを公言し、地元自治体との連携を強化し「ホームタウン」制の徹底を試みたのです。

　この姿勢は、明らかにこれまでの日本プロ野球界での経営・運営方法と異なっています。プロリーグですから、当然興行的成功は目指さなければなりませんが、サッカーにとどまらず、スポーツ全体の裾野、スポーツ文化への思いと理念という点では、Jリーグの方がプロ野球より優れています。

6　野球とサッカーどちらが好きか：アンケート結果から

　Jリーグ発足の1993年、ぼくは、その頃の講演会で、球技での野球とサッカー、どちらが好きか、その理由について参加者に質問したことがあります。数字は記録していませんが、野球好きがサッカー好きを圧倒していました（約4対1）。その後、1997年から、大学でスポーツ法学の講座を担当するようになり、同じ質問で毎年アンケートを取っています。龍谷大学は100人、関西大学は400人、毎年このくらいの学生が受講してくれていたので、ぼくに、学者としての能力があったなら、そのアンケートをきちんと集約、分析・整理して、一定の研究発表ができたはずですが、整理せずに資料も廃棄してしまい報告できないのが残念です。ただ間違いなくいえるのは、1993年Jリーグ発足当初に比べ、20歳くらいの大学受講生にとって、2016年現在、サッカー人気が野球人気に肉薄していること、これは間違いありません。

　具体的には、1997年の講義開始当初、ほぼ3対1の割合で、野球人気がサッカー人気を圧倒していました。家族（父・祖父ら）の影響、新聞・TVで観ている、中学・高校でやっていたなどの理由で、野球好きがサッカー好きを大きく引き離していたのです。そして、中・高のクラブや部活などにおいて、単純化していえば、運動能力の優れた者は、野球部に入る割合が高いということでした。

　それが、2002年サッカー日韓ワールドカップ開催の時にぐっと接近し、4年ごとのサッカーワールドカップの度に、差が縮まっているのは、間違いありません。ただ、ぼくの講義での直近のアンケートでも、野球のほうがサッカーより好きと

いう学生のほうがまだ多いです（2016年度は大体55対45）。1度だけ、龍谷大学のアンケートでサッカーが野球をほんの少し上回ったことがありましたが、正確な数字は記録していません。両方とも好きという学生も多い中での選択ですが、今後、どのように変化するのか、また、それぞれのプロ組織を担う団体のアピールの仕方や理念も含め、関心の持たれるところです。

いずれにしてもスポーツ文化を担うにあたり、一番大切なのはスポーツを「する人」が、最大限、自分達で考え具体的に行動することです。これもスポーツ基本法でのアスリートファーストです。

◆コラム◆　頑張れプロ野球、FA制の課題

1994年（平成6年）3月10日、朝日新聞大阪本社版〔論壇〕より

このコラムは、1993年、Jリーグが発足したのに、それをライバル視せず、のんびりしている選手を含むプロ野球界に、「喝！」を入れるために書いたものです。20年以上前の記事で、制度内容も現在では異なりますが、時代背景、野球とサッカーとの関係、当時の私たちの努力、教育の問題、当事者としての選手の動向などがわかるので掲載させていただきます。

【論壇】

球春といえば、昨年までは野球の独占用語であった。しかし、劇的なプロサッカー・Jリーグの展開で今春からそうはいかない。野球が、スポーツ人気「ナンバー1」の地位に安閑としていられなくなったのである。

ところで、プロ野球改革の第一歩であったFA（フリーエージェント）制とは、1シーズン150日以上の1軍登録日数で、10年在籍した選手に、移籍の自由を認めることである。入団時のドラフト、在団時のトレード、退団時の球団による保留と、全く自由のなかったプロ野球選手に対し、その補填（ほてん）として、ある程度自由を認めようとの趣旨である。

では、ようやく導入されたこの制度は、はたして本当に選手のためになったのであろうか。

その答えは、昨年のFA対象者60人のうち、行使を宣言したのがわずか5人という事実に暗示されている。改革時の混乱もあるが、要するに、選手の権利が十分活用されない程度の内容だったということである。現役選手生活は平均7年ぐらいだから、最低資格10年というのは長すぎる。しかも昨年、最低の10年でFAの地位を確保したのは、広島の小早川だけなのである。いずれにしても、実力が

ピークを過ぎた10年以上というのでは、FA本来の精神に反する。そのうえ、今回のFAは、受け入れる球団が旧年俸の1.5倍の移籍金を旧球団に支払うことを義務づけている。この「足抜け料」的時代錯誤の移籍金は、事実上、選手のFA宣言の著しい足かせである。

　横浜の顔ともいわれ、功労金が出てもおかしくないFA対象の高木、屋鋪が、いきなり自由契約（解雇）になったのは衝撃的であった。これは、巨人からの駒田受け入れの移籍金捻出のためといわれた。

　この事件は、選手のための制度が、全く逆に球団によって悪用されたという意味で、内容の欠陥を暴露するとともに、改めて野球選手の地位の脆弱性（ぜいじゃくせい）を見せ付けた。幸い、高木、屋鋪は、他のチームで活躍することになったが、当然レギュラーで活躍できる力を持つ選手が、そのまま球界を去るようなことがあれば、ファンとしても一大事であった。

　FA対象選手を抱える球団の経営者としては、球団体質を魅力あるものにし、選手が自発的に残るようにすることが、その責任であろう。選手が諸種の事情で、どうしても去るのであれば、その球団は、他球団からのFA選手で対抗すべきである。すなわち、「FAにはFAを」が、自由世界の本筋である。

　ところで、今述べたFAが「頑張った選手」へのものであるのに対し、もう1つ「頑張れる選手」へのFAも考えられる。その球団に強力すぎる正選手がいたり、年齢構成などから、出番がないと思われる選手に、新天地での活躍の機会を与える意味でのFAである。

　このような制度は現在なく、球団による強制トレードで花開くことが、まれにある程度である。一昨年、西武から巨人に移籍させられた大久保がその例である。このようないわば1軍半の選手に、自らFA宣言する機会を与えることも、選手、ファン双方の立場から重要である。

　ただし、球団側が、このような1軍半の選手のためのFAを先行させようとしたのは誤りであった。なぜなら、やはりプロは実力の世界であり、「頑張った選手」がまず優遇されるのは当然だからである。いずれにしても、憲法の職業選択の自由、民法、労働法、独禁法等の趣旨からいって、FAはできるだけ広く選手に認める方向に進むべきである。

　それにしても、FAや新ドラフト制など、重要な改革に、選手ないし選手会は、参考意見を聞かれることはあっても、当事者としては全く関与していない。それは、現在の野球協約等では、選手が対等な立場で発言し主張できる場が認められていないからである。

　選手は、自分たちの最も大切な身分上の問題や制度改革に参加できない不当なシステムについて、疑問や不満を持つべきである。選手会は、FAその他、地位

の改善、アマ球界との交流等、野球界の改革のため、今後、もっと主体的に取り組む必要がある。

　日本におけるスポーツ教育の問題もあり、なかなか困難な道であるが、主体性を確立し、社会人としてもきちんと発言できる多くの選手がいてこそ、多くの国民に愛され、夢のあるプロ野球界になれると思う。

　　（辻口信良、弁護士・大阪弁護士会所属、スポーツ問題研究会代表〔投稿〕）

XII　地域スポーツと法

　スポーツと法の現代的課題として、地域とスポーツについて、主として法的観点から触れておきます。

　スポーツが実際に行われたり観られたりするのは、各地域、当該地方の現場です。したがって、ここでは明治以降、スポーツがどのように地域と関わり合ってきたかについて、学校教育、スポーツ少年団、総合型地域スポーツクラブ、スポーツ立国戦略、スポーツ基本法、スポーツ基本計画について簡単に検討し、それぞれ位置づけや今後の展開について触れておきます。

1　学校体育

(1)　教育の中の体育

　明治維新以降、国民皆学を目指して地域に基盤を置く学校教育（知育・徳育・体育）が企図されました。具体的には1872（明治5）年、太政官による学制として初の教育法令が発せられ義務教育の礎ができたのです。この迅速性も1つの要因となり、わが国が近代国家として西欧諸国に伍してきたことは、大いに評価されます。

　ただ、わが国の学校教育が、歴史的制約もあり、知識を押し込む形（詰め込み型）になりがちで、私たち日本人が自発的・自主的に考え行動することが苦手であること、その中でもスポーツ（体育）選手は、上命下服、上意下達の人間関係が強く、一般の児童・生徒・学生以上にその傾向が強いことについは、すでにわ

が国における「スポーツの体育化」（19頁参照）の問題として指摘しました。

それでも、日本国憲法になり約70年、教育基本法・学校教育法・社会教育法や、かなり認知されてきたスポーツ基本法などにより、私たちの弱点部分はかなり克服されてきたようにも思います。

その意味では、スポーツ（体育）が、個人としての生活、また人生の中で有意義なものであるとの理解は、他の諸国と比べ進んでいる、少なくとも劣ってはいないと思います。

　(2)　スポーツ（体育）と金銭問題

ただ、現代的課題として、スポーツ（体育）での金銭問題について、ぼくの体験上2つのことを指摘しておきます。

1つは、スポーツが楽しい・面白い・遊びを基本とする、という点において、わが国は控え目であり、たとえばアメリカとの比較においては、エンターテインメント性や金銭がらみの問題では、制限的・抑制的に扱われている点です。この点は、ヤクルト・古田敦也選手の年俸交渉代理人のとき、「スポーツ選手がお金のことで、あれこれ言うのはスポーツ選手らしくない？！」との、趣旨不明の言葉に接したことを説明しました（150頁参照）。

2つめは、私たちの意識の内に、スポーツにはお金がかからない、あまりお金をかける必要はないという風潮があるのでは、ということです。それは、たとえば義務教育時代での体育（スポーツ）が無償であることが、その象徴です。

また、日曜日の子ども野球・サッカー指導のように、スポーツを教えるのはボランティア（無償）が基本であるといった考えもその1つだと思います（もちろん、決してボランティアが悪いという意味ではありません）。

しかし、スポーツは楽しいものであり、したがって楽しむためにはそれなりのお金がかかること、自己負担・支出は必要なのです。にもかかわらず、衣服や食事、また旅行などへかける費用と比べると、スポーツへの費用は控え目だとぼくは思うのです。

ぼくは、次のように考えています。スポーツは基本的人権であり、世界共通の人類の「文化」ですから、国や地方公共団体の予算において、スポーツ予算は、現在より優遇されてしかるべきだと思います。

一方で、私たち個人としても、スポーツにもっとお金をかけ、また、スポーツ

振興のための寄付行為については、免税など税制上の特典を与えるべきだと思います。

(3) スポーツ少年団、総合型地域スポーツクラブとの関係

学校スポーツ（体育）、また同じく学校での部活動を、生活の中で今後どのように位置づけていくかは、後記スポーツ少年団や、総合型地域スポーツクラブとの関係で、大いに議論する必要があると思います。

2 スポーツ少年団

言うまでもなく、子どもは家族にとっても、社会にとっても大切な宝です。もっと言えば世界の宝です。したがって、どの国の法制でも子どもを大切にしない国はありません（憲法26条、児童福祉法、教育基本法、世界人権宣言、児童の権利に関する条約など）。

そして、子どもは体も心も丈夫でなければなりませんから、それぞれの国が、それぞれの方法で子ども達を慈しみ育てます。

(1) スポーツ少年団の創設

スポーツ少年団は、前回の東京オリンピックの2年前である1962（昭和37）年に、日本体育協会創立50周年記念事業として創設されました。

その願いは、「1人でも多くの青少年にスポーツの歓びを！」、「スポーツを通して青少年のからだとこころを育てる組織を地域社会の中に！」との趣旨であり、「スポーツによる青少年の健全育成」が目的でした。もちろん、少年は男子だけでなく女子も含みます。

(2) スポーツ少年団とスポーツ少年団員

スポーツ少年団への加入は、原則として小学生以上であり、実際小学生が多いのですが、中学生以上の団員もいます。そして、少年団を作るには10名以上の子ども達と2名以上の指導者が必要です。

スポーツ少年団は、当初22団体、団員753人と小規模でしたが、2015年の登録としては、以下、いずれも概算ですが、全国で3万3000団体、登録人数は72万人（うち中学生以上が約1割）とされています。

登録されている競技種目としては、団の数では、1位が軟式野球（6500）、以下サッカー、複合種目、バレーボール、バスケットボール、剣道（2700）と続い

ています。

　団員数では、サッカー（14万人）、以下、軟式野球、複合種目、バスケットボール、バレーボール、剣道（5万人）と続く旨、報告されています。

(3) スポーツ少年団の特色

スポーツ少年団の特色としては、

① だれが＝子どもたちが
② いつ＝自由時間に
③ どこで＝地域社会で
④ なにを＝幅広いスポーツ活動を
⑤ どのようにして＝グループ活動で行っている集団

これらの特徴があります。

　スポーツ少年団のタイプとしては、

① 単一種目型：野球、サッカー、剣道、バレーボールなど、1つの種目を行う。
② 平行種目型：指導者や会場の都合、性別や季節、年齢などに分けて行う。
③ 複合種目型：いろいろな種目を行う。

があります。

(4) 日本スポーツ少年団の綱領

① 日本スポーツ少年団団員綱領
　・わたくしたちは、スポーツをとおして健康なからだと心を養います。
　・わたくしたちは、ルールを守り、他人に迷惑をかけない、りっぱな人間になります。
　・わたくしたちは、スポーツによって、自分の力を伸ばす努力をします。
　・わたくしたちは、スポーツのよろこびを学び、友情と協力を大切にします。
　・わたくしたちは、スポーツをとおして世界中の友だちと力をあわせ、平和な世界をつくります。

② 日本スポーツ少年団指導者綱領
　・わたくしたちは、次の時代を担う子どもたちの健全育成のために努力します。
　・わたくしたちは、スポーツのもつ教育的役割を果たすために努力します。

・わたくしたちは、子どもたちのもつ無限の可能性を開発するために努力します。
・わたくしたちは、つねに愛情と英知をもって子どもたちと行動するよう努力します。
・わたくしたちは、スポーツを愛する仲間とともに世界の平和を築くために努力します。

このように宣言されています。この綱領は、スポーツ基本法の精神にも合致しますし、特にそれぞれの最後の項は、「平和な世界をつくる」、「世界の平和を築く」と明記されており、いずれも「スポーツの平和創造機能」そのものについての規定であり、大変重要です。

3 総合型地域スポーツクラブ

(1) 総合型クラブ推進の背景

文部科学省は、1995年から、わが国における「生涯スポーツ社会」実現に向けて、総合型地域スポーツクラブ（以下、「総合型クラブ」という）を育成・普及する各種の事業を推進してきました。

総合型クラブは、地域の人々に、年齢、興味・関心、技術・技能レベルなどに応じた、さまざまなスポーツの機会を提供する、多種目、多世代、多志向のスポーツクラブです。

第2章Ⅳで逐条解説したスポーツ基本法では、前文や2条で「地域」の文言があり、また、他方4条、6条をはじめ多くの条文で「地方公共団体」が主語になり、また条文の内容になっており、実際にスポーツが行われる各地域・地方公共団体が大切であり、そのことが強く意識された構成になっています。

たとえば、前文第4段落での「スポーツは、人と人の交流及び地域と地域の交流を促進し、地域の一体感や活力を醸成するものであり、人間関係の希薄化等の問題を抱える地域社会の再生にも寄与するものである」との規定は、正しく総合型クラブの目指す方向そのものです。そしてその趣旨は、憲法92条以下の地方自治の精神、地方分権の考えとも通底します。

ところが実際には、そのあるべき姿・理想が、なかなか実現されていないジレンマもあるのです。

(2) 地域スポーツでの総合型クラブ、学校体育、スポーツ少年団の関係

　地域とスポーツに関し、時系列でいえば、まず学校における体育（スポーツ）は、いわゆる部活動も含め明治時代以来行われており、1962年からはスポーツ少年団の制度ができました。

　そして、1995年、総合型クラブ事業発足以降も、2010年にはスポーツ立国戦略（スポーツコミュニティ・ニッポン）が発表され、2011年にスポーツ基本法が制定された後、2012年には「スポーツ基本計画」が策定されています。

　ちなみに、「スポーツ立国戦略」については、本書のスポーツ基本法前文の末尾（63頁）にその項目を収録していますし、スポーツ基本計画については、同じく9条（87頁）に今後5年、10年の計画などを収録しています。

　では、地域スポーツで、総合型クラブと学校体育、スポーツ少年団、スポーツ立国戦略、スポーツ基本計画などの関係や方向性は、どのように考えればよいのでしょうか。

　本書は、政策の立案を提案する立場にはありません。ただ、順不同ですが、少なくとも次のことは言えると思います。

① スポーツ少年団の構成員は、学校体育（スポーツ）の構成員でもあること
② スポーツ少年団の構成員は、総合型クラブの母体を構成していること
③ 学校教育（スポーツ）と総合型クラブは対立するものとして考えてはいけないこと
④ 世代（幼・少・青・壮・老）の融合と継承
⑤ 少年の成長に合わせて指導できる良質の指導者の必要性
⑥ 地域指導者と学校教師の共働または棲み分け
⑦ 地域指導者や学校教師に、きちんとした公的予算を講ずること
⑧ スポーツの振興にはお金がかかることへの、行政および私たち自身の自覚
⑨ クラブハウスを含む物的設備の充実とその有効利用
⑩ ガバナンスとコンプライアンスの必要性

　これらを総合的に考慮し、政策立案を得意とする柔軟な発想の若者を中心に、文化としてのスポーツをグローバルな視点で推進してほしいものです。

　そして、具体的な法律や地域での条例制定などを通じ、実践の場にしてほしいと思います。

XIII　アメリカのスポーツ法と日本の契約社会

1　アメリカ社会とスポーツ法

　20世紀、特に第1次世界大戦以降はアメリカの世紀でした。それはスポーツの世界でもそうでしたが、良い意味でも悪い意味でもアメリカを中心、アメリカを先頭に人類史は展開してきたといえます。この間、ソ連型共産主義社会が中心に割って入りかけた時期もありましたが、後半失速しました。

(1)　市民的権利に関する法律1964年（Civil Rights Act of 1964）

　20世紀アメリカでのスポーツと法を語る場合でも、やはり1964年の市民的権利に関する法律を第一に掲げる必要があります。それは、移民国家であり、多人種、多民族国家の宿命ではありますが、「平等」を目指す長くて複雑な人種差別撤廃運動を受けて、すべての分野において、あるべき社会を目指す第一歩ともいえる内容だからです。

　すなわち、公の施設において、人種、皮膚の色、信条による差別を禁止しようとし、また、連邦政府が支援する企画やプログラムでの差別禁止、さらに、雇用における差別も禁止しました。そして、学校教育の関係では、人種差別を継続している学区に対し、連邦政府の基金からの補助を打ち切る権限を教育関係機関に与えました。反差別が強調される社会というのは、それだけ差別の実態や現状が厳しいからというほかありません。

　もちろん参考までにいえば、法律ができても差別がなくなるわけではありません。実際この法律ができてからもさまざまな差別（特に黒人など有色人種に対する）が発生し、1992年には、黒人に暴行した警官4人が無罪評決を受け、ロサンゼルスで暴動が起こりました。そして現に、この原稿を書いている今（2016年7月9日）でも、アメリカ・テキサス・ダラス発のニュースで、白人警官による黒人射殺問題と関連し、逆に報復的に退役軍人である25歳の黒人青年が「白人警官を殺したい」と狙撃し、警官5人の死亡を含む14人が死傷したと報道されています。ことほどさように、理念と現実の乖離は激しいものがあり、理想に向かう不断の

241

教育実践と自己研鑽が必要です。

(2) **スポーツ法への関心とタイトルⅨ**
(Title Ⅸ of Educational Amendments of 1972)

アメリカでスポーツ法への関心が高まったのは1970年頃からとされています。そして、関心を持たれた内容は、やはりスポーツ事故をめぐる過失と損害賠償請求がその中心でした。

そんな中、1972年にタイトルⅨ（ナイン）という、性による差別を禁止する法律ができました。この法律は、前記市民的権利に関する法律とオーバーラップしながら推進されてきたウーマンリブ運動（女性解放運動、Women's Lib = Liberation）の１つの成果です。そして、この法律により女性とスポーツの関わりが飛躍的に拡大したといわれています。つまり、男女共修のスポーツ実技が増え、たとえば、全米州立高校協会連合によると、スポーツ競技会への女子の参加人数が、1970年の約30万人から、1978年には約208万人と、７倍にも激増していることが実例としてあげられています。

(3) **障害者差別禁止諸法**（Section 504 of Rehabilitation Act of 1973）

障がい者に対する、「失ったものを嘆くのではなく、残っているもので何ができるか考えよう」という励ましの言葉があります。実際にそのことを実践するのは並大抵の精神力・行動力ではできません。でも、この気持で努力し、頑張っているたくさんの障がいを持った人たちがいます。

上記アメリカでの障害者差別禁止諸法、通称リハビリテーション法504は、障がい者と健常者をできるだけ区別することなく、機会を平等に保障しようとの趣旨で1973年に連邦法規として制定されました。

この法律は、差別をなくそうとする他の法律と同じく、「連邦から財政的援助を受けている企画やプログラムなどの活動において、障がい者を差別してはならない」とするものです。そして、その趣旨から、雇用・教育・健康・その他社会的サービスにおいて、障がい者に対する差別を禁止しています。

この法律は、特に児童・生徒・学生にとっての教育場面、本書の関係でいえば、スポーツの対抗競技や学内競技において、大きな影響を与えたとされています。

(4) **アマチュアスポーツ法**（The Amateur Sport Act of 1978）

上記の、あらゆる人が、すべてのことに、できるだけ平等に参画できるとの理

念を承継しつつ、スポーツ分野において1978年に制定されたのが、アマチュアスポーツ法です。この法律には副題として「アメリカ合衆国のアマチュアスポーツ活動を推進・統合し、アマチュア競技者の権利を保障し、そして国内統括団体に関する論争およびその他の目的達成に関する論争を解決するための法律」と付記されています。

この法律の制定により、アメリカ・オリンピック委員会（USOC：United States Olympic Committee）が、アマチュアスポーツを統括する中央組織として認定されました。そして、国内の各競技団体について、それを代表する国内統括団体を認定する力を持つようになったとされます。

実はこの時期、アメリカでこの法律ができたのは、何でも一番でないと気がすまないアメリカにおいて、オリンピックでの成績が不振であり、その原因調査が1つのきっかけだとされています。

もっとも、まだ真相は正確には判明していませんが、当時のアメリカの成績不振≒東欧・ソ連の成績良好の裏には、成績良好者のドーピング問題があったといわれており、一部実証されています。この点は「スポーツとドーピング」（137頁）を参照してください。

それはともかく本法は、エリートスポーツが中心的課題になった法律ですが、スポーツへの多くの国民参加とそれへの援助、女性スポーツ、障がい者スポーツ、マイノリティスポーツの奨励・援助などを掲げ、また、法人の非政治性・非営利性が強調されている点、オリンピック委員会の名称の独占的使用が規定された点などに特徴があるとされています。

(5) 1980年モスクワ・オリンピックボイコットをめぐる訴訟

この問題については、「スポーツにおける法と弁護士の役割」（147頁）の中で、ぼくの個人的思い出としても書きましたが、スポーツ固有の価値、オリンピック・ムーブメント、スポーツと政治をめぐる極めて重要なテーマです。

それは、ソ連のアフガニスタン侵略に対し、当時のアメリカ大統領ジミー・カーターが、経済制裁など諸々の抗議とともに、モスクワ・オリンピックのボイコットを画策した事件です。この問題は、アメリカでも賛否議論になりましたが、USOCは1604対798で不参加を決めました。

ここでは、2つの点を指摘しておきます。

1つは、アメリカは参加せず、アメリカの意を体した分断国家西ドイツ・韓国、そして中国はまた別の理由で不参加でした。日本は、JOC で29対13で不参加を決めました。その背景には、参加するならスポーツ予算を削減・廃止といった政府の恫喝があったことは広く知られています。

ところが、アメリカの母国ともいわれる英国、独自路線を堅持するフランス、そしてイタリアなどは、ソ連に対する抗議、たとえば選手団としては入場行進に参加しない、国旗ではなくオリンピック旗で行進するなど、抗議の姿勢を示しつつ、オリンピックに参加したのです。

ここに、憲法13条の「個人の尊重」がどの程度日本に定着しているか、言葉を変えると、個人としての自主性・主体性・自覚における日本人の人権レベルが垣間見える気がします。もっとはっきり結論をいえば、日本では基本的人権に対する意識が、ぼくも含めまだまだ低いということです。

もう1つは、アメリカでは25名の競技者とUSOC執行委員会のメンバー1名が、この不参加の決定は法的に無効であるとして、その効力の停止を求め連邦地方裁判所に訴訟を提起した点です。

原告は、オリンピックへの参加の機会は一生に一度のチャンスであり、参加することによる名誉と威信を失うことになるとして「人格権」としての主張を展開したようです。当然、個人としての経済的な利益もあったでしょう。

これに対し裁判所は、「政府行為（State Action）」には該当しないなどとして、競技者らの請求を棄却しました。

この政府行為に該当しないというのは、日本での憲法議論でも語られる論理で、法的論理としては結論はやむを得なかったと思います。

ただぼくは、自身の無自覚だった反省も込め、USOC の決定に対する異議を司法の場に持っていくアメリカの人々の行為に、アメリカ社会の底力を感じます。

2　契約社会としてのアメリカと日本

アメリカが、スポーツをめぐる法律関係全般、つまり、スポーツ事故と法律、スポーツと契約問題、スポーツビジネス法などの関係で、日本より先行し充実しているのは明らかです。

ではどうしてアメリカと日本にそれだけ差があるのかについて、その背景や理

由を検討しておきます。

ぼくはその理由としては3つあると思います。

(1) スポーツ経営でのスケールの違い

1つは、日本の25倍の国土と2.5倍の人口という量的有利さを前提に、スポーツ社会の先行、爛熟と、経済的・経営的規模の大きさの違いです。

アメリカでは4大スポーツとしてMLB（野球）、NBA（バスケット）、NFL（アメリカンフットボール）、NHL（アイスホッケー）があります。この構成メンバー数と選手年俸は正に日本とは桁違いです。一例としてMLBの場合、メジャーリーグ30チームのほか、3A、2A、1Aとピラミッド型に形成されており、その数は約250チームです。そして毎年約1500名ほどがMLBのドラフトに指名されます。

これに対して日本の野球では、セ・パ合計12球団で、その中に2軍があるだけです。最近野球界で独立リーグができたので、多少様相に変化が見られますが、アメリカとの差は歴然としています。なお、2016年10月20日のドラフト指名は87名でした。

(2) 遅れた契約社会

2つめは、物事を権利義務関係として割り切って処理する法的感覚の進捗度の差です。これは、必ずしもスポーツ界に限ったことではありませんが、たとえば、選手と球団の関係は、選手が必要とされるか否かで、極めてドライに去就が決定されます。しかも代理人を使ってビジネスライクに処理されます。メジャーリーガーは、ごく普通に代理人（エージェント）が選手に代わって契約更改しますが、日本のプロ野球では、禁止されていない代理人さえ事実上なかなか認められなかった経緯があります。しかも公認された現在でも、700人くらいの対象者のうち、実際に代理人に委任して球団との契約更改するのは、毎年せいぜい10〜20人という低いレベルです。

(3) スポーツの体育化

3つめが日本でのスポーツの位置づけです。つまり、日本では徳川幕府から明治政府にかけての19世紀の末頃、西洋のスポーツが入ってきました。ところがその際、当時日本が置かれていた国際情勢もあり、スポーツを本来の「楽しむ」エンターテインメントそのものではなく、天皇の臣下養成の下、学校教育の「体

育」に編入されたとの経緯があります。

　それというのも、スポーツをその起源や語源どおり、単に楽しがったり面白がったりしているだけでは、帝国主義列強に国土を侵略されるとの懸念の下、学校教育での体育の一部に、スポーツを位置づけてしまったのです。

　ぼくはこれを「スポーツの体育化」と呼びますが、そのため、楽しいとか気晴らしするとか面白いことをするといった本来のスポーツ性が希薄になってしまったと考えられます。ただし、学校体育の中にスポーツを位置づけたこと自体が悪いという意味ではありません。

　いずれにしても、その結果、体育すなわち教育の中に、お金の問題やお金を稼ぐといった話題を持ち込むのはいかがなものか、との感覚になってしまったのです。そのため、スポーツとビジネスの問題は発展・充実せず、淡泊でいびつな形になってしまったとぼくは思います。

　別のところでも書きましたが、20数年前、ぼくがヤクルトスワローズの古田敦也選手の代理人として行動していたとき、「スポーツ選手が、お金のことであれこれいうのは、スポーツ選手らしくない」といった奇妙な批判の記事が出たのを、懐かしく思い出します。しかし案外、今でも多くの市民の意識の中に、その言葉や意識が残っているのかもしれません。

(4) まとめ：アメリカと日本の差

　このように、「スポーツ経営でのスケールの違い」、「遅れた契約社会」、「スポーツの体育化」この3つの要素により、わが国のスポーツに関する契約、スポーツ経営が、アメリカに差をつけられているのだと考えます。

　なお、このXIIIは奈良女子大学・井上洋一教授に多くの教えを受けました。

◆コラム◆　**ある杜撰（ずさん）な野球専門学校の事件から**

　これは、私たちスポーツ問題研究会が、学生から依頼を受けて訴訟し、勝訴した大阪地裁平成15年5月9日判決で、関西ではかなり報道された事件です（判例時報1828号68頁。後に大阪高裁で勝訴的和解）。あるコラムに載せていただいたものの引用です。

4月になり、それぞれの分野で新しいスタートが切られています。私たちスポーツ問題研究会が訴訟で取り組んだ野球専門学校の学生たちも、数年前の4月、将来の希望に夢をふくらませて入学しました。
　この専門学校の事件は、北海道から九州まで、全国から入学した元甲子園球児を含む学生やその親御さんたちが、入学案内等で言われている内容と実際の学科授業、実技指導、施設・道具および寮の内容が、あまりにかけ離れており、学生たちの改善要求にも一切応じなかった、そのため中退を余儀なくされたとして、学校と理事長らを相手にした訴訟でした。

　学校への入学・在学関係も法律的には一種の契約関係です。学生は入学金や授業料を納付し、学則を守る債務を負うとともに、学校側はその教育目的のために、校舎・設備等を整備したうえ、必要な講義・カリキュラムを編成し、学生に提供する債務を負います。そして当然ですが、入学案内やパンフレットでの内容は、それを見て志望を決め入学してきた学生との間での契約内容になります。
　ただ、入学案内のカリキュラムが全く実施されないのは論外ですが、一応、授業がなされ設備が存在すれば、一部に不備があっても、一概に学校だけを責められない場合もあります。教育には、その特質として事前の画一化・標準化になじまない性質があり、学校側に裁量の余地もあるからです。
　一般的な話はともかく、この事件では講義内容が中学校レベルにとどまる例もあり、運動施設や器具等も一般の中学校・高校の体育授業や課外活動で使用される水準程度でした。さらに、寮についても部屋や食事の内容等が明らかに当初の話と異なっていました。すなわち学校側は、入学案内で「プロ野球・アメリカ大リーグなどへ送り込むこと」を最大の目的とした野球専門学校としての約束を果たしていなかったのです。そのため裁判所は、専門学校と学校法人のワンマン理事長に対し、債務不履行ないし不法行為だから損害を賠償しなさいと判決しました。そして、学校側がこれを不服として争った高等裁判所においても、基本的に学生側の主張を認め、総額で約1340万円の損害賠償金を支払う和解が成立したのです。
　ところで、この事件では学校や理事長の責任の他に、パンフレットに写真や肩書付きで名前を掲載した野球界では超有名な2人の「広告責任」も問題とされました。学校のパンフレットに有名人が名前を連ねているので大丈夫、よい学校だと思い応募してきた学生も相当いたからです。現に、北海道から来ていた学生は、「ひどい学校だから辞めたい」と実家に連絡したのに、厳格な公務員である父から「本人のわがままだ」と叱られ、判決が出てようやく父に理解してもらったくらいです。ですから、杜撰な実体の学校を推奨した有名人にも広告責任があ

るはずだと考えたのです。
　しかし、裁判所はこの点について、「道義的責任」はともかく「法的責任」はないとして、学生たちの主張を退けました。
　この否定は弁護団としては不満でしたが、その超有名人が法廷まで呼び出され、公の場で弁解をさせられたという事実があっただけでも重大なことでした。つまり社会的に重要な地位を占めている人が、名前を貸すのは慎重であるべきだとの警鐘にはなりました。
　それともう1つ、この学校の開校当初、多くのマスコミが好意的・積極的に取り上げていた事実もあります。マスコミの報道を鵜呑みにして入学した学生もいたようです。その意味では、報道のあり方にも一石を投じたと言ってもよいでしょう。

※なお、この事件の他にも、スポーツ問題研究会が扱った事件としては、大学が、スポーツ推薦入学試験制度について、受験者に対し適切な説明をしなかったばかりか、誤った情報を提供し、説明義務に違反したため、その誤信によって生じた損害を受験者に賠償すべしとされた大阪高裁の判決などがあります（大阪高裁平成16年10月14日判決、判例時報1890号54頁以下。この事件は1審で学生が敗訴し、高裁で逆転した勝訴事件でした）。

XIV　スポーツ事故と法律

　本書は、スポーツ法総論を意識した書物なので、個別のスポーツ事故については検討しません。巻末の参考資料3『Q&Aスポーツの法律問題』の事例の検討や、時折報道されるスポーツ事故を念頭に、皆さんで議論し考えてください。
　ここでは、簡単にスポーツ事故が生じた場合の法的な問題点を指摘しておきます。
　スポーツ事故というと、まず民法債権各論での不法行為（709条以下）がその土俵になります。そして不法行為だと認定されれば、後は発生した損害を関係当事者間でどのように公平に分担するかの問題になります。

いずれにしても、スポーツ事故については、これまで膨大な判例の集積があります。

1　一般の不法行為

民法709条は、「故意又は過失によって他人の権利又は法律上保護される利益を侵害した者は、これによって生じた損害を賠償する責任を負う。」と規定しています。

この不法行為の成立要件としては、以下のとおりです。

① 故意または過失（注意義務違反）があること
② 行為者に責任能力があること
③ 権利が侵害されること
④ 損害が発生すること
⑤ 相当因果関係があること。つまり、行為から④の損害が発生するのが通常であること
⑥ 違法性阻却の理由がないこと

以上が要件とされており、基本的にはスポーツ事故で被害を受けた人が証明しなければなりません（立証責任）。

そして法的効果としては、スポーツ事故の場合は通常、金銭賠償となります。

2　民法上の特殊な不法行為

民法上の不法行為としては、その他に、以下の特殊な不法行為があります。

① 責任能力のない子どもが起こしたスポーツ事故で、親などが責任を負う場合（714条）
② 会社や私立学校など使用者が責任を負う場合（715条）
③ スポーツ事故が土地の工作物の関連で発生し、その所有者や占有者が損害を負担しなければならない場合（717条）

これらについては、特殊な不法行為として別の成立要件になり、この場合は、過失（注意義務違反）の立証責任が転換するなどの特殊性があります。

ここでも、法的な効果としては、スポーツ事故によって生じた損害の金銭賠償ということになります。

3 特別法による不法行為

スポーツ事故が発生した場合、民法の不法行為の特別法といえる、たとえば、国家賠償法や製造物責任法（PL法：Product Liability）などによる処理の場合があります。

たとえば、国公立学校の教師が指導していて生じた事故や、用具の瑕疵（欠陥）などで事故が発生した場合の処理が問題になるのです。

具体的な事例については、事故を各論的に扱っている巻末の参考資料4の参考図書一覧で確認して、検討・議論してください。

4 スポーツ事故での契約法上の責任

スポーツ事故が生じた場合、当事者が契約上の関係にある場合（たとえば、スポーツクラブでの指導中の事故）は、不法行為責任と並行して、相手方の契約上の債務不履行によって損害が生じたとして、その損害賠償責任を追及することもあります。各契約内容と民法415条が根拠条文になり、債権発生原因の1つです。

つまり事故を受けた被害者側としては、不法行為責任、契約上の責任、どちらでも立証しやすい方法で加害者側の責任を追及することができるのです。その場合、「安全配慮義務」違反といった観念が使われることもあります。

5 本書で載せた事故事例について

(1) 落雷事故

本書では、事件としても大変難しい問題と思われた「落雷事故」について、指導者との関係で、多少詳しく196頁に載せました（地裁→高裁→最高裁→高裁で決着）。

(2) 騎馬戦落下事故

2015年3月3日、福岡地裁が判決で、県に約2億円の損害賠償義務を認めた事故があります（確定）。

被害者は、当時県立高校3年生の男子で、体育祭での騎馬戦で騎手として出場していましたが、相手方と組み合った際に落下して頸椎を骨折して、車いす生活を余儀なくされ、身体障害者手帳1級を交付されました。

判決は、実践形式の練習がなかった、複数の審判の配置がなかったことなどを理由にして、「安全配慮義務」に違反したとしました。

(3) 野球のファウルボールによる失明事故

2016年3月、札幌高裁は、観戦中ファウルボールを右眼に受けて失明した30代の女性に対し、北海道日本ハムファイターズに、約3300万円の損害賠償をするよう判示しました。

事故は、スポーツ観戦における「安全性」と「臨場感」という2つの利益の調整をめぐるものでした。

スポーツ法の関係では観る権利と安全性の問題と言えます。第1審の札幌地裁は、ドーム所有者の札幌市や管理会社にも損害賠償を認めていましたが、高裁は、「球場の設備が安全性を欠いていたとは言えない」とし、小学生を試合に招待していた球団に対してだけ、もっと注意を喚起すべきだったとして責任を認めました。この事件では過失相殺も認められています（民法418条・722条）。

(4) その他の事故

その他、たとえば、柔道事故、組み立て体操（ピラミッド）事故、プールでの事故など、スポーツをめぐり、さまざまな事故が発生しています。

詳しくは、参考資料3の事故事例を参照してください。

それぞれの事故には、当然原因がありそのきちんとした究明は必要です。安全性は最優先されるべきで、楽しいはずのスポーツでの悲しい事故はなくすべきであり、指導者としては、勘や経験だけに頼らず、最新の科学的知見を駆使して対処する義務があります。

6 スポーツ事故被害への将来的展望・国家の補償

スポーツ事故を望んで起こす人はいません。事故防止に対してもそれぞれの立場で対処はしています。それでも不可避的に発生するのがスポーツ事故だといえます。

ぼくは、次のように考えています。

国は、スポーツ基本法前文の冒頭で、「スポーツは、世界共通の人類の『文化』である」と高らかに宣言しています。

それをいうのであれば、スポーツでの事故による被害、特に重篤な後遺障害が

残る場合については、国家が最大限補償するシステムを考えるべきではないかと考えています。つまり、スポーツの営みは文化行為なのですから、あたかも国宝や重要文化財が壊れたときに国や地方公共団体が補修することと同じなのだと考えるのです。

現在も、学校共済などの保険システムはありますが、より一歩進めて、スポーツでの事故が発生したとき、国家の補償で被害者の将来的な経済負担を何とか回避できないのかと思います。

XV　現代スポーツビジネスとスポーツ法

1　スポーツ振興法とスポーツビジネス

人が動けばビジネスチャンスが発生するのは、契約社会では常識です。ところが、1961年制定のスポーツ振興法では、3条で、「スポーツ振興法での施策は、営利のためのスポーツを振興するためのものではない」と規定し、スポーツをビジネスと絡めることには消極的でした。それは、日本におけるスポーツが、楽しい、面白いを根本とするエンターテインメント性ではなく、学校教育での体育として発展してきた過程と関係すると思います。

ぼくはこれを「スポーツの体育化」と呼んでいますが、教育としてのスポーツ（体育）を営利目的にするのはけしからんということでしょう。

しかし、そうはいっても、スポーツ関係のビジネスとして、1961年当時でも、プロ選手としては、プロ野球、大相撲、プロボクサー、プロゴルファーなどはいましたし、企業の中でスポーツを半ば仕事としてこなし、企業の広告塔的立場のノンプロ（セミプロ）集団もいました。したがって、専門的にスポーツをする人自体が、スポーツビジネスと関連していたといえます。

また、多くのスポーツは、競技をする際に用具やシューズを使用したり、ウェアを着用します。それらを製造・販売するのは正しくスポーツビジネスです。それらは、学校体育においては、各学校がまとめて納入業者から購入する方法で取

り扱われていました。

　さらに、エンターテインメント性の観点からも、スポーツビジネスとしてのスポーツ興行がありました。プロ野球、大相撲、プロボクシング、プロレスなどは、当時かなり活発で、現在でいえば「観る権利」でしょうが、数少ない娯楽として、ぼくなどもテレビの出始めの頃などは、大いに興奮させられたものです。そのビジネスの中には、観衆を集める要素と、施設を管理・運営する要素がありました。

　そして、スポーツ振興法は、1998年の「サッカーくじ（toto）法」を受けて16条の2を追加し、「プロスポーツ」文言を挿入して明示し、スポーツ基本法への橋渡しはできていたのです。

2　スポーツ基本法とスポーツビジネス

　1974年にオリンピック憲章からアマチュア規定が削除され、オリンピックへのプロ選手の参加が解禁されました。世界最大のスポーツイベントであるオリンピックにおいて、プロ選手が堂々と参加できるようになった意義は極めて大きいものがあります。

　そして、スポーツ振興法から丁度半世紀、2011年に制定されたスポーツ基本法には、プロを含むすべてのスポーツ選手を主体とした2条6項などが規定されました。ですから、営利のためのスポーツ、スポーツビジネスについても、スポーツ基本法は排除していません。

　したがって、スポーツ振興法時代でのプロスポーツ競技の選手はもちろん、スポーツ用具メーカーや販売店、スポーツ教室やスポーツ道場でのインストラクターや指導者、レッスンプロといわれる人などによって、現在さまざまなスポーツ分野、形態で、活発にスポーツビジネスが展開されています。

　そして、スポーツ基本法18条は「スポーツ団体とスポーツ産業の事業者との連携及び協力の促進」と規定し、これは、スポーツビジネスの発展を促す意味もあります。次項の「現代スポーツビジネスと法」を参照してください。

　本書の目的ではないので、具体的な検証はしていませんが、マスコミで扱われるスポーツの記事の量や質を、1961年のスポーツ振興法制定当時と丁度50年後の2011年を比較して、分量や特徴、今後の見通しなどを報告してもらえば、面白い研究結果が出るはずです。

第3章　スポーツ法の現代的課題

3　現代スポーツビジネスと法

　現在、黄金期を迎えつつあるともいえるスポーツビジネスと法律の関係について説明しておきます。

　ただ、以下で述べる項目は、いずれも現代的課題・問題ではありますが、必ずしもスポーツ固有の課題・問題というわけではありません。社会生活上多くの分野で問題になっている事柄が、スポーツやエンターテインメントの分野においても話題となり、法的課題として突き付けられている場面であることを理解してください。

　そして、それぞれの個別事件において、法的にさまざまな具体的課題や問題があり、適切な対応が求められます。

　ここでは、取り上げられるべき項目の列挙程度にとどめ、実際については、『Q&A スポーツの法律問題』、『スポーツ法務の最前線』（いずれも民事法研究会）など、各論的に事例を扱う書物で確認し、実践的な法的処理や考え方について学習してください。

　(1)　スポーツ選手のマネジメント

　このビジネスは、1960年にマーク・マコーマックが設立したIMGが有名です。マコーマックが、プロゴルファーのアーノルド・パーマーと歴史的な握手を交わし、「代理人」と「選手」で分業するとしてスポーツマネジメントが始まったのは、スポーツ法の世界では余りにも有名な話です。

　スポーツ選手を、そのスポーツ競技に集中させ、代理人（エージェント）が、年俸交渉・移籍契約・肖像管理やパブリシティ、メディア出演の契約などを行うことはもちろん、代理人と選手の契約内容によりますが、競技以外の諸々の事務や作業（財産管理や私生活のことなども）を代わりに代理・代行する契約になっているようです。

　IMGはタイガー・ウッズやマリア・シャラポワら世界中の有名選手と契約し、日本では浅田真央選手も契約しているとのことです。

　日本では、1992年に、プロ野球ヤクルトスワローズの古田敦也選手が、プロスポーツ選手として初めて契約更改時に弁護士を代理人にした、ただそれだけのことが大きな話題になりました。日米のこのレベルの差は大きいです。

(2) スポーツ選手の育成事業

このビジネスでも、有名なのは上記マコーミックのIMGアカデミーです。同社のフロリダアカデミーでは、東京ドームの約20倍という広大な敷地に、テニス、ゴルフ、バスケットボール、サッカー、ベースボールなど多くのプロスポーツを目指す若者が集い、その育成がビジネスになっています。錦織圭選手もそこから育った1人です。

若手の選手を発掘することの重要性は、どの競技でも変わりません。才能を早期に発見し、科学的トレーニングで育成することは望ましいことです。

ただ、ぼくは必ずしも賛成ではありませんが、国によっては、国家の威信をかけて、その若手選手の父母や祖父母の経歴、骨格や寿命、各種DNAなどを検査して適格性を判定し、ある競技に特化させ育成しようとするところもあるようです。

わが国では育成事業というほどではありませんが、外で遊ばなくなり、体を動かすのが苦手な子ども達のために、体操や鉄棒、ランニングなどの基本を教えるスポーツ（体育）家庭教師の仕事もあります。

これらについても、それぞれの場面で契約や法律問題が発生するので、各事例で検討してください。ただ、子ども達の親御さんには、子ども達の成長、技能の上達を祈念するのはわかりますし、また、子ども達に最大限の努力を促し、それへのサポートは大切ですが、子ども達だれもが、内村航平や福原愛選手になれるわけではないことを、心にとどめておいてください。

親の勝手な、過度の期待につぶされて、子ども達がスポーツそのものを嫌いになっては、本末転倒です（「スポーツ指導者の義務と責任」201頁参照）。

(3) IOCマーケティングとJOC

オリンピックに関する組織は、IOC（国際オリンピック委員会）を頂点に、各国のオリンピック委員会（NOC：National Olympic Committee）およびオリンピック組織委員会（OCOG：Organising Committee for the Olympic Games）などで構成されています。日本でのNOCは、JOC（公益財団法人日本オリンピック委員会：Japanese Olympic Committee）です。

オリンピックの一切の資産は、原則的にIOCに帰属します。その関係で、たとえば各国のオリンピック委員会や組織委員会がスポンサーを得ようとする場合、

IOCの権利を侵さないようにする必要があります。そしてIOCには、TOPプログラムとしての、1種類1業種のカテゴリー制や、参加する国・地域を単位とするテリトリー制、期間についてはオリンピックの周期である4年単位（1オリンピアード）とするなどの制約があります。

現在のIOCマーケティングは、1984年、片肺オリンピックといわれたロサンゼルス大会で、組織委員長ピーター・ユベロスが財務面で辣腕を振るったところからきています。現在1オリンピアードでのIOCの収入は8000億円、その内訳は、放映権収入5、スポンサー収入4、チケット販売など1の割合とされています。

JOCは、前記IOCの規制を受けながら4年間で100億円の収入があり、うち80％が「がんばれ！ニッポン！」などのスポンサー収入とされています。

スポーツ関係者が、IOCやJOCの規制や規定、政策の中で、どのような法律的な立場になり、契約上どのような法的問題点があるかは、個別事例で検討していただきたいところです。

ただこの問題、ぼくには、『Q&Aスポーツの法律問題』の初版でも記述しましたが、マラソンの有森裕子さんが、自身のCM出演規制の関係で、陸連との板挟みの中、けなげに頑張っておられた姿（1997年）が目に浮かびます。

そして、ここでの重要な課題は、巨額のIOCマーケティングの管理運営問題です。実際にその収入・支出を取り仕切っているのは、IOCの理事会の上に立つとされるIOC財務委員会であり、そこはいわば伏魔殿の組織とも利権の巣窟ともいわれています。

IOCは、形式的には非政治的組織であり民間団体ですが、ぼくは、この組織（実はFIFAなども含む巨大スポーツ組織も）について、今後厳しい視点での、国際的なガバナンスやコンプライアンスの対象とすべきだと考えています。その方策は極めて困難で長い道のりですが、これが達成できなければ、真のスポーツ文化の発展はありません。そしてぼくは、方向としては国際連合が介入していくべきだと考えています（276頁参照）。

(4) スポーツと独占禁止法

独占禁止法は、経済憲法といわれます。自由主義経済を維持発展するために、私的な独占を禁止し、一切の事業活動の不当な拘束を排除しようとするものです。

この前提には、現代社会において、各企業がそれぞれの立場で自由に創意工夫して、良好な品質かつ価格の安い商品やサービスを消費者に提供する、このことが事業活動を盛んにし、雇用を確保し国民所得を高め、その結果、一般消費者の利益になるとともに、国民経済の民主的で健全な発達にも連なるとの経済哲学があります（同法1条）。

この法律は、大きな経済組織の枠の中で語られることの多い法律です。もちろんスポーツ団体も、経済活動を行っていますから、当然この法律の対象になりますが、これまで、日本のスポーツ分野でこの法律が問題となった例はそう多くありません。

ただ、ぼくと同僚の森谷昌久弁護士が、JBC（社団法人日本ボクシングコミッション）を相手にした次の例があります。それは、元東洋チャンピオンが東京で新しくボクシングジムを開設するにあたり「ジム開設の同一地区の協会に所属する最寄りの会員3名の承認があること」との規定をめぐり、独占禁止法上問題があるとして、適当な措置を取るよう公正取引委員会に申告し、条件を変更させて入会を認めてもらった20年以上前の事例です。

ちなみにアメリカでは、スポーツ界でも反トラスト法（独占禁止法）の適用が大いに議論されています。すなわち、アメリカでの4大プロスポーツ、MLB（ベースボール）、NFL（アメリカンフットボール）、NBA（バスケットボール）、NHL（アイスホッケー）などでの運営や規制をめぐり、MLBだけは歴史的経緯から特例的に扱われてきましたが、いずれにしても反トラスト法がスポーツ紛争で実際の攻防に用いられてきたことは間違いありません。

スポーツ法の世界において、この独禁法の分野においてもアメリカでは活発で日本でほとんど議論されないのは、ぼくの理解では、日本の「遅れた契約社会」と「スポーツの体育化」（19頁、245頁）のゆえです。

ただ今後は、リーグへの新規参入、フランチャイズ（地域独占）、放映権、ドラフト制度や移籍制限など、いろいろと俎上に上がってくることが予想されます。詳細は、巻末の参考資料3、4での事例で議論してください。

(5)　スポーツと不正競争防止法

不正競争防止法は、事業者間の「公正な競争を確保」するための法律です。同法1条には「事業者間の公正な競争及びこれに関する国際約束の的確な実施を確

保するため、不正競争の防止及び不正競争に係る損害賠償に関する措置などを講じ、もって国民経済の健全な発展に寄与することを目的とする」と規定されています。

誰もが知っていたり広く知られている商品などのニセものを排除したり、狡いやり方で他社の成果物を横取りしたり、出し抜くことを禁止する法律といえます。少し理論的に説明しておきますと、「氏名、商号、商標や商品の容器・包装など商品または営業を表示するもの」で、「皆によく知られているもの（周知性）」については、それと「混同させるような行為（製造や展示など）」をしてはならないのです。

現代社会は競争社会ですから、基本的に競争は自由でよいのですが、競争が不正であってはいけないのです。これはスポーツ分野においても、たとえば5つの輪のオリンピックシンボルなどは、勝手に使用したり利用してはいけないという規制として現れています。同じく、プロ野球やJリーグのチーム名やマスコットキャラクターなどを真似ることは禁止されます。

基本的考えは、競争における公正さの確保ですが、具体的事例は、巻末の参考資料4の各書物で検討してください。

　(6)　**スポーツと著作権法**

著作物とは、思想または感情を創作的に表現したもの、たとえば、文芸作品、美術、レコードなどをいいます。

著作権法1条は、おおむね「著作物などを文化的所産として位置づけ、製作した人などの権利を保護しながら、文化の発展に寄与することを目的とする」としています。要するに、思考を経て創作的に作成されたものや独創的な実演などを、財産的価値のある法律的な権利として保護しようというのです。

スポーツの関係でいえば、スポーツ自体が著作物とされるわけではありませんが、たとえばプロチームのマスコットキャラクター（トラッキー・ジャビット・ガンバボーイなど）は、スポーツに関連する著作物として保護されます。

最近、2020年の東京・オリンピックの関係で、エンブレムが著作権侵害にあたるなどとして大きな社会問題になり、侵害にあたるか否かの判断はともかく、いったん当選した作品が撤回されたことは記憶に新しいところです。

上記でも述べたとおり、スポーツ自体は著作物とはいえませんが、今後も、

グッズやロゴマーク、シンボルマークなどが、著作物になるか否かとも関連し、スポーツ界でもいろいろと議論されるでしょう。

(7) スポーツと商標法

商標は、文字、図形、記号などで特許庁に登録された権利をいい、権利者としてはこれらを業として商品やサービスに使用して、経済活動に利用することが目的です。

すでに述べたとおり、ここでの商標法も、もともとスポーツを名宛人として制定されたものではなく、いわゆる無体財産権の1つとして、広く経済社会で法律的に保護される権利です。そして、スポーツ関連で保護の対象になる場合もあるわけです。

商標は、登録された以上権利として保護されるのが原則ですが、珍しい例として、阪神タイガースと関係のない人が登録した「阪神優勝」の商標は無効であるとされた例があります。その理由としては、プロ野球球団「阪神タイガース」の著名な略称として「阪神」があり、「阪神優勝」とは「阪神タイガース優勝」を連想し、その男性が「阪神優勝」を使用した場合、阪神タイガースと何らかの関係がある者の商品と混同するおそれがある、という趣旨でした。

要するに公正さ（フェア）に欠けるということでしょう。

(8) スポーツ選手の肖像権問題

肖像権は、判例上認められてきた、個人の尊重（憲法13条）と関連する基本的人権ですが、2つの側面があります。

1つは、他人から勝手に写真などを撮られた場合、プライバシーに関係する肖像権の侵害として、民法の不法行為（709条）に該当するのではないかの問題です。これについては、一方で有名プロスポーツ選手には、プライバシーはないから写真を撮られても法的には問題がないとの考えもありますが、試合中の球場やピッチ上で撮影される場合はともかく、私生活上は有名選手といえども一般市民と変わりません。したがって、特に政治家などと比べて、肖像権は保護されるべきだといえます。これは写真週刊誌などで、よく問題になるケースです。参考資料3で具体例を検討してください。

もう1つは、肖像権を含む選手の地位を、経済的・財産的価値の側面からパブリシティ権として考え、法的に保護しようとの現代的問題があります。この点に

ついては次に説明します。

(9) スポーツ選手のパブリシティ問題

パブリシティ権も、これを明文で保護する法律の規定はありませんが、ある選手がその氏名や肖像について有する財産的権利をいいます。つまり、有名スポーツ選手には、氏名や肖像をコマーシャルや広告に使うことによる顧客吸引力があり、その経済的価値を法的権利として認めるのです。

この権利は、有名なスポーツ選手や芸能人など、大衆の人気に支えられて活躍する人がもっとも問題となります。逆にいえば、一般市民には通常、氏名や肖像に財産的価値はありません（コマーシャル出演を頼まれることなどありません）。ただ、厳密には、上記の肖像権も、このパブリシティ権も、憲法上の人格権から導かれています。その意味では、理論上はすべての人が肖像権やパブリシティ権を有しているといえます。

パブリシティ権については、それがもともと個人に帰属するのは間違いありません。ただこの関係で、プロ野球選手について、氏名などがゲームソフトにまで使用された事件に関し、その使用権を球団が有するのか選手が有するのかが争われた判例があります。プロ野球統一契約書16条で「写真出演などに関する肖像権」が球団に属するとの文言があるからです。

選手側は、パブリシティ権には「広告宣伝型利用」と「商品化型利用」の2種類があり、16条は前者のみに限定されると主張しましたが、裁判所は両方含まれるとして、選手側の請求を棄却しました。

この点も、参考資料3の事例で検討してください。

(10) スポーツ放映権

スポーツの試合や、スポーツイベントをテレビ番組などで放映することを放映権といいます。スポーツは、現場で観るのが臨場感もあり一番楽しいのですが、開催場所、入場料、時間の関係などで、現場に行けることはむしろ少なく、テレビ映像などを通じて観戦するのが普通です。

わが国のスポーツ放映において、それを誰が管理しているかですが、典型例でいうと、先にも述べましたがプロ野球では主催（フランチャイズ）球団がこれを管理し、Ｊリーグではリーグが放映権を一括で管理しています（231頁）。

スポーツは、テレビ放映の中でも高視聴率を取れることが多いのが特徴です。

1962年以降の歴代高視聴率番組ベストテンのうち、なんと7つがスポーツです。具体的には2位（67％、1964年東京五輪女子バレー、ソ連戦）、3位（2002年、サッカー日韓WC、ロシア戦）、4位（プロレス、力道山）、5位（ボクシング、F・原田）……と続くのです。ちなみに、1位は81％、1963年NHK紅白歌合戦、6位NHK朝ドラのおしん、となっています。いずれにしても、スポーツ放映の持つ吸引力のすごさがうかがえます。

一方、世界のスポーツ関係で、メディア価値が高まった決定的契機は1984年のロサンゼルス・オリンピックだとされます。組織委員長ピーター・ユベロスは、放映権管理を徹底し、スポンサーの誘因、独占、排他性などを駆使し、オリンピックの、そしてスポーツの商業化が一気に進みました。

その結果、たとえば有料でなければ、テレビでスポーツを観ることができないという問題が出てきました。これについては、誰もが無料で視聴できる権利（ユニバーサルアクセス権）を認めるべきだとの主張があります。行き過ぎたスポーツビジネスとの調整が今後の課題です。

他方、メディアの都合でスポーツ競技の内容やルールが変更されることも出てきました。たとえば、バレーボールのラリーポイント制導入による試合時間短縮です。これは、現場のアスリートからの声でなく、スポンサーの都合により変更されたという意味で、スポーツビジネスのスポーツへの不当な介入といえます。

⑾　スポーツとスポンサー権（sponsor）

スポンサー権とは、スポーツの試合やスポーツのチーム・個人のためにスポンサーとなり、見返りとしてさまざまなメリットを得る契約上の権利です。スポンサーとしての権利の具体的態様としては、大会の運営に関する主催・協賛、スタジアム内での広告掲出、ユニフォーム・ヘルメットなどへの企業名やロゴ表示、懸賞金などです。

スポンサーが考えているメリットの中心は、スポーツの明るくて元気でさわやかなイメージで企業名、商品名が露出することによるスポンサー企業の商品などの販売促進です。

また、スポンサー企業は、球場でVIP席を確保して取引の相手をもてなす、優先席を利用して顧客や関係者にチケット配布などのサービスをする、要するにビジネスとしての活用を考えています。

ところで、民間放送では、スポーツの試合やイベントの内容、時間帯などにより、スポンサー料（広告代）を決め、スポンサー料は、民放の重要な収入源になっています。そして、視聴率は、その番組をどのくらいの人が観たか、つまり広告宣伝効果の目安となる重要な数値とされています。そのため、放映権（260頁）でも記述しましたが、視聴率を間接的な圧力としつつ、たとえばスポーツの競技内容・ルールなどが変更された例もあります。前記バレーボール試合のラリーポイント制や、2008年北京・オリンピック種目での決勝時間を、スポンサーの意向でアメリカのゴールデンタイムに合わせた例などです。

いずれにしても、スポンサー契約の内容により一概にはいえませんが、現代社会において、スポンサーがスポーツ界発展のため極めて重要な立場にあるのは間違いありません。

ただ、上記に述べたように、スポンサーの口出しにより、スポーツの本来的な面白さや意義が変質してしまうとすれば、これはスポーツ文化にとって大きな問題です。

⑿　スポーツとネーミングライツ（命名権）

最近聞くようになったこの権利は、スポンサー権の1つと考えられます。たとえば、年間3000万円を支払ってある競技場の名前を、スポンサーを冠にした名前に変更するのです。これは、法律（民法）的には施設所有者と命名権者と間の、施設運営・使用上の有償双務の無名契約といえます。

現代社会は、消費者を対象にして、それが効果的であれば何でもビジネスにしようとする傾向にあります。もちろん、そのようなビジネス上の工夫は大切であり、運営資金が必要な施設やスポーツ団体にとってありがたい面もあります。

ただ、一方では、ネーミングにより、スポーツの運営上、何か影響がでるのではないかとの懸念と、たとえば、施設としては同じ都道府県立体育館が、ある年には「〇〇〇〇スタジアム」、しばらくして「××××アリーナ」などと名称変更され、それに違和感を感じる人がいるのは間違いありません。

なお、オリンピックでは、多少場面を異にしますが、クリーンベニュー（clean veneer）の原則があります。それは、オリンピックスタジアム、会場、その他競技場エリア内などでは、いかなる宣伝・広告も認めないとの原則です。ここでは、スポンサーであっても認められず、1998年長野冬季大会では、選手や役員の控室

でも空調施設、音響製品などに、企業名や商品名をマスキングするなどの作業が行われました。

⒀　スポーツとアンブッシュ（ambush）・マーケティング：便乗商法

聞き慣れない言葉ですが、オリンピックやワールドカップや世界選手権などの大きなイベントで、主催団体とスポンサー契約を結んでいないのに、会場の内外で、無断でロゴや類似のマークを使用するなどして、いわば便乗して行う商業活動をいいます。

アンブッシュとは、もともと「待ち伏せして襲撃する」意味があります。

繰り返し述べていますが、近時スポーツ界において、団体・組織を維持したり大会の運営費を捻出したりするため、スポンサーの存在は重要度を増しています。オリンピックやワールドカップなどで、スポンサー料の比重は高くなってきており、価格も高額になってきています。にもかかわらず、スポンサー料を払わずに便乗的に宣伝・広告などが行われると、本来のスポンサーメリットが棄損されてしまいます。

アンブッシュ・マーケティングのやり方としては、さすがに自社がスポンサーであると虚偽の表示をする場合はないと思いますが、類似のロゴやマークを使用する場合が考えられます（直接侵害型）。

また、その大会主催団体のスポンサーではなく、単に出場する特定の選手や参加する一部のチームのスポンサーにすぎないのに、その選手やチームを利用して便乗したり、いろいろな迂回作戦を取りながら巧妙に侵害する場合もあります（間接侵害型）。

これらは、民法上の一種の不法行為（民法709条）であり、具体的には特別法としての不正競争防止法や商標法などで対処することになります。

また、悪質であれば刑法233条の偽計業務妨害罪になることもあるでしょう。

ただ、スポーツはそれ自体、文化として公共的価値があり（公共財）、スポンサーがどの程度まで独占できるのか、たとえば、スーパーが「オリンピック記念セール」とうたってセールスイベントをした場合も規制すべきなのか、スポーツにとって最も大切な公正さ（フェア）価値とも関連し、むずかしい問題を有しています。

ぼくとしては、アンブッシュ・マーケティングを規制する趣旨の徹底が、文化

としてのスポーツそのものの力を弱めてしまわないか、つまり角を矯めて牛を殺すことにならないか、そのあたりが気がかりです。

(14) スポーツ興行ビジネス

スポーツ基本法では、旧スポーツ振興法と異なり、プロスポーツについても寛容な姿勢であることは、説明しました（71頁、基本法2条6項など）。

そして、スポーツが、憲法で認められた基本的人権であり、これはぼくの持論ですがスポーツの現代的意義、とりわけ国際社会における平和創造機能と関係し、これからスポーツはますます活発化すると考えられます。

その関係で、スポーツ興行ビジネスも、国内社会、国際社会を問わず、これからさらに発展するでしょう。

わが国においても、古くは大相撲、そして、野球一強時代を経てサッカーとの競合時代、今は、2019年にワールドカップが開催されるラグビー、今年（2016年）一元化したバスケットボール、さらにバレーボールなど、どんどん興行化が行われています。

一方、IT技術の進化で、スポーツについても、同時実況や速報など、以前とは比べものにならない「観る権利」の実質化が進んでいます。しかしそれでも、やはり現場で直接観戦することが、スポーツを満喫できる一番の醍醐味です。今後、これらの点も踏まえ興行ビジネスは展開されますが、関係する法的問題をいくつか指摘しておきます。

1つは、観戦チケットの裏などに記載されている「暴力団関係者」の排除です。スポーツを含むエンターテインメントの分野では、興行に際し古くから闇組織の暴力団関係者の関与・暗躍が指摘されており、現在でもそれが断ち切れていない面があります。しかしこの点は、暴対法（暴力団員による不当な行為の防止等に関する法律）や組織犯罪処罰法（組織的な犯罪の処罰及び犯罪収益の規制等に関する法律）などにより、スポーツ界からの排除を目指す政策が進んでいます。実際に被害などに遭われたり疑問に感じることがあるときは、ためらわずに警察に通報しましょう。

もう1つは、興行中の写真や映像についてです。それを個人的に鑑賞したり友人と見せ合って楽しむなどは構いませんが、許可なくメディアなどに掲載・放映するようなことは、選手の肖像権やパブリシティ権、また興行主のビジネスを法

的に侵すことになり許されません。

　3つめに、最近、興行現場における「臨場感」と「安全」の2つの利益をめぐって裁判があった例です。プロ野球日本ハムの試合観戦中の、子ども連れの女性に対するファウルボール事故で、札幌高裁は、施設（球場）所有者の責任はないが、球団の責任を認めました（2016年5月20日）。臨場感も安全も、「観る権利」の関係では大切な利益ですから、具体的に事例を分析して議論してください。

　⑮　ライブイベントの映像配信

　歴史を遡ると、スポーツイベントとラジオ・テレビの関係は極めて密接です。象徴的には、1932年夏季ロサンゼルス・オリンピックでの初めてのラジオ実況放送ならぬラジオ実感放送（見てきたことを実況風に話する）がありました。

　もう1つは、1964年東京・オリンピックで初の衛星テレビ生中継が行われたことがあげられます。

　そして、スポーツが、高視聴率をとれるコンテンツとして、いかに優れているかは先に述べたとおりです（260頁参照）。

　しかも近時情報通信技術の進歩は目覚ましく、今後、高画質・立体感など、より高機能へと性能を高めながら、ますますグローバルに映像サービス業が進化すると思われます。

　きたる2020年の東京・オリンピック・パラリンピックの時には、精密で臨場感溢れる映像技術（4K・8K）が、インターネット、スマートテレビなどと一体になって、私たちを楽しませてくれると思われます。

　その場合にも、公的には電波法などを含めた法的規制、他方、興行の箇所でも述べましたが、私的利益間の調整をめぐる法的問題などが発生し、スポーツ法の出番があると考えられます。

　その場合、考え方の基本は、スポーツを「楽しむ」ことが誰にでも確保されなければならない基本的人権である、これを中心に法律構成すべきです。したがって、過度の商業化により、楽しみが一部の特権化した人しか享受できないとの方向は避けなければなりません。皆が楽しむことができるスポーツ本来の意義が没却される方向には、断固として釘をさすべきです。

　そして、伸びやかなで明るい平和な国際社会の中で、みんなで大いにスポーツを楽しみたいものです。

◆コラム◆ １億円プレーヤー（プロ野球選手やＪリーガー）の税金

1 あこがれの１億円プレーヤー

本書は総論に重点があり、各論については、『Q&Aスポーツの法律問題』（民事法研究会）などの各事例に当たってほしいのですが、大学の講義で、選手の税金の話をよく聞かれます。

そこで具体的に誰かではなく、あこがれの収入（年俸）１億円の30歳の選手（妻と小学生・幼稚園の子どもあり）が、経費として、仮に2000万円使ったとして、実際どのくらい手元に残るのか考えてみましょう。

その前提として、選手も当然、納税の義務（憲法30条）を負っています。

2 この場合の税金はどうなる

(1) 収入金額を基準に、消費税がかかります。

(2) 国税である所得税（10種類の所得態様があり、選手は事業所得者）がかかります。

(3) 地方税である住民税（都道府県民税と市町村民税）がかかります。

選手は、その収入（年俸）に対しそのまま税金が課されるのではなく、下記のように、１億円の収入から経費（このケースで2000万円と仮定）や消費税額などを差し引いた「事業所得」を前提にして課税金額が定まります。

＜計算例＞

(Ⅰ) 消費税額
  (1) 収入１億円の108分の８が、選手が受け取り預かっている消費税額
  (2) 経費2000万円の108分の８が、自分が支払った消費税額
  (3) 納付すべき消費税額
    ・１億円÷108×８－2000万円÷108×８≒<u>594万円</u>

(Ⅱ) 所得税額
  ・１億円－2000万円－594万円＝7406万円（これが事業所得金額）
  ・7406万円－300万円（社会保険料などの控除）－76万円（配偶者＋基礎控除）＝7030万円
  ・7030万円に対し、所得税法での累進課税をすると、所得税は<u>約2740万円</u>となります。なお、累進税率は195万円までの分は５％、７段階あり、最高4000万円超の部分は45％です。

(Ⅲ) 住民税額
  住民税も、上記7406万を基準に、社会保険料や配偶者控除などをして、その金額に10％の住民税（府県民税４％＋市町村民税６％）を計算すると、住民税額は

約705万円になります。

(Ⅳ) 実際の手取収入金額

以上の税金額の合計は、約4040万円になります。

そこで、税金額が約4040万円ですが、最初に述べたとおり、経費が2000万円かかっていますので、1億円の収入があっても、上記前提では手元に残る金額は3960万円≒4000万円となります。

なお、プロスポーツ選手は、事業所得者なのですが、限定列挙主義のため、地方税である事業税は納付しなくてもよいのです。

3 選手の経費

ところで選手の経費としては、通常の交際費などの他、たとえば個人としての練習用の設備や器具、専属のトレーナーや練習相手に払う費用、通常の交際費などが含まれます。

以前、プロ野球選手が、ニセ税理士に騙され、無茶な経費を計上して脱税し、刑事事件になり報道されたこともありました。

税務はかなりわかりにくいので、詳しいことは専門家の税理士・公認会計士に任せるほうが良いでしょう。

第4章
スポーツの平和創造機能

Ⅰ　スポーツと国際社会

1　スポーツの普遍的価値

　現代社会におけるスポーツに、個人的意義、国家的意義、国際的意義があり、憲法上の基本的人権であることは、すでに説明しました。そして、スポーツ権は、憲法13条にその核心を依拠しつつ、実は憲法前文や9条とも関係し、国際社会ともつながっていると力説させてもらいました。

　すなわち、スポーツは、個人として有用なだけでなく、国家的にも、さらには国際的にも有用で、普遍的な歴史的価値があるのです。

◆コラム◆　ティラノザウルス滅亡と人類滅亡

　リオ・パラリンピックも閉会間近の2016年9月18日、ＮＨＫで6500万年前に滅亡した、動物史上最強の肉食獣ティラノザウルス（全長13メートル）が、6500万年前に共食いが始まり滅亡しかけていたと思われる、と研究者が話をしていました。

　それは人類になぞらえていえば、核兵器戦争で全滅というストーリーにも連なるなと思って、ぼくはテレビを見ていました。つまり、最強の生物である人類が、自ら作った核兵器という化け物により、相互破壊（共食い）により自滅するプロセスです。

　ただ研究によると実際には、ティラノザウルスは、巨大隕石の地球への激突による気候の大変動で、結局滅亡するのですが、ともかく滅亡に向けての共食いが

始まっていたのだそうです。
　だとすれば、人類も、巨大隕石や、巨大地震、エイリアンの襲撃に備え、つまり人類・地球を防衛するため叡智を結集することが、本当は大切だと思うのです。
　そしてぼくは、戦争を回避する1つの方法として、スポーツを大いに推奨しているのです。

2　スポーツ基本法とスポーツ庁、さらにスポーツ省へ

　スポーツ振興法の全面改正で、2011年、国内法としてスポーツ基本法が制定され、2015年にはスポーツ庁ができました。ただ、このスポーツ庁、一歩前進ですが、ぼくとしては、1991年のスポーツ問題研究会設立の当初から主張しているスポーツ省にしてほしかったところです。

　なぜなら、スポーツのもつ平和創造機能を正面からとらえれば、スポーツを司る部局は、力による平和（防衛）を司る防衛省とパラレルにとらえられるべきで、その意味ではスポーツ「省」が相応しいといえるからです。

　理論的には、「防衛省は平和を守る」、「スポーツ省は平和を創る」組織といえるのです。この2つが相まって、永久平和を目指す日本国憲法の国家としての体制が整うと考えます。ぼくはそのような視点から引き続き、スポーツ庁からスポーツ省への格上げを目指す運動を続けたいと思います。

3　国際的視野からのスポーツ関連法規など

　上記国内法の問題だけでなく、ぼくは、スポーツをもっと国際社会の中で活かす方策を考えるべきだと思います。すなわち、今この時点でも地球上には、絶えることなく発生し続いている戦争、武力紛争があります。そこでは、銃器をはじめとする武器を使って、殺戮と恐怖の連鎖を続けている国際社会があります。

　確かに、実際に戦闘行為が始まっている中で、スポーツの話をしても無意味です。しかし、日常・不断に、いろいろな場所でスポーツを推奨する、ぼくの言葉でいえば、「武器」を「スポーツ用具」に持ち替える作業を行うことは可能でしょう。そのようなことに使える国際的な法律的道具として、以下のものが考えられます。

オリンピック憲章（1925年）、不戦条約（1929年）、国際連合憲章（1945年）、世界人権宣言（1948年）、ヨーロッパ・みんなのためのスポーツ憲章（1975年）、国際人権規約の社会権規約、自由権規約（いずれも1976年）、体育およびスポーツに関する国際憲章（1978年）など、20世紀中盤から後半にかけての宣言や条約などです。

私たちは、現実はそうなっていないにもかかわらず、いや、そうなっていないからこそ正義の視点から、世界はこれからこうあるべきだと先人により作られたこれら憲章などを十分活用し、正義を少しでも前に進める努力が必要です。

4　国際連合（United Nations）の活用

(1) 国際連合の由来と目的

ぼくは、現代の国際組織の中で、やはり国際連合（国連）を一番頼りにすべきだと思います。国連は、国際連盟（League of Nations）の限界と反省を踏まえ、1945年51カ国で発足しました。

安全保障理事会（安保理）での常任理事国（米・英・仏・露・中）の拒否権問題など戦勝国に都合のよい制度もありますが、後で述べるとおり、やはりなくてはならない国際組織だと思います。

その一番の目的は、「国際平和および安全を維持すること」です。

そして、本書との関係でいえば、「国際平和とスポーツ」を結び付ける関係で、以下に述べるとおり、国連や国連憲章などは引用に値するのです。

(2) 日本と国連と日米安全保障体制

ところでわが国は、当初敗戦国として、ソ連の拒否権発動などもあり国連加盟が認められませんでした。その後、1956年の日ソ共同宣言とソ連との国交回復後、同年12月18日に、全会一致で80番目の加盟国になりました。

日本国憲法の永久平和主義の理念からすると、日本は、国連加盟で「東西の架け橋になる」地位にあったはずで、実際日本外交の基本方針としても、たとえば1957年の外交青書のように、

① 国連中心主義
② アジアの一員としての外交
③ 自由世界との提携

が掲げられた時期もありました。

しかし実際は、国際政治での冷戦の進行もあり、わが国政府は、日米安保体制のほうを選択して傾斜し、憲法の理念を活かす方向には動きませんでした。

つまり、国連の中で存在感を発揮し、「それぞれの国が武器を放棄」し、その代わり「真の国連軍」を創るという動きも、残念ながら提案できませんでした。

もっとも日本は、国連の通常予算を年間最大20％近く負担し、現在でも約10％負担しています。その意味では、財政面で日本は大変な貢献をしているのです。

(3) 国連の存在意義

2016年1月現在、国連加盟国は193カ国です。

ぼくは、現在の国連が、それほど立派なものだとは思っていません。世界のほとんどの国が加盟していますが、前記のとおり、第二次世界大戦の戦勝国の作ったもので、特権的に5カ国が拒否権を有する安保理など、不合理・不都合なところがあります。

実際にも、安保理から求められている報告書でさえ、加盟各国の半数近くが提出されていない状況だとの報告もあります。したがって、誤解を恐れずにいえば、わが国などが必死になって国連に依頼し、核や拉致の問題で北朝鮮を追い込もうとしても、現在の国連機構では残念ながらうまくいかないのです。

このように、不完全、中途半端な組織ですが、それでも国連は必要なのです。というのは、そもそも現代の複雑な国際社会の中、特に権力が大きく絡む国際組織において、ベターやベストを求めるのは無理なのです。ワースト（worst）にならないようにワース（worse）で止まっている国連は立派であり、国際社会に不可欠だと、ぼくは確信します。

仮に現代国際社会に国連が存在しないとすると、国際社会は極めて不安定な状態になり、もっと前が見えない状態に陥ることは間違いありません。

それを考えると無いより有る方が良いだけでなく、絶対になくてはならない国際組織なのです。

(4) 国連憲章の前文と1条

少し長くなりますが、国連憲章の前文と1条を引用します（三省堂・模範六法2016年版）。

第4章　スポーツの平和創造機能

> 〈前文〉
> 　われら連合国の人民は、
> 　われらの一生のうちに2度まで言語に絶する悲哀を人類に与えた戦争の惨害から将来の世代を救い、
> 　基本的人権と人間の尊厳及び価値と男女及び大小各国の同権とに関する信念をあらためて確認し、
> 　正義と条約その他の国際法の源泉から生ずる義務の尊重とを維持することができる条件を確立し、
> 　一層大きな自由の中で社会的進歩と生活水準の向上とを促進すること、
> 　並びに、このために、
> 　寛容を実行し、且つ、善良な隣人として互いに平和に生活し、
> 　国際の平和及び安全を維持するためにわれらの力を合わせ、
> 　共同の利益の場合を除く外は武力を用いないことを原則の受諾と方法の設定によって確保し、
> 　すべての人民の経済的及び社会的発達を促進するために国際機構を用いることを決意して、
> 　これらの目的を達成するために、われらの努力を結集することに決定した。
> 　よって、われらの各自の政府は、サン・フランシスコ市に会合し、全権委任状を示してそれが良好妥当であると認められた代表者を通じて、この国際連合憲章に同意したので、ここに国際連合という国際機構を設ける。

　翻訳文でもあり、わかりにくいところもありますが、項目ごとに簡単に要約しますと、以下のとおりです。
① 2度の悲惨な世界大戦を経験し、将来の世代を救おうと考えたこと
② 個人の尊厳を中核とする基本的人権を守り、個人としては男女、国家としては国の大小を問わず、いずれも平等に扱われるべきこと
③ 正義と国際法の義務が尊重される条件を整備すること
④ 今後もたらされる自由の中で、社会進歩・生活水準の向上を促進すること
⑤ 個人としては、寛容の精神と善良な隣人として、平和な生活を送ること

⑥　世界としては、国際平和と安全を維持するため、みなで力を合わせること
⑦　共同の利益の場合以外は、「武力を用いない」こと
⑧　すべての人民の経済的・社会的発達促進のため国際機構を用いること
これらを規定しています。

本書の関係では特に⑦が大切で、共同の利益の場合を除くほかは武力を行使しないと述べています。それは反面、国連が武力を行使することもあり得ることを意味し、それは、「真の国連軍」による武力行使が想定されていますが、実際には、現在そのような軍隊はありません。

〈1条　国連の目的〉
　国際連合の目的は、次のとおりである。
1　国際の平和及び安全を維持すること。そのために、平和に対する脅威の防止及び除去と侵略行為その他の平和の破壊の鎮圧とのため有効な集団的措置をとること並びに平和を破壊するに至る虞のある国際的の紛争又は事態の調整又は解決を平和的手段によって且つ正義及び国際法の原則に従って実現すること。
2　人民の同権及び自決の原則の尊重に基礎をおく諸国間の友好関係を発展させること並びに世界平和を強化するために他の適当な措置をとること。
3　経済的、社会的、文化的又は人道的性質を有する国際問題を解決することについて、並びに人種、性、言語又は宗教による差別なくすべての者のために人権及び基本的自由を尊重するように助長奨励することについて、国際協力を達成すること。
4　これらの共通の目的の達成に当つて諸国の行動を調和するための中心となること。

以上のとおり国連憲章1条の国連の目的は4項ありますが、要約すると以下のとおりです。
①　目的は、国際平和および安全の維持であり、平和のための集団的措置をとり、正義および国際法の原則に従い平和を実現すること
②　人民の同権、民族自決を基礎に、諸国間の友好関係発展、世界平和強化の

ため適当な措置をとること
③　経済的・社会的・文化的・人道的な国際問題ならびにすべての者の人権・基本的自由を尊重するよう国際協力の達成
④　これらの共通の目的達成に当たって、国連が中心になること

(5) 国連憲章から世界人権宣言、国際人権規約

　国連は、1945年、上記国連憲章を作りましたが、不合理なところがあるだけでなく、抽象的すぎるともいわれています。しかしこの点については、関係国が国際間のいろいろなせめぎあいの中で権利義務関係を具体的にしようとして努力しました。その結果の1つが、1948年の世界人権宣言（Universal Declaration of Human Rights）ですが、それもまだまだ抽象的でした。

　しかも国連は、簡単にいえば、安保理の1国でも反対すれば動けないシステムですが、それでもあれこれ議論するうちに、ようやく2つの国際人権規約が国連総会で決議されたのです（1976年）。

　1つは、通称社会権規約またはA規約といわれる「経済的、社会的及び文化的権利に関する国際規約」です。

　もう1つは、通称自由権規約またはB規約といわれる「市民的及び政治的権利に関する国際規約」です。

　この2つの国際規約も、本来なら1つの規約にまとめて良かったのでしょうが、国際政治の確執の中で別々になったのです。

(6) 国際社会とスポーツ権

　ここからが本書の要諦です。

　確かに、これら憲章や宣言、規約の中には、スポーツのことやスポーツが人権であることなどは規定されていません。しかし人類の歴史を踏まえて憲章などを冷静に分析してみましょう。すると「スポーツ権」という文言はありませんが、ぼくが日本国憲法のところで説明したとおり、文言のあることが人権規定の絶対的な指標ではありません。

　上記規約に自由権的側面、社会権的側面があり、また、国連憲章前文や世界人権宣言の前文などを読んでいただければ、文言はないもののこれら憲章・条約・宣言・規約などに基本的人権として「スポーツ権」が含まれていることはむしろ自明と言って良いのです。現代人類社会において必要不可欠の人権として、ス

ポーツ権が浮かび上ってくるのです。

そして、一方この関係で、オリンピック憲章、不戦条約、国連憲章、世界人権宣言、国際人権規約などについては、優に法規性、少なくとも国際慣習法としての法源は有すると考えられます。

何が法かについては、大いに議論のあるところですが、これほど尖鋭に利害が対立・錯綜する国際社会において、それぞれ長期間（最も古いオリンピック憲章からは90年）、それなりに遵守されてきたことが、法として認知されている何よりの証左です。

(7) 何をなすべきか

㈦ 日本政府のこれまでの行動

日本政府は、一時期あるいは今も、国連における法的地位として安全保障理事会の常任理事国になり発言権を持ちたいと主張しています。

しかし、残念ながら、わが国は加盟後今日まで、国連内で独自に拒否権を行使できるほどの存在感を発揮していません。アジア・太平洋戦争の結果とも関連しますが、常にアメリカに従い、言いなりといっても過言ではなく、せっかくの先駆的平和憲法を活かし、堂々と発言することはなかったと思います。

ぼくも、あるがままの現状では日米安保体制が全面的に悪いとは思いません。しかし、あるべき国際社会を目指すため、特に核兵器の問題などでは、唯一の被爆国としてもっともっとイニシアティブが取れる、少なくともアメリカに諫言（かんげん）すべきことがあるはずです。パワーポリテックスの国際政治において立場により言えることと言えないことがあるのは当然です。

スポーツの関係では、モスクワ・オリンピックの不参加もそうでした。政府は、むしろJOCを叱咤激励して選手を参加させるべきだったのに、アメリカの意を受け、スポーツ予算削減で恫喝したとのことで、論外の対応でした。フランスやアメリカの母国イギリスでさえ参加したのですから、なおさらそういえます。

このように主体性がなく腰の据わっていない政府だったので、明石康氏や緒方貞子氏をはじめ、個人としては優秀な職員などを派遣しながら、残念ながら国連事務総長として隣国韓国の潘基文氏に先を越されたのです。

㈡ 何をなすべきか

今、私たちは何をなすべきか、何ができるのでしょうか。

1つは、東京渋谷にある国連大学（ただし、これは学校教育法の1条校ではありませんが）を、もっと活用することです。

　もう1つは、日本にスポーツ基本法、スポーツ庁ができた現在、国連の中にも、スポーツに関する部局（国連スポーツ省）を創設するためにロビイ活動をすることです。そして、「スポーツの平和創造機能」をより具体的に実現するための方策を考えることです。コラム「1兆円の話」（223頁）で述べた、最も仲の悪い、あるいは紛争中の国同士の子ども達を、あえて国連の仲介で相互にスポーツ派遣するなどできれば、すばらしい企画だと思います。

　さらに、スポーツの関係で、国連の中にたとえばIOCやFIFAといった国際的な巨大スポーツ組織・団体のガバナンス・コンプライアンスをチェックする制度を作ることです。これは、国連の常設機関である国際司法裁判所とも関連し、最終的には国際的な司法問題であり、国というより、世界・人類で裁く刑事事件や民事事件という先駆的企画です。

　先にも述べたとおり日本が、現在でもアメリカの20％に次いで、国連の通常予算の約10％も負担しているのですから、決してわがままな申し出ではありません。日本国憲法の永久平和主義の旗を高く掲げ、平和な世界への理念、人類の夢を追求するのです。国連には世界各国から理想を追求する聡明な同志が集っているはずです。わが国の若い諸君に大いに期待します。

◆コラム◆　本当の意味の国連軍

　日本では、市民生活上、各家庭が泥棒から家を守るために「銃」を準備していることはありません。銃などなくても警察官（お巡りさん）が守ってくれるという安心感があり、実際守ってくれています。警察官は「正義の秩序」を「力により」維持してくれているのです。

　ところがアメリカでは、各家庭が銃やピストルで自衛しているようです。それは合衆国憲法修正2条で人民の武器保有が認められているからです。それがフロンティア以来の伝統だといって、家庭や個人から銃やピストルをなくすこと（銃規制）には、ライフル協会などのロビイストから猛烈な抵抗があるようですが、市民生活において日本とアメリカ、どちらがより安全でしょうか。

　歴史的背景や多民族社会の実態など難しい点もありますが、ぼくは、日本の制

度の方がはるかに優れていると思います。毎年のようにアメリカ発のニュースで銃による大量殺人が報道されるたびにそう思います。アメリカの人口が３億2000万人、個人所有の銃が２億7000万丁とのことです。赤ちゃんなど自分で使えない人を除くと、１人１丁持っている計算です。銃が原因の死亡事故は毎年３万人とのことです。その結果誰かもうかっている人がいるんでしょうね。

　さて、国際政治の話です。「戦争は最大の人権侵害である」、これは誰もが認める真実です。日本国憲法の考え方は、理念としては全く簡単な考え方で、「国連軍」に世界の警察官になってもらう、その代わり各国（国家）の軍隊そして武器（銃）は放棄します、というだけなのです。

　ただし、本文で述べたとおり、占領軍アメリカの日本国に対する考えは、あくまで対ソ共産圏対策とセットになっての日本の武装解除・非武装でした。ですから、1950年に朝鮮戦争が勃発すると、さっさと再軍備を求めてきたのです。日本でも、軍事力のない国家に対する批判・不満もあり、比較的簡単に軍隊を持つようになったのです。もっとも、公式には警察予備隊・保安隊・自衛隊と呼ばれ、軍隊とはいいません。

　繰り返しになりますが、日本国憲法の平和主義は「非武装」を国是とするもので、それはこれまで類を見ない内容だったので、その平和主義は「永久」平和主義と呼ばれます。

　しかし、それには前提があったのです。世の中には、私生活でも国家間でも悪いことをするヤツ・輩（やから）はいます。そのため、日本国憲法の非武装の理念を実現するためには、正義に基づく「国際法的な権威」があり「力のある」「国連軍（国連警察軍）」がいて、不正や悪行を行った国や輩を退治する体制の必要があったのです。ぼくは、この正義と力に基づく軍隊を「本当の意味での国連軍」といいます。

　しかし、残念ながらそれができる前に、朝鮮戦争が起こりました。そしてアメリカには、日本の非武装以上に大切な、対ソ戦略・反共の砦という世界戦略がありましたから、さっさと実質軍隊である「警察予備隊」を認め、日本政府も自由主義陣営側としてアメリカの兵站基地になったのです。

　もう一度いいます。「戦争は最大の人権侵害です」。そして、だれもが戦争はいやだし反対なのです。もし、上記のように本当の意味での国連軍ができたら、世界の人民は、どれほど安全・安心でしょう。

　確かに、国際政治の現実は厳しいですから、現時点で日米安保体制が１つの選択肢であることは否定しません。しかし、だからといって憲法の理想を放棄してはだめなのです。

　この理想に燃えた憲法を持つ日本としては、真の国連軍を実現するため大いに

> 力を尽くすべきで、その世界史的責務があると思います。ただ、ぼくには、戦後日本政府が、特に国連に加盟（1956年）してからこれまで、本当の意味での「国連軍」を創設するためにどれだけ努力をしたのか、それが見えてきません。

Ⅱ　オリンピック運動

1　オリンピックの歴史

　オリンピックについて古代オリンピックが開催された時期があることは、よく知られています。紀元前776年から西暦393年まで開催された古代オリンピックは、一種の宗教行事でした。

　これに対し、1896年のアテネを第1回とする近代オリンピックは、スポーツの競技会です。

　オリンピックの歴史、特に近代オリンピックの歴史を検証することは、平和学の視点から大変興味深いテーマです。ただ、本書の基本は「スポーツ法」の視点からの書物ですので深入りしません。

　ただ、法があるべき社会を求めるのと同様、オリンピック憲章も人類のあるべき方向を示しているという点で、オリンピック憲章冒頭の「オリンピズムの根本原則」を引用し、本書との関連について簡単に触れさせていただきます。

2　オリンピック憲章（2014年12月8日から有効）

(1)　オリンピズム（Olympism）の根本原則

① 　オリンピズムは肉体と意志と精神のすべての資質を高め、バランスよく結合させる生き方の哲学である。

　　オリンピズムはスポーツを文化、教育と融合させ、生き方の創造を探求するものである。その生き方は努力する喜び、良い模範であることの教育的価値、社会的な責任、さらに普遍的で根本的な倫理規範の尊重を基盤とする。

② オリンピズムの目的は、人間の尊厳の保持に重きを置く平和な社会を奨励することを目指し、スポーツを人類の調和の取れた発展に役立てることにある。

③ オリンピック・ムーブメントは、オリンピズムの価値に鼓舞された個人と団体による、協調の取れた組織的、普遍的、恒久的活動である。

その活動を推し進めるのは最高機関のIOCである。活動は5大陸にまたがり、偉大なスポーツの祭典、オリンピック競技大会に世界中の選手を集めるとき、頂点に達する。そのシンボルは5つの結び合う輪である。

④ スポーツをすることは人権の1つである。

すべての個人はいかなる種類の差別も受けることなく、オリンピック精神に基づき、スポーツをする機会を与えられなければならない。オリンピック精神においては友情、連帯、フェアプレーの精神とともに相互理解が求められる。

⑤ スポーツ団体はオリンピック・ムーブメントにおいて、スポーツが社会の枠組みの中で営まれることを理解し、自律の権利と義務を持つ。

自律には競技規則を自由に定め管理すること、自身の組織の構成と統治について決定すること、外部からのいかなる影響も受けずに選挙を実施する権利、および良好な統治の原則を確実に適用する責任が含まれる。

⑥ このオリンピック憲章の定める権利および自由は人種、肌の色、性別、性的指向、言語、宗教、政治的またはその他の意見、国あるいは社会のルーツ、財産、出自やその他の身分などの理由による、いかなる種類の差別も受けることなく、確実に享受されなければならない。

⑦ オリンピック・ムーブメントの一員となるには、オリンピック憲章の遵守およびIOCによる承認が必要である。

(2) **人権としてのスポーツ、スポーツの平和創造機能**

上記各文言①～⑦は、どれもが大変重要で味わい深い言葉です。これ以上要約しようがないくらいですが、あえて各項目を要約・整理すると以下のとおりです。

① オリンピズムは、人生哲学であること。オリンピズムは、スポーツを文化、教育と融合させ、生き方の創造を探求すること

② オリンピズムの目的は、人間の尊厳の保持に重きを置く平和な社会を奨励

する、すなわち、スポーツが平和創造機能をもつこと
③　オリンピック・ムーブメントは恒久的な活動であり、オリンピック競技大会で頂点に達すること。シンボルは5つの輪であること
④　スポーツをすることが人権であること
⑤　スポーツ団体は、自律の権利と義務を持つこと
⑥　スポーツにおける差別の禁止
⑦　オリンピック憲章の遵守とIOCによる承認

　このように要約されますが、本書の考えからすれば、「人権としてのスポーツ」、「平和な社会の奨励＝平和創造機能」が最も大切といえます。

　その他の文言としては、「スポーツの文化性」、「教育との融合」、「人間の尊厳」、「組織的、普遍的、恒久的活動」、「オリンピック競技大会」、「5つの輪」、「差別の禁止」、「友情、連帯、フェアプレーの精神」、「スポーツ団体の自律と統治の原則＝ガバナンス」、「オリンピック憲章の遵守」等々、世界史の動輪をあるべき方向に進めるポジティブな表現が並んでいます。

　ところで、オリンピック憲章が法的意味を有していることは、すでに述べました。そしてその内容面においても、オリンピック憲章は全体を通して、日本国憲法やスポーツ基本法と同様、スポーツが、それぞれの人間に対し（個人的意義）、またそれぞれの国に対し（国家的意義）、さらに国際社会に対し（国際的意義）、いずれも優れて現代的意義を有していることがうかがえると思います。

　私たちは、このような高い理想と志をもって「オリンピック運動＝オリンピズム」を推進していくべきなのです。

◆コラム◆　参加することに意義がある

――円谷幸吉選手の死――

　これは、前回の東京・オリンピック（1964年）のマラソンで銅メダルを獲得し、次の1968年メキシコ・オリンピックでも期待されていた円谷幸吉選手（享年27歳）が自殺したことをテーマに、2004年8月8日に大阪民主新報にコラムとして載せていただいたものです。彼の優しい心、切ない辞世の詩には、何度読んでも涙がにじんできます。

ぼくにとっても10年以上前のコラムですが、2020年に向けて、気持は全く変わらないので載せていただきます。

（2004年）8月13日から29日まで、ギリシャのアテネで夏のオリンピック大会が開催されます。アテネは1896年、近代オリンピックが最初に開催された都市で、108年ぶりに故郷に帰ったわけです。

今大会、日本からは今のところ312人の選手が参加を予定しています。ところが、いつも大会が迫るにつれて、日本としての獲得メダル目標は合計何個だとか、「日の丸」を背負うからにはメダルは一番よい色をなどと賑やかになります。前回のシドニーが金5、銀8、銅5だったので、少なくともそれ以上が目標だとか。

しかし、「日の丸」を背負って勝つことが、それほど大事でしょうか。確かに勝利者への拍手・賞賛は惜しみなく送りますが、ぼくは、それほど勝利に執着する必要はないと思います。ぼくたちがスポーツに感動するのは、勝敗という結果よりも、それに至るまでの努力や、その試合における真剣で堂々としたフェアプレーでの競争・格闘、力を出し尽くした後の姿に、勝者・敗者を問わず、心を揺さぶられ心を洗われるからです。ですから、メダルの数とか色、順位はどうでもよいとは言いませんが、決してスポーツにおいて本質的ではありません。

勝つことではなく参加することに意義があるとの考えは正しいのです。

以下は、40年前の1964年の東京オリンピック、マラソンで銅メダルを獲得した円谷幸吉選手が、次のメキシコ五輪を半年後に控えた1968年1月9日、自衛隊体育学校内の自室で自ら27歳の命を絶った時の遺書です。

父上様母上様、三日とろろ美味しうございました。干し柿、もちも美味しうございました。

敏雄兄姉上様、おすし美味しうございました。

勝美兄姉上様、ブドウ酒、リンゴ美味しうございました。

巖兄姉上様、しそめし、南ばんづけ美味しうございました。

喜久造兄姉上様、ブドウ液、養命酒、美味しうございました。又いつも洗濯ありがとうございました。

幸造兄姉上様、往復車に便乗させて戴き有難うございました。モンゴいか美味しうございました。

正男兄姉上様、お気を煩わして大変申し訳ありませんでした。

幸雄君、秀雄君、幹雄君、敏子ちゃん、ひで子ちゃん、

良介君、敦久君、みよ子ちゃん、ゆき江ちゃん、

光江ちゃん、彰君、芳幸君、恵子ちゃん、

幸栄君、裕ちゃん、キーちゃん、正嗣君、
立派な人になって下さい。
　　父上様母上様、幸吉はもうすっかり疲れ切ってしまって走れません。
　　何卒お許し下さい。
　　気が休まることもなく御苦労、御心配をお掛け致し申しわけありません。
　　幸吉は、父母上様の側で暮らしとうございました。

　当時は、日本の高度経済成長期ということもあり、女子バレーの大松博文監督の「おれについてこい」式の勝利至上主義、新たなナショナリズムという背景がありました。7人兄弟の末っ子で、おそらくみんなに可愛がられて育った彼が、猛練習で銅メダルを獲得し、そして身体の故障にもかかわらず高まる更なる期待、それに押しつぶされ孤独になって死を選んだのでしょう。予定されていた結婚も、競技生活に支障が出ると上官に反対され破談になったとの逸話も残っています。
　当時とは時代も感覚も違うでしょうが、出場選手には伸び伸びと頑張ってもらい、平和でよりよい世界のために貢献してほしいものです（オリンピック憲章）。そして何よりテロのない平和なスポーツ祭典でありますように。
　（注）　三日とろろ：彼の郷里福島県で正月三日に食べるとろろのこと。

Ⅲ　大阪オリンピック招致活動

1　阪神淡路大震災（1995年）とオリンピックの招致活動

　大阪市は、2008年のオリンピックを招致しようとして失敗しました。この運動は、1995年の阪神淡路大地震から立ち直ろうとの意欲を持った有志が集まって運動し、ぼく自身かなり力を入れて応援しました。
　オリンピック憲章では、オリンピックは開催7年前にIOCが決定します。そして招致活動の手順として、まず国内予選があり、大阪市の国内対戦相手は横浜市でした。
　よく覚えていますが、私たち市民応援団は、横浜市に対し招致について公開討

論会を申し出ました。会場は中間の静岡県浜松市あたりでどうかなど、かなり具体的に申し出たのですが、残念ながら行政としてそのような企画はないし、また横浜には対抗する応援団がいないということで、私たち大阪市側のいわば不戦勝でした。そして、JOCによる日本代表は大阪市に決定したのです。

2　大阪オリンピック招致運動の意義

　私たちの大阪オリンピック招致活動には、具体的に具志堅幸司さんや中野真理子さん、青木（西口）まゆみさんなど金メダリストの応援をいただいたこと、応援団に参加してもらう人から、1人2008円をカンパしてもらい、「応援団バッジ」や「2008年のメダリスト」（Tシャツ）を作ったこと、河島英五さんに大阪オリンピックの歌の作曲をお願いしたこと、2000年シドニー五輪の応援に行き、朝鮮半島統一旗の下での入場に感動したこと、日刊現代の紙面に全面広告したことなど、たくさんの思い出がありますが、以下に3つだけ書きます。

　(1)　平和の理念

　ぼくは、招致運動の理念としては、後掲朝日新聞記事のとおり、当然オリンピック運動の理念に従い「平和」だと考え、それを前面に出しました。応援団長という立場上いろんな会合に出ましたが、その運動の中で聞いた言葉で一番印象に残っているのは、ある財界人から「辻口さん、むつかしいこと言わんでもよろしいやん、オリンピックやったらもうかりまんがな」との言葉でした。

　1984年のロス・五輪を経て、オリンピックが経済的にプラスだと喧伝されていた時期だったので、気持はわかりましたが、ぼくが「そんなビンボくさいこというたらバカにされまっせ」と強く反論したのを覚えています。もちろん、平和理念の重要性を意識されていた財界人が主流で、その人は例外でしたが、その発言にはがっかりしました。

　(2)　環境保護の理念

　大阪で開催されるときの主会場に予定されていたのは、大阪湾の埋立地「舞洲（まいしま）」でした。私たちは、その舞洲に市民で植樹をして緑（みどり）で覆いましょうと、自然回復への思いも込め、仲間と山で拾ってきた2008個のドングリの実を、「集まれ2008年のメダリストたち」の集会で配ったこともありました。お仕着せの植樹ではなく、自分たちで植えて自分たちで育て、できるだけ自分た

ちで面倒も見ようとの企画でした。その時の仲間、現在公立鳥取環境大学の教授をしている中橋文夫さんの音頭でした。

　また、海外（ドイツ）の例も参考にして環境面から路面電車を走らせようとの計画もありました。先般亡くなられた安井孝成さんの発案でした。

(3) 大阪市民ハーフマラソン

　対外的な宣伝も兼ね、大阪市主催の市民マラソンをやろうと企画しました。本当はフルマラソンが良かったのですが、休日といえども市内の交通に大幅な支障が生ずるとの大阪府警の強いクレームなどで、やっと大阪城から長居競技場までのハーフマラソンが実現しました。

　磯村隆文大阪市長は大学教授出身で、都市経営論などに詳しい先生で、それ以上強引に押すことはされませんでした。

　独裁的でない市長の姿勢を正しいと思いながらも、「やっぱりフルマラソンだよな」と仲間と話をしたことを思い出します。あの時もっと強く押していれば、東京よりはるかに先行して大都市フルマラソンが実現していたのですが、私たち応援団の思いだけでは限界でした。

　ちなみに、大阪マラソンは、その後、スポンサーも多くなり、現在は、フルマラソンとして毎年秋に開催されています。

　今にして思えば、当時スポーツ基本法ができていれば、もっとオリンピック招致やスポーツ条例などを提案してあれこれとアピールしていただろうと思います。

　いずれにしても、最後2001年、招致決定のIOC総会は、モスクワまで応援に行き、結局惨敗でしたが、平和への思いを込め全力で頑張った、ぼくの青春でした。

◆コラム◆　大阪オリンピックと国際平和主義

　　　　（1999（平成11）年3月30日　朝日新聞大阪本社版〔論壇〕より）
　改革への自覚が本当にあるのか。国際オリンピック委員会（IOC）の買収疑惑をめぐる臨時総会後の感想である。にもかかわらず、2008年の大阪オリンピックの招致を応援するのは「人間の尊厳を保つことを大切に考える平和な社会の確立を促進する」とのオリンピック憲章の理念に、ひかれるからである。曲がりなり

にも出直しを誓ったIOCは、この理念に向けてさらに内部改革を進めるべきだ。外部監査や、委員を国際公務員的に位置づけるなど、民主的な統制を可能にする方策も考えるべきである。

ところで、オリンピックのこの理念は、現実にはこの通り実践されてきたわけではない。2度の世界大戦による3回の中止を始め、権力者による世論操作や国際政治の道具として、またテロや宗教・民族問題など、道は平坦(へいたん)ではなかった。しかし、この百年の近代オリンピックの歴史を見れば、やはりプラスの方がマイナスを補って余りある。これは平和な国際社会創造へ向けての、スポーツの普遍的な力を意味する。

このことが確認できれば、大阪オリンピックの招致理念を何にすべきかは、明らかである。日本国憲法の国際平和主義の理念を世界に流布するための、絶好のチャンスとしてとらえるのである。

憲法の前文や9条をどう解釈するか論点は分かれるが、日本国憲法が武器のない平和な国際社会を目指す規範として、世界の憲法の先頭にある点については、異論がないだろう。そして、当然だが、規範は、不断の努力の積み重ねがないと実効性を持たない。つまり、平和な社会を目指すための具体的行動・努力が必要である。平和のための方策や運動はいろいろあり、自衛隊については議論のあるところだが、日本政府が不十分ながらも非核三原則を唱え、武器輸出を認めない政策を採ってきたことは評価できる。

そして今、大阪オリンピックの運動を推進し、スポーツを通じた若者同士の友情や、世界からの多くの訪問客との交流、そこでのボランティア活動を通じて連帯を高め、平和への貢献を実践するのである。

ぼくが龍谷大学と関西大学で講義している「スポーツ法学」のテーマの1つに、スポーツの持つ闘争性・権力性の問題がある。とりわけ格闘技は、その意識において、ほとんど戦争での戦闘行為と異ならないこともある。しかし、両者の決定的違いは、殺すことを目的としているかどうかである。戦争は、どんなにきれいごとを言っても、人を殺すことが最大の目的だ。

これに対しスポーツは、確かに基本的なところでは闘争本能と結びついているが、いかなる格闘技でも人を殺すことをルール化してはいない。スポーツは、人間がどうしても逃れられない闘争本能を、ルール化により合理的に昇華させるという機能を持つ。スポーツが文化である理由の1つがここにある。

スポーツ好きならわかると思うが、競技で負けた時は悔しい。公式戦などでは悔しくて涙の出ることもある。しかし、その涙は将来必ず人生の糧になる涙である。戦争で息子や夫を殺された時の、母や妻の涙と異質であることは明らかだ。スポーツやオリンピックの「勝つことではなく参加することに意義がある」とい

う言葉は、人生や歴史を長い目でとらえたとき、より輝きを増す。

　20世紀は「戦争の世紀」だったが、21世紀は「平和の世紀」にすべきだというのが皆の考えだろう。ぼくたちは憲法の平和主義の理念を最大限活用し、オリンピック運動を通じて、武器を徐々に放棄してゆく（べき）国際社会の中にあって、名誉ある地位を占めることが可能だと思う。広島の平和の灯を聖火に合体させるのだ。オリンピックのための費用も平和への必要経費として、むろん情報公開を前提にして相当額を認められるのは当然である。

　平和という抽象的概念が票にならないのは、国内の選挙だけでなくIOCでも同じだ。少なくとも今回の買収疑惑が表面化するまではそうだったようだ。しかし、今、本来の理念・原則への回帰こそ求められている。それを実現できる最高の位置に、大阪つまり日本がいることを自覚すべきである。

　　　　　　　　　（2008年大阪オリンピック‼　応援団団長、弁護士＝投稿）

　※2020年の東京・オリンピック・パラリンピックに向け、政治の世界では集団的自衛権の問題、武器輸出に関する動きなど変化はありますが、スポーツ・オリンピックがが平和創造機能を有するとのぼくの確信に、全く揺るぎはありません。

Ⅳ　東京・オリンピック・パラリンピック ——2020年みんながメダリスト

1　大阪から東京へ

　大阪への招致が失敗に終わったとき、ぼくが生きているうちに、日本での夏のオリンピックは無理だと諦めました。本来執念深いタイプなのですが、アジア枠が事実上約20年に1度だと決めつけていたのです。

　というのも、アジア初の東京オリンピックは1964年でした。その後日本では、1988年名古屋市、2008年大阪市が名乗り出ましたが、それぞれソウル、北京と、

いずれもアジアの都市に敗退し招致活動は失敗したのです。

　名古屋は、優勢といわれていたのですが終盤逆転され、大阪のときは、後出しじゃんけんの北京が出た時点で、事実上決まりでした。いずれにしても、慣例的にアジア枠はおおむね20年に1度だったのです。

　すると、2008年北京、次のアジアは2028年頃、その時ぼくはまだ生きているとしても、開催場所は日本ではないだろう。その頃アジアでは、まずインド、そして、さらに20年後の2048年頃は、これも日本より人口の多いインドネシアやパキスタンなど、発展するアジアの諸都市が目白押しだと思えたからです。何より、ぼくは100歳を超えている、と。

　その意味で、スポーツ・オリンピック大好き人間にとって、2020年東京決定は大変嬉しい誤算でしたし、何事も自分で決めつけて諦めてはいけないと、今回改めて生き方も含め反省させられました。

2　東京開催決定：平和な世界を目指して

　2013年9月7日、アルゼンチン、ブエノスアイレスのIOC総会で、マドリード、イスタンブールを破り、東京が2020年のオリンピック・パラリンピック開催を獲得しました。悲惨な東日本大震災・福島原発事故の支援や解決が先だから反対という意見もありましたが、むしろそれらを克服するための開催が求められていたとぼくは思います。

　それでは、その意義をどこに求めるべきでしょうか。

　確立したインフラや安定した日本社会の誇示、1964年東京・オリンピックの時の国民の団結や誇り自信を取り戻す、おもてなしの心、3兆円といわれる経済波及効果などいろいろいわれますが、意義はもちろん「平和な世界をめざす」これ以外にはありません。

　奇をてらう必要は全くないのです。それは何の疑いもなく、先に書いたオリンピックの精神そのものだからです。しかも、東京・日本が、それを世界に発信できる最も有効な位置にいるのは、これまで述べてきたところから明らかだと思います。スポーツを通じての平和運動、その機会を全世界注目の下で与えてもらったことに大いに感謝したいと思います。

　そして、それを活用する前提として、日本国憲法の永久平和主義があることは

いうまでもありません。それは、世界史の中で先駆的な規定を持つ日本国憲法の大きな価値なのです。私たちは、その地位を十分に活かさなければなりません。

3　国際連合での「スポーツ省」と「防衛省」

ぼくは、日本政府に対し、スポーツの平和創造機能充実のため、国連の中に、「スポーツ省」を作るようロビイ活動をしてほしいと書きました。

もう一つ、日本政府に対し、国連の中で、本当の意味での国連軍（国際公務員としての軍人）を養成する制度を作るため、積極的なロビイ活動をしてほしいと思います。

今はまだ漫画的に響くでしょうが、正義と力に裏打ちされた「国連軍」を作り、「防衛省」を設置します。なぜなら、繰り返しになりますが、いつでも、どこでも無法の権力をかざす者、無頼の輩はおり、それを制圧するためには「力」が必要だからです。そしてそれは「正義」に基づくものでなければなりません。

4　2020年みんながメダリスト

さあ、すでに賽は投げられています。リオデジャネイロのオリンピック・パラリンピックも終わり、次の４年のカウントダウンが始まっています。

これまで、エンブレム、国立競技場、予算規模、競技の開催場所、築地の豊洲への市場移転問題、さらにいえば原発問題など、開催都市東京にはさまざまな問題が発生し、これからも発生するでしょう。

その対処は必ずしも容易ではありませんが、私たちは十分克服できます。仮に自然災害などが発生しても絶対に大丈夫、克服できます、「戦争」さえなければ。

そして私たちは、2020年を最終目標にするのではなく、それはあくまで通過点で、継続的・永続的にスポーツによる平和を求める運動をしましょう。

それをするのは、オリンピック・パラリンピック競技に出場するアスリート達だけではありません。これを読んでいる君自身・あなた自身の問題です。

そうです!!　2020年　みんながメダリストなのです。

最後に、これもいつも学生に考えてもらう問題を出して終わります。
オリンピックに関する問題です。

> 〔問〕 オリンピックに関し下記の線は何を意味するでしょうか。
>
> ──────────────────   ─
>
> （ヒント：BC776年、AD1896年）

（解答は327頁です）

[参考資料1] 日本国憲法

　日本国民は、正当に選挙された国会における代表者を通じて行動し、われらとわれらの子孫のために、諸国民との協和による成果と、わが国全土にわたつて自由のもたらす恵沢を確保し、政府の行為によつて再び戦争の惨禍が起ることのないやうにすることを決意し、ここに主権が国民に存することを宣言し、この憲法を確定する。そもそも国政は、国民の厳粛な信託によるものであつて、その権威は国民に由来し、その権力は国民の代表者がこれを行使し、その福利は国民がこれを享受する。これは人類普遍の原理であり、この憲法は、かかる原理に基くものである。われらは、これに反する一切の憲法、法令及び詔勅を排除する。

　日本国民は、恒久の平和を念願し、人間相互の関係を支配する崇高な理想を深く自覚するのであつて、平和を愛する諸国民の公正と信義に信頼して、われらの安全と生存を保持しようと決意した。われらは、平和を維持し、専制と隷従、圧迫と偏狭を地上から永遠に除去しようと努めてゐる国際社会において、名誉ある地位を占めたいと思ふ。われらは、全世界の国民が、ひとしく恐怖と欠乏から免かれ、平和のうちに生存する権利を有することを確認する。

　われらは、いづれの国家も、自国のことのみに専念して他国を無視してはならないのであつて、政治道徳の法則は、普遍的なものであり、この法則に従ふことは、自国の主権を維持し、他国と対等関係に立たうとする各国の責務であると信ずる。

　日本国民は、国家の名誉にかけ、全力をあげてこの崇高な理想と目的を達成することを誓ふ。

第1章　天皇

第1条　天皇は、日本国の象徴であり日本国民統合の象徴であつて、この地位は、主権の存する日本国民の総意に基く。

第2条　皇位は、世襲のものであつて、国会の議決した皇室典範の定めるところにより、これを継承する。

第3条　天皇の国事に関するすべての行為には、内閣の助言と承認を必要とし、内閣が、その責任を負ふ。

第4条　天皇は、この憲法の定める国事に関する行為のみを行ひ、国政に関する権能を有しない。

2　天皇は、法律の定めるところにより、その国事に関する行為を委任することができ

る。
第5条　皇室典範の定めるところにより摂政を置くときは、摂政は、天皇の名でその国事に関する行為を行ふ。この場合には、前条第1項の規定を準用する。
第6条　天皇は、国会の指名に基いて、内閣総理大臣を任命する。
2　天皇は、内閣の指名に基いて、最高裁判所の長たる裁判官を任命する。
第7条　天皇は、内閣の助言と承認により、国民のために、左の国事に関する行為を行ふ。
　一　憲法改正、法律、政令及び条約を公布すること。
　二　国会を召集すること。
　三　衆議院を解散すること。
　四　国会議員の総選挙の施行を公示すること。
　五　国務大臣及び法律の定めるその他の官吏の任免並びに全権委任状及び大使及び公使の信任状を認証すること。
　六　大赦、特赦、減刑、刑の執行の免除及び復権を認証すること。
　七　栄典を授与すること。
　八　批准書及び法律の定めるその他の外交文書を認証すること。
　九　外国の大使及び公使を接受すること。
　十　儀式を行ふこと。
第8条　皇室に財産を譲り渡し、又は皇室が、財産を譲り受け、若しくは賜与することは、国会の議決に基かなければならない。

第2章　戦争の放棄

第9条　日本国民は、正義と秩序を基調とする国際平和を誠実に希求し、国権の発動たる戦争と、武力による威嚇又は武力の行使は、国際紛争を解決する手段としては、永久にこれを放棄する。
2　前項の目的を達するため、陸海空軍その他の戦力は、これを保持しない。国の交戦権は、これを認めない。

第3章　国民の権利及び義務

第10条　日本国民たる要件は、法律でこれを定める。
第11条　国民は、すべての基本的人権の享有を妨げられない。この憲法が国民に保障する基本的人権は、侵すことのできない永久の権利として、現在及び将来の国民に与へられる。
第12条　この憲法が国民に保障する自由及び権利は、国民の不断の努力によつて、これを保持しなければならない。又、国民は、これを濫用してはならないのであつて、常に公共の福祉のためにこれを利用する責任を負ふ。

第13条　すべて国民は、個人として尊重される。生命、自由及び幸福追求に対する国民の権利については、公共の福祉に反しない限り、立法その他の国政の上で、最大の尊重を必要とする。

第14条　すべて国民は、法の下に平等であつて、人種、信条、性別、社会的身分又は門地により、政治的、経済的又は社会的関係において、差別されない。

2　華族その他の貴族の制度は、これを認めない。

3　栄誉、勲章その他の栄典の授与は、いかなる特権も伴はない。栄典の授与は、現にこれを有し、又は将来これを受ける者の一代に限り、その効力を有する。

第15条　公務員を選定し、及びこれを罷免することは、国民固有の権利である。

2　すべて公務員は、全体の奉仕者であつて、一部の奉仕者ではない。

3　公務員の選挙については、成年者による普通選挙を保障する。

4　すべて選挙における投票の秘密は、これを侵してはならない。選挙人は、その選択に関し公的にも私的にも責任を問はれない。

第16条　何人も、損害の救済、公務員の罷免、法律、命令又は規則の制定、廃止又は改正その他の事項に関し、平穏に請願する権利を有し、何人も、かかる請願をしたためにいかなる差別待遇も受けない。

第17条　何人も、公務員の不法行為により、損害を受けたときは、法律の定めるところにより、国又は公共団体に、その賠償を求めることができる。

第18条　何人も、いかなる奴隷的拘束も受けない。又、犯罪に因る処罰の場合を除いては、その意に反する苦役に服させられない。

第19条　思想及び良心の自由は、これを侵してはならない。

第20条　信教の自由は、何人に対してもこれを保障する。いかなる宗教団体も、国から特権を受け、又は政治上の権力を行使してはならない。

2　何人も、宗教上の行為、祝典、儀式又は行事に参加することを強制されない。

3　国及びその機関は、宗教教育その他いかなる宗教的活動もしてはならない。

第21条　集会、結社及び言論、出版その他一切の表現の自由は、これを保障する。

2　検閲は、これをしてはならない。通信の秘密は、これを侵してはならない。

第22条　何人も、公共の福祉に反しない限り、居住、移転及び職業選択の自由を有する。

2　何人も、外国に移住し、又は国籍を離脱する自由を侵されない。

第23条　学問の自由は、これを保障する。

第24条　婚姻は、両性の合意のみに基いて成立し、夫婦が同等の権利を有することを基本として、相互の協力により、維持されなければならない。

2　配偶者の選択、財産権、相続、住居の選定、離婚並びに婚姻及び家族に関するその他の事項に関しては、法律は、個人の尊厳と両性の本質的平等に立脚して、制定されなければならない。

第25条　すべて国民は、健康で文化的な最低限度の生活を営む権利を有する。

2　国は、すべての生活部面について、社会福祉、社会保障及び公衆衛生の向上及び増進に努めなければならない。

第26条　すべて国民は、法律の定めるところにより、その能力に応じて、ひとしく教育を受ける権利を有する。

2　すべて国民は、法律の定めるところにより、その保護する子女に普通教育を受けさせる義務を負ふ。義務教育は、これを無償とする。

第27条　すべて国民は、勤労の権利を有し、義務を負ふ。

2　賃金、就業時間、休息その他の勤労条件に関する基準は、法律でこれを定める。

3　児童は、これを酷使してはならない。

第28条　勤労者の団結する権利及び団体交渉その他の団体行動をする権利は、これを保障する。

第29条　財産権は、これを侵してはならない。

2　財産権の内容は、公共の福祉に適合するやうに、法律でこれを定める。

3　私有財産は、正当な補償の下に、これを公共のために用ひることができる。

第30条　国民は、法律の定めるところにより、納税の義務を負ふ。

第31条　何人も、法律の定める手続によらなければ、その生命若しくは自由を奪はれ、又はその他の刑罰を科せられない。

第32条　何人も、裁判所において裁判を受ける権利を奪はれない。

第33条　何人も、現行犯として逮捕される場合を除いては、権限を有する司法官憲が発し、且つ理由となつてゐる犯罪を明示する令状によらなければ、逮捕されない。

第34条　何人も、理由を直ちに告げられ、且つ、直ちに弁護人に依頼する権利を与へられなければ、抑留又は拘禁されない。又、何人も、正当な理由がなければ、拘禁されず、要求があれば、その理由は、直ちに本人及びその弁護人の出席する公開の法廷で示されなければならない。

第35条　何人も、その住居、書類及び所持品について、侵入、捜索及び押収を受けることのない権利は、第33条の場合を除いては、正当な理由に基いて発せられ、且つ捜索する場所及び押収する物を明示する令状がなければ、侵されない。

2　捜索又は押収は、権限を有する司法官憲が発する各別の令状により、これを行ふ。

第36条　公務員による拷問及び残虐な刑罰は、絶対にこれを禁ずる。

第37条　すべて刑事事件においては、被告人は、公平な裁判所の迅速な公開裁判を受ける権利を有する。

2　刑事被告人は、すべての証人に対して審問する機会を充分に与へられ、又、公費で自己のために強制的手続により証人を求める権利を有する。

3　刑事被告人は、いかなる場合にも、資格を有する弁護人を依頼することができる。被告人が自らこれを依頼することができないときは、国でこれを附する。

第38条　何人も、自己に不利益な供述を強要されない。

2 強制、拷問若しくは脅迫による自白又は不当に長く抑留若しくは拘禁された後の自白は、これを証拠とすることができない。

3 何人も、自己に不利益な唯一の証拠が本人の自白である場合には、有罪とされ、又は刑罰を科せられない。

第39条 何人も、実行の時に適法であつた行為又は既に無罪とされた行為については、刑事上の責任を問はれない。又、同一の犯罪について、重ねて刑事上の責任を問はれない。

第40条 何人も、抑留又は拘禁された後、無罪の裁判を受けたときは、法律の定めるところにより、国にその補償を求めることができる。

第4章 国会

第41条 国会は、国権の最高機関であつて、国の唯一の立法機関である。

第42条 国会は、衆議院及び参議院の両議院でこれを構成する。

第43条 両議院は、全国民を代表する選挙された議員でこれを組織する。

2 両議院の議員の定数は、法律でこれを定める。

第44条 両議院の議員及びその選挙人の資格は、法律でこれを定める。但し、人種、信条、性別、社会的身分、門地、教育、財産又は収入によつて差別してはならない。

第45条 衆議院議員の任期は、4年とする。但し、衆議院解散の場合には、その期間満了前に終了する。

第46条 参議院議員の任期は、6年とし、3年ごとに議員の半数を改選する。

第47条 選挙区、投票の方法その他両議院の議員の選挙に関する事項は、法律でこれを定める。

第48条 何人も、同時に両議院の議員たることはできない。

第49条 両議院の議員は、法律の定めるところにより、国庫から相当額の歳費を受ける。

第50条 両議院の議員は、法律の定める場合を除いては、国会の会期中逮捕されず、会期前に逮捕された議員は、その議院の要求があれば、会期中これを釈放しなければならない。

第51条 両議院の議員は、議院で行つた演説、討論又は表決について、院外で責任を問はれない。

第52条 国会の常会は、毎年1回これを召集する。

第53条 内閣は、国会の臨時会の召集を決定することができる。いづれかの議院の総議員の4分の1以上の要求があれば、内閣は、その召集を決定しなければならない。

第54条 衆議院が解散されたときは、解散の日から40日以内に、衆議院議員の総選挙を行ひ、その選挙の日から30日以内に、国会を召集しなければならない。

2 衆議院が解散されたときは、参議院は、同時に閉会となる。但し、内閣は、国に緊急の必要があるときは、参議院の緊急集会を求めることができる。

3　前項但書の緊急集会において採られた措置は、臨時のものであつて、次の国会開会の後10日以内に、衆議院の同意がない場合には、その効力を失ふ。

第55条　両議院は、各々その議員の資格に関する争訟を裁判する。但し、議員の議席を失はせるには、出席議員の3分の2以上の多数による議決を必要とする。

第56条　両議院は、各々その総議員の3分の1以上の出席がなければ、議事を開き議決することができない。

2　両議院の議事は、この憲法に特別の定のある場合を除いては、出席議員の過半数でこれを決し、可否同数のときは、議長の決するところによる。

第57条　両議院の会議は、公開とする。但し、出席議員の3分の2以上の多数で議決したときは、秘密会を開くことができる。

2　両議院は、各々その会議の記録を保存し、秘密会の記録の中で特に秘密を要すると認められるもの以外は、これを公表し、且つ一般に頒布しなければならない。

3　出席議員の5分の1以上の要求があれば、各議員の表決は、これを会議録に記載しなければならない。

第58条　両議院は、各々その議長その他の役員を選任する。

2　両議院は、各々その会議その他の手続及び内部の規律に関する規則を定め、又、院内の秩序をみだした議員を懲罰することができる。但し、議員を除名するには、出席議員の3分の2以上の多数による議決を必要とする。

第59条　法律案は、この憲法に特別の定のある場合を除いては、両議院で可決したとき法律となる。

2　衆議院で可決し、参議院でこれと異なつた議決をした法律案は、衆議院で出席議員の3分の2以上の多数で再び可決したときは、法律となる。

3　前項の規定は、法律の定めるところにより、衆議院が、両議院の協議会を開くことを求めることを妨げない。

4　参議院が、衆議院の可決した法律案を受け取つた後、国会休会中の期間を除いて60日以内に、議決しないときは、衆議院は、参議院がその法律案を否決したものとみなすことができる。

第60条　予算は、さきに衆議院に提出しなければならない。

2　予算について、参議院で衆議院と異なつた議決をした場合に、法律の定めるところにより、両議院の協議会を開いても意見が一致しないとき、又は参議院が、衆議院の可決した予算を受け取つた後、国会休会中の期間を除いて30日以内に、議決しないときは、衆議院の議決を国会の議決とする。

第61条　条約の締結に必要な国会の承認については、前条第2項の規定を準用する。

第62条　両議院は、各々国政に関する調査を行ひ、これに関して、証人の出頭及び証言並びに記録の提出を要求することができる。

第63条　内閣総理大臣その他の国務大臣は、両議院の一に議席を有すると有しないと

にかかはらず、何時でも議案について発言するため議院に出席することができる。又、答弁又は説明のため出席を求められたときは、出席しなければならない。

第64条　国会は、罷免の訴追を受けた裁判官を裁判するため、両議院の議員で組織する弾劾裁判所を設ける。

2　弾劾に関する事項は、法律でこれを定める。

第5章　内閣

第65条　行政権は、内閣に属する。

第66条　内閣は、法律の定めるところにより、その首長たる内閣総理大臣及びその他の国務大臣でこれを組織する。

2　内閣総理大臣その他の国務大臣は、文民でなければならない。

3　内閣は、行政権の行使について、国会に対し連帯して責任を負ふ。

第67条　内閣総理大臣は、国会議員の中から国会の議決で、これを指名する。この指名は、他のすべての案件に先だつて、これを行ふ。

2　衆議院と参議院とが異なつた指名の議決をした場合に、法律の定めるところにより、両議院の協議会を開いても意見が一致しないとき、又は衆議院が指名の議決をした後、国会休会中の期間を除いて10日以内に、参議院が、指名の議決をしないときは、衆議院の議決を国会の議決とする。

第68条　内閣総理大臣は、国務大臣を任命する。但し、その過半数は、国会議員の中から選ばれなければならない。

2　内閣総理大臣は、任意に国務大臣を罷免することができる。

第69条　内閣は、衆議院で不信任の決議案を可決し、又は信任の決議案を否決したときは、10日以内に衆議院が解散されない限り、総辞職をしなければならない。

第70条　内閣総理大臣が欠けたとき、又は衆議院議員総選挙の後に初めて国会の召集があつたときは、内閣は、総辞職をしなければならない。

第71条　前2条の場合には、内閣は、あらたに内閣総理大臣が任命されるまで引き続きその職務を行ふ。

第72条　内閣総理大臣は、内閣を代表して議案を国会に提出し、一般国務及び外交関係について国会に報告し、並びに行政各部を指揮監督する。

第73条　内閣は、他の一般行政事務の外、左の事務を行ふ。

　一　法律を誠実に執行し、国務を総理すること。

　二　外交関係を処理すること。

　三　条約を締結すること。但し、事前に、時宜によつては事後に、国会の承認を経ることを必要とする。

　四　法律の定める基準に従ひ、官吏に関する事務を掌理すること。

　五　予算を作成して国会に提出すること。

六　この憲法及び法律の規定を実施するために、政令を制定すること。但し、政令には、特にその法律の委任がある場合を除いては、罰則を設けることができない。
七　大赦、特赦、減刑、刑の執行の免除及び復権を決定すること。
第74条　法律及び政令には、すべて主任の国務大臣が署名し、内閣総理大臣が連署することを必要とする。
第75条　国務大臣は、その在任中、内閣総理大臣の同意がなければ、訴追されない。但し、これがため、訴追の権利は、害されない。

　　第6章　司法

第76条　すべて司法権は、最高裁判所及び法律の定めるところにより設置する下級裁判所に属する。
2　特別裁判所は、これを設置することができない。行政機関は、終審として裁判を行ふことができない。
3　すべて裁判官は、その良心に従ひ独立してその職権を行ひ、この憲法及び法律にのみ拘束される。
第77条　最高裁判所は、訴訟に関する手続、弁護士、裁判所の内部規律及び司法事務処理に関する事項について、規則を定める権限を有する。
2　検察官は、最高裁判所の定める規則に従はなければならない。
3　最高裁判所は、下級裁判所に関する規則を定める権限を、下級裁判所に委任することができる。
第78条　裁判官は、裁判により、心身の故障のために職務を執ることができないと決定された場合を除いては、公の弾劾によらなければ罷免されない。裁判官の懲戒処分は、行政機関がこれを行ふことはできない。
第79条　最高裁判所は、その長たる裁判官及び法律の定める員数のその他の裁判官でこれを構成し、その長たる裁判官以外の裁判官は、内閣でこれを任命する。
2　最高裁判所の裁判官の任命は、その任命後初めて行はれる衆議院議員総選挙の際国民の審査に付し、その後10年を経過した後初めて行はれる衆議院議員総選挙の際更に審査に付し、その後も同様とする。
3　前項の場合において、投票者の多数が裁判官の罷免を可とするときは、その裁判官は、罷免される。
4　審査に関する事項は、法律でこれを定める。
5　最高裁判所の裁判官は、法律の定める年齢に達した時に退官する。
6　最高裁判所の裁判官は、すべて定期に相当額の報酬を受ける。この報酬は、在任中、これを減額することができない。
第80条　下級裁判所の裁判官は、最高裁判所の指名した者の名簿によつて、内閣でこれを任命する。その裁判官は、任期を10年とし、再任されることができる。但し、法

律の定める年齢に達した時には退官する。
2　下級裁判所の裁判官は、すべて定期に相当額の報酬を受ける。この報酬は、在任中、これを減額することができない。
第81条　最高裁判所は、一切の法律、命令、規則又は処分が憲法に適合するかしないかを決定する権限を有する終審裁判所である。
第82条　裁判の対審及び判決は、公開法廷でこれを行ふ。
2　裁判所が、裁判官の全員一致で、公の秩序又は善良の風俗を害する虞があると決した場合には、対審は、公開しないでこれを行ふことができる。但し、政治犯罪、出版に関する犯罪又はこの憲法第3章で保障する国民の権利が問題となつてゐる事件の対審は、常にこれを公開しなければならない。

第7章　財政

第83条　国の財政を処理する権限は、国会の議決に基いて、これを行使しなければならない。
第84条　あらたに租税を課し、又は現行の租税を変更するには、法律又は法律の定める条件によることを必要とする。
第85条　国費を支出し、又は国が債務を負担するには、国会の議決に基くことを必要とする。
第86条　内閣は、毎会計年度の予算を作成し、国会に提出して、その審議を受け議決を経なければならない。
第87条　予見し難い予算の不足に充てるため、国会の議決に基いて予備費を設け、内閣の責任でこれを支出することができる。
2　すべて予備費の支出については、内閣は、事後に国会の承諾を得なければならない。
第88条　すべて皇室財産は、国に属する。すべて皇室の費用は、予算に計上して国会の議決を経なければならない。
第89条　公金その他の公の財産は、宗教上の組織若しくは団体の使用、便益若しくは維持のため、又は公の支配に属しない慈善、教育若しくは博愛の事業に対し、これを支出し、又はその利用に供してはならない。
第90条　国の収入支出の決算は、すべて毎年会計検査院がこれを検査し、内閣は、次の年度に、その検査報告とともに、これを国会に提出しなければならない。
2　会計検査院の組織及び権限は、法律でこれを定める。
第91条　内閣は、国会及び国民に対し、定期に、少くとも毎年1回、国の財政状況について報告しなければならない。

第8章　地方自治

第92条　地方公共団体の組織及び運営に関する事項は、地方自治の本旨に基いて、法

律でこれを定める。
第93条　地方公共団体には、法律の定めるところにより、その議事機関として議会を設置する。
2　地方公共団体の長、その議会の議員及び法律の定めるその他の吏員は、その地方公共団体の住民が、直接これを選挙する。
第94条　地方公共団体は、その財産を管理し、事務を処理し、及び行政を執行する権能を有し、法律の範囲内で条例を制定することができる。
第95条　一の地方公共団体のみに適用される特別法は、法律の定めるところにより、その地方公共団体の住民の投票においてその過半数の同意を得なければ、国会は、これを制定することができない。

第9章　改正

第96条　この憲法の改正は、各議院の総議員の3分の2以上の賛成で、国会が、これを発議し、国民に提案してその承認を経なければならない。この承認には、特別の国民投票又は国会の定める選挙の際行はれる投票において、その過半数の賛成を必要とする。
2　憲法改正について前項の承認を経たときは、天皇は、国民の名で、この憲法と一体を成すものとして、直ちにこれを公布する。

第10章　最高法規

第97条　この憲法が日本国民に保障する基本的人権は、人類の多年にわたる自由獲得の努力の成果であつて、これらの権利は、過去幾多の試錬に堪へ、現在及び将来の国民に対し、侵すことのできない永久の権利として信託されたものである。
第98条　この憲法は、国の最高法規であつて、その条規に反する法律、命令、詔勅及び国務に関するその他の行為の全部又は一部は、その効力を有しない。
2　日本国が締結した条約及び確立された国際法規は、これを誠実に遵守することを必要とする。
第99条　天皇又は摂政及び国務大臣、国会議員、裁判官その他の公務員は、この憲法を尊重し擁護する義務を負ふ。

第11章　補則　（省略）

[参考資料2]
スポーツ基本法
〔付〕 スポーツ振興法

スポーツ振興法（昭和36年法律第141号）の全部を改正する。

目次

前文

第1章　総則（第1条—第8条）

第2章　スポーツ基本計画等（第9条・第10条）

第3章　基本的施策

　第1節　スポーツの推進のための基礎的条件の整備等（第11条—第20条）

　第2節　多様なスポーツの機会の確保のための環境の整備（第21条—第24条）

　第3節　競技水準の向上等（第25条—第29条）

第4章　スポーツの推進に係る体制の整備（第30条—第32条）

第5章　国の補助等（第33条—第35条）

附則

　スポーツは、世界共通の人類の文化である。

　スポーツは、心身の健全な発達、健康及び体力の保持増進、精神的な充足感の獲得、自律心その他の精神の涵（かん）養等のために個人又は集団で行われる運動競技その他の身体活動であり、今日、国民が生涯にわたり心身ともに健康で文化的な生活を営む上で不可欠のものとなっている。スポーツを通じて幸福で豊かな生活を営むことは、全ての人々の権利であり、全ての国民がその自発性の下に、各々の関心、適性等に応じて、安全かつ公正な環境の下で日常的にスポーツに親しみ、スポーツを楽しみ、又はスポーツを支える活動に参画することのできる機会が確保されなければならない。

　スポーツは、次代を担う青少年の体力を向上させるとともに、他者を尊重しこれと協同する精神、公正さと規律を尊ぶ態度や克己心を培い、実践的な思考力や判断力を育む等人格の形成に大きな影響を及ぼすものである。

　また、スポーツは、人と人との交流及び地域と地域との交流を促進し、地域の一体感や活力を醸成するものであり、人間関係の希薄化等の問題を抱える地域社会の再生に寄与するものである。さらに、スポーツは、心身の健康の保持増進にも重要な役割を果たすものであり、健康で活力に満ちた長寿社会の実現に不可欠である。

　スポーツ選手の不断の努力は、人間の可能性の極限を追求する有意義な営みであり、

こうした努力に基づく国際競技大会における日本人選手の活躍は、国民に誇りと喜び、夢と感動を与え、国民のスポーツへの関心を高めるものである。これらを通じて、スポーツは、我が国社会に活力を生み出し、国民経済の発展に広く寄与するものである。また、スポーツの国際的な交流や貢献が、国際相互理解を促進し、国際平和に大きく貢献するなど、スポーツは、我が国の国際的地位の向上にも極めて重要な役割を果たすものである。

そして、地域におけるスポーツを推進する中から優れたスポーツ選手が育まれ、そのスポーツ選手が地域におけるスポーツの推進に寄与することは、スポーツに係る多様な主体の連携と協働による我が国のスポーツの発展を支える好循環をもたらすものである。

このような国民生活における多面にわたるスポーツの果たす役割の重要性に鑑み、スポーツ立国を実現することは、21世紀の我が国の発展のために不可欠な重要課題である。

ここに、スポーツ立国の実現を目指し、国家戦略として、スポーツに関する施策を総合的かつ計画的に推進するため、この法律を制定する。

第1章　総則

（目的）
第1条　この法律は、スポーツに関し、基本理念を定め、並びに国及び地方公共団体の責務並びにスポーツ団体の努力等を明らかにするとともに、スポーツに関する施策の基本となる事項を定めることにより、スポーツに関する施策を総合的かつ計画的に推進し、もって国民の心身の健全な発達、明るく豊かな国民生活の形成、活力ある社会の実現及び国際社会の調和ある発展に寄与することを目的とする。

（基本理念）
第2条　スポーツは、これを通じて幸福で豊かな生活を営むことが人々の権利であることに鑑み、国民が生涯にわたりあらゆる機会とあらゆる場所において、自主的かつ自律的にその適性及び健康状態に応じて行うことができるようにすることを旨として、推進されなければならない。

2　スポーツは、とりわけ心身の成長の過程にある青少年のスポーツが、体力を向上させ、公正さと規律を尊ぶ態度や克己心を培う等人格の形成に大きな影響を及ぼすものであり、国民の生涯にわたる健全な心と身体を培い、豊かな人間性を育む基礎となるものであるとの認識の下に、学校、スポーツ団体（スポーツの振興のための事業を行うことを主たる目的とする団体をいう。以下同じ。）、家庭及び地域における活動の相互の連携を図りながら推進されなければならない。

3　スポーツは、人々がその居住する地域において、主体的に協働することにより身近に親しむことができるようにするとともに、これを通じて、当該地域における全ての世代の人々の交流が促進され、かつ、地域間の交流の基盤が形成されるものとなるよう推進されなければならない。

4　スポーツは、スポーツを行う者の心身の健康の保持増進及び安全の確保が図られるよう推進されなければならない。

5　スポーツは、障害者が自主的かつ積極的にスポーツを行うことができるよう、障害の種類及び程度に応じ必要な配慮をしつつ推進されなければならない。

6　スポーツは、我が国のスポーツ選手（プロスポーツの選手を含む。以下同じ。）が国際競技大会（オリンピック競技大会、パラリンピック競技大会その他の国際的な規模のスポーツの競技会をいう。以下同じ。）又は全国的な規模のスポーツの競技会において優秀な成績を収めることができるよう、スポーツに関する競技水準（以下「競技水準」という。）の向上に資する諸施策相互の有機的な連携を図りつつ、効果的に推進されなければならない。

7　スポーツは、スポーツに係る国際的な交流及び貢献を推進することにより、国際相互理解の増進及び国際平和に寄与するものとなるよう推進されなければならない。

8　スポーツは、スポーツを行う者に対し、不当に差別的取扱いをせず、また、スポーツに関するあらゆる活動を公正かつ適切に実施することを旨として、ドーピングの防止の重要性に対する国民の認識を深めるなど、スポーツに対する国民の幅広い理解及び支援が得られるよう推進されなければならない。

（国の責務）

第3条　国は、前条の基本理念（以下「基本理念」という。）にのっとり、スポーツに関する施策を総合的に策定し、及び実施する責務を有する。

（地方公共団体の責務）

第4条　地方公共団体は、基本理念にのっとり、スポーツに関する施策に関し、国との連携を図りつつ、自主的かつ主体的に、その地域の特性に応じた施策を策定し、及び実施する責務を有する。

（スポーツ団体の努力）

第5条　スポーツ団体は、スポーツの普及及び競技水準の向上に果たすべき重要な役割に鑑み、基本理念にのっとり、スポーツを行う者の権利利益の保護、心身の健康の保持増進及び安全の確保に配慮しつつ、スポーツの推進に主体的に取り組むよう努めるものとする。

2　スポーツ団体は、スポーツの振興のための事業を適正に行うため、その運営の透明性の確保を図るとともに、その事業活動に関し自らが遵守すべき基準を作成するよう努めるものとする。

3　スポーツ団体は、スポーツに関する紛争について、迅速かつ適正な解決に努めるものとする。

（国民の参加及び支援の促進）

第6条　国、地方公共団体及びスポーツ団体は、国民が健やかで明るく豊かな生活を享受することができるよう、スポーツに対する国民の関心と理解を深め、スポーツへの

国民の参加及び支援を促進するよう努めなければならない。
（関係者相互の連携及び協働）
第7条　国、独立行政法人、地方公共団体、学校、スポーツ団体及び民間事業者その他の関係者は、基本理念の実現を図るため、相互に連携を図りながら協働するよう努めなければならない。
（法制上の措置等）
第8条　政府は、スポーツに関する施策を実施するため必要な法制上、財政上又は税制上の措置その他の措置を講じなければならない。

第2章　スポーツ基本計画等

（スポーツ基本計画）
第9条　文部科学大臣は、スポーツに関する施策の総合的かつ計画的な推進を図るため、スポーツの推進に関する基本的な計画（以下「スポーツ基本計画」という。）を定めなければならない。
2　文部科学大臣は、スポーツ基本計画を定め、又はこれを変更しようとするときは、あらかじめ、審議会等（国家行政組織法（昭和23年法律第120号）第8条に規定する機関をいう。以下同じ。）で政令で定めるものの意見を聴かなければならない。
3　文部科学大臣は、スポーツ基本計画を定め、又はこれを変更しようとするときは、あらかじめ、関係行政機関の施策に係る事項について、第30条に規定するスポーツ推進会議において連絡調整を図るものとする。
（地方スポーツ推進計画）
第10条　都道府県及び市（特別区を含む。以下同じ。）町村の教育委員会（地方教育行政の組織及び運営に関する法律（昭和31年法律第162号）第24条の2第1項の条例の定めるところによりその長がスポーツに関する事務（学校における体育に関する事務を除く。）を管理し、及び執行することとされた地方公共団体（以下「特定地方公共団体」という。）にあっては、その長）は、スポーツ基本計画を参酌して、その地方の実情に即したスポーツの推進に関する計画（以下「地方スポーツ推進計画」という。）を定めるよう努めるものとする。
2　特定地方公共団体の長が地方スポーツ推進計画を定め、又はこれを変更しようとするときは、あらかじめ、当該特定地方公共団体の教育委員会の意見を聴かなければならない。

第3章　基本的施策

第1節　スポーツの推進のための基礎的条件の整備等

（指導者等の養成等）
第11条　国及び地方公共団体は、スポーツの指導者その他スポーツの推進に寄与する

参考資料

人材（以下「指導者等」という。）の養成及び資質の向上並びにその活用のため、系統的な養成システムの開発又は利用への支援、研究集会又は講習会（以下「研究集会等」という。）の開催その他の必要な施策を講ずるよう努めなければならない。

（スポーツ施設の整備等）

第12条　国及び地方公共団体は、国民が身近にスポーツに親しむことができるようにするとともに、競技水準の向上を図ることができるよう、スポーツ施設（スポーツの設備を含む。以下同じ。）の整備、利用者の需要に応じたスポーツ施設の運用の改善、スポーツ施設への指導者等の配置その他の必要な施策を講ずるよう努めなければならない。

2　前項の規定によりスポーツ施設を整備するに当たっては、当該スポーツ施設の利用の実態等に応じて、安全の確保を図るとともに、障害者等の利便性の向上を図るよう努めるものとする。

（学校施設の利用）

第13条　学校教育法（昭和22年法律第26号）第2条第2項に規定する国立学校及び公立学校の設置者は、その設置する学校の教育に支障のない限り、当該学校のスポーツ施設を一般のスポーツのための利用に供するよう努めなければならない。

2　国及び地方公共団体は、前項の利用を容易にさせるため、又はその利用上の利便性の向上を図るため、当該学校のスポーツ施設の改修、照明施設の設置その他の必要な施策を講ずるよう努めなければならない。

（スポーツ事故の防止等）

第14条　国及び地方公共団体は、スポーツ事故その他スポーツによって生じる外傷、障害等の防止及びこれらの軽減に資するため、指導者等の研修、スポーツ施設の整備、スポーツにおける心身の健康の保持増進及び安全の確保に関する知識（スポーツ用具の適切な使用に係る知識を含む。）の普及その他の必要な措置を講ずるよう努めなければならない。

（スポーツに関する紛争の迅速かつ適正な解決）

第15条　国は、スポーツに関する紛争の仲裁又は調停の中立性及び公正性が確保され、スポーツを行う者の権利利益の保護が図られるよう、スポーツに関する紛争の仲裁又は調停を行う機関への支援、仲裁人等の資質の向上、紛争解決手続についてのスポーツ団体の理解の増進その他のスポーツに関する紛争の迅速かつ適正な解決に資するために必要な施策を講ずるものとする。

（スポーツに関する科学的研究の推進等）

第16条　国は、医学、歯学、生理学、心理学、力学等のスポーツに関する諸科学を総合して実際的及び基礎的な研究を推進し、これらの研究の成果を活用してスポーツに関する施策の効果的な推進を図るものとする。この場合において、研究体制の整備、国、独立行政法人、大学、スポーツ団体、民間事業者等の間の連携の強化その他の必

要な施策を講ずるものとする。
2　国は、我が国のスポーツの推進を図るため、スポーツの実施状況並びに競技水準の向上を図るための調査研究の成果及び取組の状況に関する情報その他のスポーツに関する国の内外の情報の収集、整理及び活用について必要な施策を講ずるものとする。

（学校における体育の充実）
第17条　国及び地方公共団体は、学校における体育が青少年の心身の健全な発達に資するものであり、かつ、スポーツに関する技能及び生涯にわたってスポーツに親しむ態度を養う上で重要な役割を果たすものであることに鑑み、体育に関する指導の充実、体育館、運動場、水泳プール、武道場その他のスポーツ施設の整備、体育に関する教員の資質の向上、地域におけるスポーツの指導者等の活用その他の必要な施策を講ずるよう努めなければならない。

（スポーツ産業の事業者との連携等）
第18条　国は、スポーツの普及又は競技水準の向上を図る上でスポーツ産業の事業者が果たす役割の重要性に鑑み、スポーツ団体とスポーツ産業の事業者との連携及び協力の促進その他の必要な施策を講ずるものとする。

（スポーツに係る国際的な交流及び貢献の推進）
第19条　国及び地方公共団体は、スポーツ選手及び指導者等の派遣及び招へい、スポーツに関する国際団体への人材の派遣、国際競技大会及び国際的な規模のスポーツの研究集会等の開催その他のスポーツに係る国際的な交流及び貢献を推進するために必要な施策を講ずることにより、我が国の競技水準の向上を図るよう努めるとともに、環境の保全に留意しつつ、国際相互理解の増進及び国際平和に寄与するよう努めなければならない。

（顕彰）
第20条　国及び地方公共団体は、スポーツの競技会において優秀な成績を収めた者及びスポーツの発展に寄与した者の顕彰に努めなければならない。

　　第2節　多様なスポーツの機会の確保のための環境の整備

（地域におけるスポーツの振興のための事業への支援等）
第21条　国及び地方公共団体は、国民がその興味又は関心に応じて身近にスポーツに親しむことができるよう、住民が主体的に運営するスポーツ団体（以下「地域スポーツクラブ」という。）が行う地域におけるスポーツの振興のための事業への支援、住民が安全かつ効果的にスポーツを行うための指導者等の配置、住民が快適にスポーツを行い相互に交流を深めることができるスポーツ施設の整備その他の必要な施策を講ずるよう努めなければならない。

（スポーツ行事の実施及び奨励）
第22条　地方公共団体は、広く住民が自主的かつ積極的に参加できるような運動会、競技会、体力テスト、スポーツ教室等のスポーツ行事を実施するよう努めるとともに、

地域スポーツクラブその他の者がこれらの行事を実施するよう奨励に努めなければならない。

2　国は、地方公共団体に対し、前項の行事の実施に関し必要な援助を行うものとする。

（体育の日の行事）

第23条　国及び地方公共団体は、国民の祝日に関する法律（昭和23年法律第178号）第2条に規定する体育の日において、国民の間に広くスポーツについての関心と理解を深め、かつ、積極的にスポーツを行う意欲を高揚するような行事を実施するよう努めるとともに、広く国民があらゆる地域でそれぞれその生活の実情に即してスポーツを行うことができるような行事が実施されるよう、必要な施策を講じ、及び援助を行うよう努めなければならない。

（野外活動及びスポーツ・レクリエーション活動の普及奨励）

第24条　国及び地方公共団体は、心身の健全な発達、生きがいのある豊かな生活の実現等のために行われるハイキング、サイクリング、キャンプ活動その他の野外活動及びスポーツとして行われるレクリエーション活動（以下この条において「スポーツ・レクリエーション活動」という。）を普及奨励するため、野外活動又はスポーツ・レクリエーション活動に係るスポーツ施設の整備、住民の交流の場となる行事の実施その他の必要な施策を講ずるよう努めなければならない。

第3節　競技水準の向上等

（優秀なスポーツ選手の育成等）

第25条　国は、優秀なスポーツ選手を確保し、及び育成するため、スポーツ団体が行う合宿、国際競技大会又は全国的な規模のスポーツの競技会へのスポーツ選手及び指導者等の派遣、優れた資質を有する青少年に対する指導その他の活動への支援、スポーツ選手の競技技術の向上及びその効果の十分な発揮を図る上で必要な環境の整備その他の必要な施策を講ずるものとする。

2　国は、優秀なスポーツ選手及び指導者等が、生涯にわたりその有する能力を幅広く社会に生かすことができるよう、社会の各分野で活躍できる知識及び技能の習得に対する支援並びに活躍できる環境の整備の促進その他の必要な施策を講ずるものとする。

（国民体育大会及び全国障害者スポーツ大会）

第26条　国民体育大会は、公益財団法人日本体育協会（昭和2年8月8日に財団法人大日本体育協会という名称で設立された法人をいう。以下同じ。）、国及び開催地の都道府県が共同して開催するものとし、これらの開催者が定める方法により選出された選手が参加して総合的に運動競技をするものとする。

2　全国障害者スポーツ大会は、財団法人日本障害者スポーツ協会（昭和40年5月24日に財団法人日本身体障害者スポーツ協会という名称で設立された法人をいう。以下同じ。）、国及び開催地の都道府県が共同して開催するものとし、これらの開催者が定める方法により選出された選手が参加して総合的に運動競技をするものとする。

3　国は、国民体育大会及び全国障害者スポーツ大会の円滑な実施及び運営に資するため、これらの開催者である公益財団法人日本体育協会又は財団法人日本障害者スポーツ協会及び開催地の都道府県に対し、必要な援助を行うものとする。

（国際競技大会の招致又は開催の支援等）
第27条　国は、国際競技大会の我が国への招致又はその開催が円滑になされるよう、環境の保全に留意しつつ、そのための社会的気運の醸成、当該招致又は開催に必要な資金の確保、国際競技大会に参加する外国人の受入れ等に必要な特別の措置を講ずるものとする。

2　国は、公益財団法人日本オリンピック委員会（平成元年8月7日に財団法人日本オリンピック委員会という名称で設立された法人をいう。）、財団法人日本障害者スポーツ協会その他のスポーツ団体が行う国際的な規模のスポーツの振興のための事業に関し必要な措置を講ずるに当たっては、当該スポーツ団体との緊密な連絡を図るものとする。

（企業、大学等によるスポーツへの支援）
第28条　国は、スポーツの普及又は競技水準の向上を図る上で企業のスポーツチーム等が果たす役割の重要性に鑑み、企業、大学等によるスポーツへの支援に必要な施策を講ずるものとする。

（ドーピング防止活動の推進）
第29条　国は、スポーツにおけるドーピングの防止に関する国際規約に従ってドーピングの防止活動を実施するため、公益財団法人日本アンチ・ドーピング機構（平成13年9月16日に財団法人日本アンチ・ドーピング機構という名称で設立された法人をいう。）と連携を図りつつ、ドーピングの検査、ドーピングの防止に関する教育及び啓発その他のドーピングの防止活動の実施に係る体制の整備、国際的なドーピングの防止に関する機関等への支援その他の必要な施策を講ずるものとする。

　第4章　スポーツの推進に係る体制の整備

（スポーツ推進会議）
第30条　政府は、スポーツに関する施策の総合的、一体的かつ効果的な推進を図るため、スポーツ推進会議を設け、文部科学省及び厚生労働省、経済産業省、国土交通省その他の関係行政機関相互の連絡調整を行うものとする。

（都道府県及び市町村のスポーツ推進審議会等）
第31条　都道府県及び市町村に、地方スポーツ推進計画その他のスポーツの推進に関する重要事項を調査審議させるため、条例で定めるところにより、審議会その他の合議制の機関（以下「スポーツ推進審議会等」という。）を置くことができる。

（スポーツ推進委員）
第32条　市町村の教育委員会（特定地方公共団体にあっては、その長）は、当該市町

村におけるスポーツの推進に係る体制の整備を図るため、社会的信望があり、スポーツに関する深い関心と理解を有し、及び次項に規定する職務を行うのに必要な熱意と能力を有する者の中から、スポーツ推進委員を委嘱するものとする。
2 スポーツ推進委員は、当該市町村におけるスポーツの推進のため、教育委員会規則（特定地方公共団体にあっては、地方公共団体の規則）の定めるところにより、スポーツの推進のための事業の実施に係る連絡調整並びに住民に対するスポーツの実技の指導その他スポーツに関する指導及び助言を行うものとする。
3 スポーツ推進委員は、非常勤とする。

第5章 国の補助等

(国の補助)
第33条 国は、地方公共団体に対し、予算の範囲内において、政令で定めるところにより、次に掲げる経費について、その一部を補助する。
一 国民体育大会及び全国障害者スポーツ大会の実施及び運営に要する経費であって、これらの開催地の都道府県において要するもの
二 その他スポーツの推進のために地方公共団体が行う事業に要する経費であって特に必要と認められるもの
2 国は、学校法人に対し、その設置する学校のスポーツ施設の整備に要する経費について、予算の範囲内において、その一部を補助することができる。この場合においては、私立学校振興助成法（昭和50年法律第61号）第11条から第13条までの規定の適用があるものとする。
3 国は、スポーツ団体であってその行う事業が我が国のスポーツの振興に重要な意義を有すると認められるものに対し、当該事業に関し必要な経費について、予算の範囲内において、その一部を補助することができる。

(地方公共団体の補助)
第34条 地方公共団体は、スポーツ団体に対し、その行うスポーツの振興のための事業に関し必要な経費について、その一部を補助することができる。

(審議会等への諮問等)
第35条 国又は地方公共団体が第33条第3項又は前条の規定により社会教育関係団体（社会教育法（昭和24年法律第207号）第10条に規定する社会教育関係団体をいう。）であるスポーツ団体に対し補助金を交付しようとする場合には、あらかじめ、国にあっては文部科学大臣が第9条第2項の政令で定める審議会等の、地方公共団体にあっては教育委員会（特定地方公共団体におけるスポーツに関する事務（学校における体育に関する事務を除く。）に係る補助金の交付については、その長）がスポーツ推進審議会等その他の合議制の機関の意見を聴かなければならない。この意見を聴いた場合においては、同法第13条の規定による意見を聴くことを要しない。

附則
　（施行期日）
第１条　この法律は、公布の日から起算して６月を超えない範囲内において政令で定める日から施行する。
　（スポーツに関する施策を総合的に推進するための行政組織の在り方の検討）
第２条　政府は、スポーツに関する施策を総合的に推進するため、スポーツ庁及びスポーツに関する審議会等の設置等行政組織の在り方について、政府の行政改革の基本方針との整合性に配慮して検討を加え、その結果に基づいて必要な措置を講ずるものとする。

〔付〕　スポーツ振興法

　　　第１章　総則
　（目的）
第１条　この法律は、スポーツの振興に関する施策の基本を明らかにし、もつて国民の心身の健全な発達と明るく豊かな国民生活の形成に寄与することを目的とする。
２　この法律の運用に当たつては、スポーツをすることを国民に強制し、又はスポーツを前項の目的以外の目的のために利用することがあつてはならない。
　（定義）
第２条　この法律において「スポーツ」とは、運動競技及び身体運動（キャンプ活動その他の野外活動を含む。）であつて、心身の健全な発達を図るためにされるものをいう。
　（施策の方針）
第３条　国及び地方公共団体は、スポーツの振興に関する施策の実施に当たつては、国民の間において行なわれるスポーツに関する自発的な活動に協力しつつ、ひろく国民があらゆる機会とあらゆる場所において自主的にその適性及び健康状態に応じてスポーツをすることができるような諸条件の整備に努めなければならない。
２　この法律に規定するスポーツの振興に関する施策は、営利のためのスポーツを振興するためのものではない。
　（計画の策定）
第４条　文部科学大臣は、スポーツの振興に関する基本的計画を定めるものとする。
２　文部科学大臣は、前項の基本的計画を定めるについては、あらかじめ、審議会等（国家行政組織法（昭和23年法律第120号）第８条に規定する機関をいう。第23条において同じ。）で政令で定めるものの意見を聴かなければならない。
３　都道府県及び市（特別区を含む。以下同じ。）町村の教育委員会（地方教育行政の組織及び運営に関する法律（昭和31年法律第162号）第24条の２第１項の条例の定めるところによりその長がスポーツに関する事務（学校における体育に関する事務を除く。）を管理し、及び執行することとされた地方公共団体（以下「特定地方公共団体」という。）にあつては、その長）は、第１項の基本的計画を参しやくして、その地方の実情に即したスポーツの振興に関する計画を定めるものとする。
４　都道府県及び第18条第２項の審議会その他の合議制の機関が置かれている市町村の教育委

員会（当該都道府県又は当該市町村が特定地方公共団体である場合にあつては、その長）は、前項の計画を定めるについては、あらかじめ、同条第3項に規定するスポーツ振興審議会等の意見を聴かなければならない。
5　第3項の規定により、地方公共団体の長がスポーツの振興に関する計画を定める場合には、あらかじめ、当該地方公共団体の教育委員会の意見を聴かなければならない。
　　第2章　スポーツの振興のための措置
(体育の日の行事)
第5条　国及び地方公共団体は、国民の祝日に関する法律（昭和23年法律第178号）第2条に規定する体育の日において、国民の間にひろくスポーツについての理解と関心を深め、かつ、積極的にスポーツをする意欲を高揚するような行事を実施するとともに、この日において、ひろく国民があらゆる地域及び職域でそれぞれその生活の実情に即してスポーツをすることができるような行事が実施されるよう、必要な措置を講じ、及び援助を行なうものとする。
(国民体育大会)
第6条　国民体育大会は、財団法人日本体育協会（昭和2年8月8日に財団法人大日本体育協会という名称で設立された法人をいう。第3項において同じ。）、国及び開催地の都道府県が共同して開催する。
2　国民体育大会においては、都道府県ごとに選出された選手が参加して総合的に運動競技をするものとする。
3　国は、国民体育大会の円滑な運営に資するため、財団法人日本体育協会及び開催地の都道府県に対し、必要な援助を行うものとする。
(スポーツ行事の実施及び奨励)
第7条　地方公共団体は、ひろく住民が自主的かつ積極的に参加できるような運動会、競技会、運動能力テスト、スポーツ教室等のスポーツ行事を実施するように努め、かつ、団体その他の者がこれらの行事を実施するよう奨励しなければならない。
2　国は、地方公共団体に対し、前項の行事の実施に関し必要な援助を行なうものとする。
(青少年スポーツの振興)
第8条　国及び地方公共団体は、青少年スポーツの振興に関し特別の配慮をしなければならない。
(職場スポーツの奨励)
第9条　国及び地方公共団体は、勤労者が勤労の余暇を利用して積極的にスポーツをすることができるようにするため、職場スポーツの奨励に必要な措置を講ずるよう努めなければならない。
(野外活動の普及奨励)
第10条　国及び地方公共団体は、心身の健全な発達のために行なわれる徒歩旅行、自転車旅行、キャンプ活動その他の野外活動の普及奨励するため、コースの設定、キャンプ場の開設その他の必要な措置を講ずるよう努めなければならない。
(指導者の充実)
第11条　国及び地方公共団体は、スポーツの指導者の養成及びその資質の向上のため、講習会、研究集会等の開催その他の必要な措置を講ずるよう努めなければならない。
(施設の整備)
第12条　国及び地方公共団体は、体育館、水泳プールその他の政令で定めるスポーツ施設（スポーツの設備を含む。以下同じ。）が政令で定める基準に達するよう、その整備に努めなけ

ればならない。
(学校施設の利用)
第13条　学校教育法（昭和22年法律第26号）第2条第2項に規定する国立学校及び公立学校の設置者は、その設置する学校の教育に支障のない限り、当該学校のスポーツ施設を一般のスポーツのための利用に供するよう努めなければならない。
2　国及び地方公共団体は、前項の利用を容易にさせるため、当該学校の施設（設備を含む。）の補修等に関し適切な措置を講ずるよう努めなければならない。
(スポーツの水準の向上のための措置)
第14条　国及び地方公共団体は、わが国のスポーツの水準を国際的に高いものにするため、必要な措置を講ずるよう努めなければならない。
2　国は、前項に定める措置のうち、財団法人日本オリンピック委員会（平成元年8月7日に財団法人日本オリンピック委員会という名称で設立された法人をいう。以下この項において同じ。）が行う国際的な規模のスポーツの振興のための事業に関する措置を講ずるに当たつては、財団法人日本オリンピック委員会との緊密な連絡に努めるものとする。
(顕彰)
第15条　国及び地方公共団体は、スポーツの優秀な成績を収めた者及びスポーツの振興に寄与した者の顕彰に努めなければならない。
(スポーツ事故の防止)
第16条　国及び地方公共団体は、登山事故、水泳事故その他のスポーツ事故を防止するため、施設の整備、指導者の養成、事故防止に関する知識の普及その他の必要な措置を講ずるよう努めなければならない。
(プロスポーツの選手の競技技術の活用)
第16条の2　国及び地方公共団体は、スポーツの振興のための措置を講ずるに当たつては、プロスポーツの選手の高度な競技技術が我が国におけるスポーツに関する競技水準の向上及びスポーツの普及に重要な役割を果たしていることにかんがみ、その活用について適切な配慮をするよう努めなければならない。
(科学的研究の促進)
第17条　国は、医学、生理学、心理学、力学その他の諸科学を総合して、スポーツに関する実際的、基礎的研究を促進するよう努めるものとする。
　　第3章　スポーツ振興審議会等及び体育指導委員
(スポーツ振興審議会等)
第18条　都道府県に、スポーツの振興に関する審議会その他の合議制の機関を置くものとする。
2　市町村に、スポーツの振興に関する審議会その他の合議制の機関を置くことができる。
3　前2項の審議会その他の合議制の機関（以下「スポーツ振興審議会等」という。）は、第4条第4項に規定するもののほか、都道府県の教育委員会若しくは知事又は市町村の教育委員会（当該市町村が特定地方公共団体である場合にあつては、市町村の教育委員会又はその長。以下この項において同じ。）の諮問に応じて、スポーツの振興に関する重要事項について調査審議し、及びこれらの事項に関して都道府県の教育委員会若しくは知事又は市町村の教育委員会に建議する。
4　スポーツ振興審議会等の委員は、スポーツに関する学識経験のある者及び関係行政機関の職員の中から、教育委員会が任命する。この場合において、都道府県の教育委員会は知事の、市町村の教育委員会はその長の意見を聴かなければならない。

5 前項の規定にかかわらず、特定地方公共団体におけるスポーツ振興審議会等の委員の任命は、当該特定地方公共団体の教育委員会の意見を聴いて、地方公共団体の長が行う。
6 第1項から前項までに定めるもののほか、スポーツ振興審議会等の委員の定数、任期その他スポーツ振興審議会等に関し必要な事項については、条例で定める。

（体育指導委員）
第19条　市町村の教育委員会（特定地方公共団体にあつては、その長）は、社会的信望があり、スポーツに関する深い関心と理解を持ち、及び次項に規定する職務を行うのに必要な熱意と能力を持つ者の中から、体育指導委員を委嘱するものとする。
2　体育指導委員は、教育委員会規則（特定地方公共団体にあつては、地方公共団体の規則）の定めるところにより、当該市町村におけるスポーツの振興のため、住民に対し、スポーツの実技の指導その他スポーツに関する指導及び助言を行うものとする。
3　体育指導委員は、非常勤とする。

第4章　国の補助等

（国の補助）
第20条　国は、地方公共団体に対し、予算の範囲内において、政令で定めるところにより、次の各号に掲げる経費について、その一部を補助する。
　一　国民体育大会の運営に要する経費であつてその開催地の都道府県において要するもの
　二　その他スポーツの振興のために地方公共団体が行なう事業に要する経費であつて特に必要と認められるもの
2　国は、学校法人に対し、その設置する学校のスポーツ施設の整備に要する経費について、予算の範囲内において、その一部を補助することができる。この場合においては、私立学校振興助成法（昭和50年法律第61号）第11条から第13条までの規定の適用があるものとする。
3　国は、スポーツの振興のための事業を行なうことを主たる目的とする団体であつて当該事業がわが国のスポーツの振興に重要な意義を有すると認められるものに対し、当該事業に関し必要な経費について、予算の範囲内において、その一部を補助することができる。

（他の法律との関係）
第21条　前条第1項及び第2項の規定は、他の法律の規定に基づき国が負担し、又は補助する経費については、適用しない。

（地方公共団体の補助）
第22条　地方公共団体は、スポーツの振興のための事業を行なうことを主たる目的とする団体に対し、当該事業に関し必要な経費についてその一部を補助することができる。

（審議会への諮問等）
第23条　国又は地方公共団体が第20条第3項又は前条の規定により団体に対し補助金を交付しようとする場合には、あらかじめ、国にあつては文部科学大臣が第4条第2項の政令で定める審議会等の、地方公共団体にあつては教育委員会（特定地方公共団体におけるスポーツに関する事務（学校における体育に関する事務を除く。）に係る補助金の交付については、その長）がスポーツ振興審議会等の意見を聴かなければならない。この意見を聴いた場合においては、社会教育法（昭和24年法律第207号）第13条の規定による意見を聴くことを要しない。

附　則（省略）

〔参考資料３〕
『Q&A スポーツの法律問題』設問一覧

　ここでは、『Q&A スポーツの法律問題〔第３版補訂版〕』（民事法研究会）で扱われている、Q（質問）だけ、そのまま列挙します。「スポーツ法」といわれる分野は幅が広く、奥が深いことを理解していただけるでしょう。
　各自で考え議論して自分なりの解答を考えてみてください。

第１章　総　論

Q１　21世紀とスポーツ
　　　21世紀はスポーツの世紀であると語られていますが、どのようにすればスポーツ文化が花咲く世紀となるのでしょうか。

Q２　スポーツをする権利
　　　スポーツをする権利とは何ですか。

Q３　スポーツと法律、弁護士の役割
　　　スポーツに関する法律の規定はどうなっていますか。

Q４　スポーツ基本法
　　　スポーツ基本法が成立したと聞きましたが、どんな法律なのでしょうか。

Q５　スポーツマンシップ
　　　スポーツマンシップとは何ですか。スポーツマンシップを守らないとどういうことになりますか。

Q６　スポーツのルールと法
　　　ルールブックには「第〇条」と書かれ、違反には罰則もあり、審判の判定も裁判と似ているように思います。スポーツのルールも法なのですか。

Q７　スポーツ団体のガバナンス
　　　私はあるスポーツ団体の理事をしていますが、会員の中から一部の会員を優遇し公平な運営がなされていないとか、お金の使い方が不明朗だ、などという批判があります。私たちは理事として、適正に運営していると思っているのですが、なかなか理解してもらえません。どのような点に注意して運営をすればいいでしょうか。

参考資料

第2章　スポーツと人権

Q1　外国人とスポーツ

　　外国人が日本国内でスポーツをする場合に、何か制限はあるのでしょうか。具体例をあげて説明してください。

Q2　大相撲と国籍・性別問題

　　大相撲は国技といわれていますが、最近は、曙・武蔵丸・朝青龍が最高位の横綱に就くなど、外国人力士の活躍も目立っています。しかし、幕内上位になると、みな帰化することが多いように思われます。また、今でも女性が土俵に上がることは許されないとされています。現代の国際化時代や男女平等の流れに反するようにも思うのですが、いかがでしょうか。

Q3　性別とスポーツ

　　女性がスポーツをしていくうえで、どのような問題がありますか。また、その問題を解消するため、どのような試みがなされていますか。

Q4　スポーツ競技大会における女子選手のセックスチェック

　　オリンピックなど、トップアスリートが参加する競技会では、女子選手に対して、性別確認検査（セックスチェック）が行われることがあると聞きます。その検査の目的は何ですか。人権上の問題はないのでしょうか。

Q5　性同一性障害とスポーツ

　　最近、新聞やマスコミ等で「性同一性障害」という言葉に接する機会が増えました。具体的にはどのような障害なのでしょうか。
　　また競技スポーツとの関係では、どのような点が問題になりますか。

Q6　障害者のスポーツ

　　障害者が健常者と同等に、スポーツをしたり、見たりするために、どのような試みがなされていますか。

Q7　アンチ・ドーピング活動の拡大

　　オリンピックなどでドーピング違反によりメダルがはく奪されるという事件を新聞などで読みますが、ドーピングの検査はオリンピックに出場する一流選手だけに行われるのですか、それとももっと広く行われているのですか。

Q8　スポーツにおけるプライバシー問題

　　最近、あるプロスポーツ選手の女性関係がマスコミにより報道され、その選手が競技への参加の自粛を余儀なくされるといったニュースを耳にしました。そのような報道は、選手のプライバシーの侵害にはあたらないのでしょうか。

第3章　スポーツ紛争・スポーツ事故

Q1　スポーツ紛争の解決手続（スポーツ仲裁制度）
　　以前に、オリンピックの競泳競技の選手選考や、ドーピングによる出場資格停止処分をめぐって、日本のスポーツ選手がスイスにある「スポーツ仲裁裁判所」に提訴したと聞いたことがあります。そもそも「スポーツ仲裁」とは何ですか。裁判とは何が違うのですか。日本国内でもスポーツ仲裁を申し立てることはできますか。

Q2　スポーツにおける危険の引受けとボクシング試合中の死亡事故
　　ボクシングの試合でノックアウトされた選手が死亡しました。誰にどのような責任がありますか。スポーツの性質や危険性が考慮されることはありますか。

Q3　学校の部活動
　　学校の部活動は法律ではどのように定められていますか。また、最近は運動部に入る生徒が少ないという声も聞きますが、どのような状況ですか。

Q4　柔道部活動中の事故と損害賠償請求の相手方
　　私立高校の柔道部に入部した息子が、入部初日に上級生に背負い投げをされ、受け身を知らなかった息子は鎖骨を複雑骨折するという重傷を負いました。なお、このクラブは体育教員が監督として現場で指導にあたっていました。誰を相手に損害賠償を請求することができますか。

Q5　野球部員の不祥事
　　本校は、高校野球では全国にかなりよく知られた強豪校です。
　　ところが、先日、野球部の活動中に、上級生が下級生の練習態度が悪いと言って顔を殴るなどの暴行を加え、ケガをさせてしまいました。
　　事件を起こした上級生の少年の処分はどうなりますか、また、部活動に及ぼす影響を教えてください。

Q6　部活動でのしごきやいじめへの対処法
　　僕は中学校で野球部に入っていますが、部活動での「しごき」は当然という風潮が今も残っています。先輩は、これは「厳しい練習」だとか「鍛錬」とか言っていますが、僕は納得できません。僕ら下級生を雑用にこき使い、それに不満をもらすと「いじめ」が始まるのです。このことを学校の先生に説明しても、まともに取り上げてくれません。「しごき」や「いじめ」について教えてください。

Q7　狭い学校グラウンド内でのクラブ活動中の事故
　　僕の高校は、グラウンドがあまり広くありません。そのため、放課後いくつものクラブが同じグラウンドでいっしょに練習しています。この前、僕は、所属し

ている陸上部の練習でいつものようにグラウンドを走っていましたが、その日は気分転換にいつもと違うランニングコースを走っていました。そのとき、隣で練習していた野球部員の打ったボールが、僕の頭に当たり、僕はケガをしてしまいました。幸い、僕のケガはたいしたことがなかったのですが、このような場合、同じグラウンドで練習させている学校や、ボールを打った野球部員に事故の責任はないのでしょうか。また、僕自身に何らかの落ち度を問われることはありますか。

Q8 ラグビーの試合中の事故と法的責任の有無

　私の息子は、私立高校のラグビー部に所属していましたが、ラグビーの試合中、相手チームの選手と激突して頭を強く打ったところ、打ちどころが悪く、1週間後に死亡してしまいました。今回の事故について、相手の選手やチームに責任はないのでしょうか。

　私の息子は、事故当時、高校からまったくの初心者としてラグビーを始めた1年生だったのですが、ぶつかった相手のチームは、大学のラグビー部で、かなりの強豪校だったと聞いています。この場合、不適切な相手チームと試合を組んだ学校や指導者に責任を問うことはできませんか。

Q9 自治会主催の海水浴での事故の責任

　自治会主催で海水浴に行きました。自治会の子ども会が引率していったのですが、参加者の一人、5歳の幼稚園児が高波にさらわれ行方不明になり、翌日死体で発見されました。この子の親がちょっと目を離したすきの出来事だったようです。当日は、台風の影響で波が高いとの予報が出ていました。このような場合、誰がどういった責任を負うのでしょうか。

Q10 野球少年のいたずらと責任

　少年野球の監督をしています。練習が終わって解散宣言をした直後、子どもたちが悪ふざけをして、小学3年生の少年が近くに駐車していた自動車の上に飛び乗ってしまいました。そのため、自動車のワイパーが壊れ、車体にも傷がつき、車の所有者から15万円の弁償を求められています。

　この場合、野球の監督である私は責任を負うのでしょうか。責任を負うとしたら、どのような責任を負うのでしょうか。

　また、遠征先に向かうための移動中に、このような事件が起こった場合にはどうなりますか。

Q11 スポーツ指導者が気を付けること

　以前、大阪の高槻市で落雷事故があって、学校と体育協会に賠償責任が命じられたようですが、裁判では何が問題になったのですか。また、どのような場合に指導者に責任が認められやすいか、指導者として気を付けるべきポイントがあれば教えてください。

3 『Q&Aスポーツの法律問題』設問一覧

Q12 幼少期からの育成の現状

　　最近、子どもを幼少期からスポーツ教室に通わせる親が増えていますが、幼少期からの育成には何か問題がないでしょうか。また、スポーツ選手育成のために、日本国内ではどのような取り組みがされているのでしょうか。

Q13 登山事故・山岳保険

　　登山中に遭難したりケガをした場合、誰にどのような責任が生じますか。また、これらの事故に備えてどのような保険に入ればよいですか。

Q14 スキューバダイビングのスクール主催者の責任

　　A子は、スキューバダイビングの未経験者ですが、このたび初心者向けの資格取得（Cカード取得）を目指して、甲スポーツ株式会社が主催するスキューバダイビング講習に応募し、とあるスキューバダイビングスポットに出かけました。しかし、A子はこの講習の海洋実習中、海岸から100m程度離れたダイビングスポイントに向かう途中で行方不明になり、やがて溺死しているのが発見されました。このような場合、A子の遺族（相続人）は甲スポーツに損害賠償責任を追及することができますか。

Q15 スキー場でのスキー・スノーボード事故

　　私は、スキー歴15年の中級レベルの一般スキーヤーです。先日、スキー場で、スノーボーダーとの接触事故に遭い、双方、骨折等のケガをしました。私は、ケガの治療のためにパートに働きにもいけず、家事にも支障を来しています。相手方に対し、損害賠償の請求はできますか。また、相手方から請求があった場合、支払わなくてはなりませんか。

Q16 オリエンテーリング中の事故

　　全国一斉オリエンテーリングに家族で参加しました。山の中をポイントを探しながら歩いていたところ、ちょっとした物音に驚いた次男（小学5年生）が、2～3歩よろけてからだをひねったとき、有刺鉄線に触れ、顔と腕にそれぞれ5針と10針縫うケガをしました。有刺鉄線は、緑色でわかりにくく、私も、次男がケガをしてはじめてあるのがわかりました。次男以外にも、手に軽いケガをした人が二人いたようです。主催者は応急手当てだけしてくれましたが、その他に責任はないのでしょうか。この有刺鉄線は、農家の人が、猪予防のため張りめぐらせていたものだと聞きました。

Q17 エアロビクスによる身体障害と責任

　　私はOLですが、エアロビクス教室に通っています。エアロビクスを始めたのは、エアロビクスのインストラクターから、体によいと説明を受けたからです。しかし、どうも最近、足が痛むので病院に行ったところ、筋肉が激しい運動のため傷ついているとのことでした。もうエアロビクスはやめるつもりですが、教室を主催している会社などに対し、治療費などは請求できるのでしょうか。

参考資料

Q18　テニススクールにおける負傷事故

　　T株式会社が運営する硬式テニス・スクールの受講生である甲女は、試合形式の練習中、コートチェンジのため反対側のコートに向け小走りで移動中、隣のコートで同じく試合形式での練習をしていた受講生の打ったボールが飛んできてその右目にあたり、このため網膜振盪症の傷害を負いました。この場合、甲女はT社に損害賠償を請求することができますか。

Q19　市営プールでの事故

　　私の息子は、先日、市営プールに行き、スタート台から逆（頭部から）飛び込みをしたところ、プールの底で頭部を強打し、首の骨を折り脊髄損傷の重症になりました。

　　市に対して、賠償を求めることができますか。

　　プールには5コースあり、その構造は長さ25m、幅12m、水深1.2〜1.4mです。事故当時、プールにはアルバイトの監視員がいて、「飛び込み禁止」との張り紙があったようです。

Q20　インラインスケートの欠陥による事故と責任

　　私の子どもは、インラインスケートに夢中ですが、先日、新しく買ったスケート靴のコマが外れてよろけたはずみで転倒しケガをしました。スケート靴を売った店に責任をとってもらえるのでしょうか。スケート靴のメーカーに対してはどうでしょうか。

Q21　学校開放中の事故

　　長男の通っている学校が、日曜ごとに開放され、たくさんの人が校庭に集まり、楽しく汗を流しています。この前、二つの草野球チームが校庭で練習をしていたのですが、一方のチームの一人が背走してボールを追いかけ、他のチームの一人と衝突し、二人とも救急車で病院に運び込まれました。この場合、二人の負ったケガについて、グラウンドを貸し出した学校に対して責任を追及できるのでしょうか。

Q22　球場でのファウルボールによる事故

　　プロ野球観戦中、ファウルボールが飛んできて、観客に当たり、鼻血を出しました。球団・球場所有者の責任はあるのでしょうか。

Q23　競歩のロード練習中の交通事故

　　私は、高校陸上部の競歩の選手ですが、部の監督の指導のもとでロードで練習していて、運送会社のトラックにはねられ骨折しました。自分では、国際大会での上位入賞も可能だと思っていたのですが、この事故で選手生命も危うくなりました。責任を追及するとすれば、誰に対してですか。

Q24　ゴルフ場での事故と責任追及の相手方

　　いっしょにゴルフコースをまわっていた同伴者が、隣のホールから飛んできた

ボールに当たり負傷しました。誰にどんな責任を追及できますか。

Q25 スキー場のゲレンデ欠陥による事故

　　スキー場の立入禁止区域の斜面に進入して滑走していたスキーヤーが、滑走によって発生した雪崩に巻き込まれて死亡するという事故が発生しました。死亡したスキーヤーの遺族はスキー場管理者に対して、民事上の責任を問えるでしょうか。

Q26 カーレース観戦中の事故

　　カーレースの見物中、衝突事故が起こり、自動車の破片が飛んできて頬がえぐれる重傷を負いました。レーサーは奇跡的に無事だったのですが、私は誰に責任を追及したらいいのでしょうか。

第4章　スポーツと契約・規則

Q1 スポーツ活動に関する契約と免責規定

　　最近、近所のスポーツクラブに入会しました。会員約款の中に「当スポーツクラブは、施設の利用に関して生じた事故に関し、一切法的責任を負いません」との記載がありました。また、以前スキューバダイビング講習の申込みの際には、「死亡、負傷その他事故に関する全ての損害について請求を放棄します」と書かれた書面に署名しました。このような書面がある場合、事故が発生しても損害賠償請求できなくなるのでしょうか。

Q2 スポーツ推薦と不利益処分

　　スポーツ推薦でA高校（私立）に入学したのですが、練習中にケガをして長期間プレーできなくなった途端、学校から退学するよう言われました。退学しなければならないのでしょうか。また、学校から学費免除の優待措置を終了し、一般生徒と同様に授業料を支払うよう通告された場合、これを争うことはできますか。

Q3 スポーツ推薦入試における不合格

　　A大学からスポーツ推薦での入学を誘われ、他の大学は受験しないよう言われました。しかし、結果は不合格で、浪人生活を余儀なくされました。法律上何か救済手段はありますか。

Q4 スポーツ選手のCM出演

　　最近、内村航平選手（体操競技）や吉田沙保里選手（レスリング）など有名スポーツ選手がよくCMに出るようになりましたが、これはどういうことなのですか。

参考資料

Q5　スポーツ団体と新しい公益法人制度
　　　私は、あるスポーツ団体の役員をしています。このスポーツ団体は、社団法人ですが、現在、一般社団法人への移行手続を進めています。注意する点を教えてください。

Q6　アマチュアスポーツと規則（ボクシング事件）
　　　アマチュアボクシング連盟に登録していた選手が、連盟から登録を取り消されたために、インターハイ等のアマチュア競技会の参加資格を失い、出場できなくなりました。この場合、裁判所において、登録取消処分の効力を争ったり、連盟側に慰謝料の支払いを求めたりできるのでしょうか。

Q7　スポーツ障害の防止――美談の影に潜む悲劇をなくすために
　　　高校野球の甲子園大会で、投手の関節機能検査を行っていると聞きました。体調管理は、選手個人や所属チームにすべて任せればよいと思うのですが、なぜ主催者である高野連がこのような検査を行うのですか。

Q8　未成年者のプロ選手契約の問題点
　　　未成年者がプロ選手契約をする場合、どんな問題がありますか。

Q9　外国プロチームへの入団（野球）
　　　日本人がメジャーリーグ球団に入団するための制度を教えてください。

Q10　外国プロチームへの移籍（サッカー）――ボスマン判決とその後
　　　南アフリカW杯後、日本人サッカー選手の海外移籍が注目されています。たしか1995年のボスマン判決で移籍の自由が拡大したと思うのですが、その後の状況など、サッカーの海外移籍について詳しく教えてください。

Q11　プロ野球のドラフト制度
　　　私は高校を卒業したらプロ野球選手として活躍したいと思っているのですが、嫌いな球団には入りたくありません。好きな球団に入る方法はあるのでしょうか。

Q12　育成選手制度
　　　最近、プロ野球で育成選手制度出身の選手の活躍が目立ちますが、育成選手制度とはどのようなものでしょうか。教えてください。

Q13　トレード制度（野球）
　　　私は現在ある日本のプロ野球球団に選手として所属しているのですが、スポーツ新聞に「トレード要員」などと書かれました。今の球団に愛着があるのですが、球団からトレードを言い渡されると無条件にチームを移籍しなければならないのでしょうか。

Q14　移籍制限と独占禁止法
　　　プロ野球やJリーグのサッカー選手の移籍を制限することは独占禁止法上違法となるのでしょうか。

Q15　プロ野球選手の代理人交渉
　　プロ野球選手が、シーズンオフの球団との選手契約締結交渉で代理人に依頼するケースが見受けられます。どのような問題があるか教えてください。

Q16　アメリカ・4大プロリーグと移籍の自由
　　アメリカではプロ選手が反トラスト訴訟を通じて移籍の自由を拡大させてきたと聞きましたが、その実情を教えてください。

Q17　実業団のスポーツ選手のプロ化
　　最近、実業団のラグビー等でプロ化がいわれていますが、プロ化とは具体的にはどういうことなのでしょうか。会社との契約関係において、通常の社員と何が違うのでしょうか。

Q18　Jリーグ選手とプロ野球選手
　　Jリーグ選手とプロ野球選手とでは、入団契約から退団までどんな差がありますか。

Q19　プロスポーツ選手のセカンドキャリア問題
　　プロスポーツ選手は、高い年俸をもらい、社会的な名声も高いように思いますが、現役を引退した後も安定した生活が保障されているのでしょうか。

第5章　スポーツとビジネス

Q1　スポーツビジネス
　　スポーツビジネスの考え方について教えてください。

Q2　プロとアマ
　　プロとアマとは何ですか。プロとアマの関係を教えてください。

Q3　野球のプロアマ問題
　　最近はプロ野球と大学のチームが試合をするようになりましたが、以前はほとんど交流がなかったと聞いています。どのようないきさつがあったのですか。

Q4　放映権をめぐる問題
　　北京五輪や南アフリカサッカーW杯の際に、放映権の高騰についての報道を目にしましたが、そもそも放映権とは何か、またこれをめぐる問題について教えてください。

Q5　スポーツ選手のパブリシティ権
　　スポーツ選手などの有名人には、パブリシティ権があると聞きますが、どのような権利なのでしょうか。

参考資料

Q6　スポンサー契約――とくにサプライヤー契約について
　　　プレーヤーのユニフォームに、企業の名前が入っているのをよく見かけますが、どのような契約を結んでいるのですか。

Q7　有名人が広告塔に使用されることの問題点
　　　私は、プロゴルファーを目指して、あるゴルフ専門学校に入学したのですが、その授業内容や施設設備の内容が、この学校が発行している学校案内と全然違います。高額な学費を払っているのに、納得がいきません。このような場合、この専門学校に対して、損害賠償を請求できるのでしょうか。また、有名なプロゴルファーが、この専門学校の学校案内に推薦文を付記してこの学校を推奨していたのですが、このプロゴルファーに対しても損害賠償請求をできるのでしょうか。教えてください。

Q8　ボクシングジム開設とマネージャーライセンス
　　　私はボクシングの愛好家ですが、このたびジムを開設し後進の指導にあたろうと思い立ち、財団法人日本ボクシングコミッション（JBC）にマネージャーライセンスの交付を申請しました。ところが、JBCは、申請を受理するにはボクシングジム経営者の親睦団体である日本プロボクシング協会に加入していることを条件としています。同協会に入会するには原則として1000万円の入会金の支払いが必要であるとされてます。私は、この1000万円を支払わなければライセンス取得はできないのでしょうか。

Q9　スポーツからの反社会的勢力の排除
　　　最近、大相撲の維持員席や野球賭博の問題で、暴力団などの反社会的勢力の排除ということがいわれています。スポーツ関係者が暴力団などと親しく付き合うことは論外ですが、スポーツ団体や選手が暴力団などから脅されてお金を渡したような場合も、問題となるのでしょうか。私は、脅されてお金を渡した人は、被害者であって、非難をされるようなことはないと思うのですが。

Q10　トライアスロン大会で町おこしを
　　　関係市町村も巻き込んで、トライアスロンの大きな大会を企画したいと思っています。注意すべき点があれば教えてください

Q11　スポーツと知的財産権
　　　私は草野球のチームをつくっています。今度、チームのユニフォームを作ることになったのですが、プロ野球チームのユニフォームをまねたデザインにすることを考えています。何か問題があるでしょうか。
　　　その他、スポーツにおいて知的財産権が問題となる場面はどのような場合でしょうか。

Q12　プロ野球独立リーグの課題
　　　最近、プロ野球の独立リーグというものをよく聞きます。日本野球機構のプロ

野球とはどこが違うのでしょうか。また運営はうまくいってるのでしょうか。

Q13 内容の異なるサッカー留学

　　将来のJリーガーを目指して、高校卒業と同時に海外へ留学しました。ところが、現地ではパンフレットと異なり、地元の選手との交流試合がなく、日本から行った者同士で練習をするばかりでした。他のスケジュールも大幅に変更され、300万円がまったく無駄になったと後悔して、日本に帰ってきました。斡旋業者にお金を返してもらえるでしょうか。

Q14 パンフレットと内容が異なるフィットネスクラブ

　　フィットネスクラブを探していたところ、先日、新聞の折込広告でフィットネスクラブができたことを知り、入会しました。募集パンフレットには、豪華なアスレチックマシンの並んだ写真が掲載されており、また、会員規約には、正会員になれば午前10時から午後10時までの営業時間内はいつでも自由にできるとされていました。ところが、実際には、アスレチックジムの機械は数台で、設備に比べて会員数が多く、いつ行っても満員で、十分に利用することができません。私は、このフィットネスクラブをやめて支払ったお金を返してもらいたいのですが、可能でしょうか。

Q15 スポーツ系専門学校のずさんな実態とその責任

　　私は、昨春、私立のスポーツ系の専門学校に入学したのですが、カリキュラムはパンフレット等でうたわれている内容と違い、一部まったく実施されず、また実施されている教科も中学校程度の内容で専門的レベルとはとうていいえません。さらに運動施設や器具等も十分整備されていませんでした。

　　また改善を要求しても学校運営を一人で牛耳る学校法人の理事長はまったく意に介さず応じてくれません。このため、2年制でしたが私はやむなく1年で中途退学しました。

　　このような場合、私は誰にどのような責任を追及できるでしょうか。

Q16 スポーツくじとスポーツ振興

　　スポーツ振興くじとはどのようなものでしょうか。また、その売上げはどのように使われるのでしょうか。

Q17 突然のスポーツジムの閉鎖と入会金返還請求

　　私の母は、高級スポーツジムに入会金500万円を払って入会しました。ところが、そのスポーツジムがわずか入会後3ヵ月で閉鎖になってしまいました。スポーツジムを経営していた会社は、現在も不動産業をしています。入会金を返してもらうことはできるのでしょうか。あきらめるしかないのでしょうか。

Q18 スポーツ・レジャー会員権購入とクーリング・オフ

　　ある日、私が自宅にいると、すごく立派なパンフレットを持った身なりもきちんとした紳士が訪ねてきて、その人から、「スポーツと大型レジャー施設を兼ね

備えた会員権が今なら格安で手に入ります。ほんとうに今だけなので、本日手付金だけでも払っておいたほうがいいですよ。ご自分で利用されなくても将来確実に値上がりしますから、そのとき売れば儲けが出ます」などと言葉巧みに勧誘され、10万円だけ支払って契約書に署名しました。夫が帰ってきて話をすると、怪しいからやめとけといわれました。契約の取消しはできますか。

Q19 約束を反故にされた師範代の救済方法

私は、町の空手道場で、師範から、5年後に道場を持たせてやると言われて師範代になったのですが、5年目になる頃、金がないから道場を持たせてやることはできないと言われ、クビ（破門）になりました。

私が師範代のとき、師範から指導を受け、また、食・住の世話をしてもらう一方で、私が門下生を指導していましたが、お金としては遠征に行ったときにお小遣いをもらっていたくらいで、給料はありませんでした。法律的な救済方法はありませんか。

Q20 マネージメント会社を活用した節税対策

私は、いわゆるツアー・プロと称されるプロゴルファーです。獲得賞金やスポンサー契約料等の収入を私の家族が中心となって設立するマネージメント会社に帰属させ、マネージメント会社から私が給料をもらうことによって節税できると教えられたのですが、本当なのでしょうか。

Q21 プロ選手の必要経費の範囲と税金

私は、Ｊリーグとプロ契約を締結しているサッカー選手です。先日、飲食店で先輩のプロと雑談していたところ、「友人との飲食費、彼女とのデート代、プライベートの衣装代といった私的費用を必要経費として税務申告をしたところ、税務署が認めてくれた。領収書を集めておけば経費処理ができるよ」と話していました。私的な経費であっても領収書等があれば必要経費として処理することが認められるのでしょうか。

Q22 サラリーマンとプロスポーツ選手の相違点

私は、トップリーグに所属するアスリートで、企業の人事部に配属されているサラリーマンですが、トップアスリートとしての環境を整えるため、プロ契約に切り替えることを検討しております。税金問題を中心にプロ契約をするにあたっての注意点を教えてください。

Q23 寄付と税金

私は、プロのスポーツ選手です。寄付をすると確定申告のとき税額が少なくなると聞きましたが、どのような寄付が税法上認められるのですか。また同じように寄付をしたサラリーマンである友人の場合はどうですか。

第6章　スポーツと保険

Q1　スポーツ保険の意義と種類
　　スポーツ中の事故に備えて保険に加入することを勧められたのですが、スポーツ保険に加入する必要はありますか。また、スポーツ保険にはどのような種類がありますか。

Q2　スポーツ事故と災害共済給付制度
　　部活動でケガをしたり死亡した場合に治療費等が支払われる制度があると聞きましたがどのような制度ですか。

Q3　公益財団法人日本体育協会の公認スポーツ指導者総合保険
　　私はラグビーの経験をかわれ、地域の子ども会の指導をすることになりましたが、練習中のケガなどが心配です。何かこのような場合に加入できる保険はありますか。また、練習試合等で他所へ行く場合の往復の事故にも補償はあるのでしょうか。

Q4　スポーツ安全協会・スポーツ安全保険
　　私は学生時代の友人たちと地域の人たちでチームをつくりサッカーを楽しんでいます。また、たまには地域の子どもたちのサッカーの指導もしています。練習中や試合でのケガなどが心配です。何かこのような場合に加入できる保険はありますか。

Q5　企業所属のスポーツ選手の社会保険・労働保険
　　労働保険、社会保険の概略を教えてください。また企業所属のスポーツ選手の労働保険、社会保険について教えてください。

Q6　プロスポーツ選手の社会保険・労働保険
　　バレーボール、ラグビーのプロ化がマスコミに取り上げられていますが、プロスポーツ選手の労働保険、社会保険はどのようになっていますか。

第7章　スポーツと犯罪

Q1　スポーツにおける違法行為
　　スポーツにおけるプレイが違法になる場合がありますか。刑事責任を問われることもあるということですが、どのような場合ですか。
　　たとえば、試合中に、相手方のピッチャーから顔面にデッドボールを受け、鼻

骨を骨折しました。このピッチャーは前から仕事の関係で私に恨みを持っており、手が滑ってたまたま当たったのではなく、故意に狙って投げたのは間違いありません。このような場合、刑事責任は問えますか。また、民事責任として慰謝料等の損害賠償も請求は可能でしょうか。可能とすればいくらぐらいでしょうか。

Q2 ダフ行為に対する規制

ダフ屋からチケットを購入することは違法なことなのでしょうか。買った私自身も処罰されるのでしょうか。

スポーツ観戦のチケットを大量に入手できたので、知人に有償で配りました。これも、ダフ行為になるのですか。

Q3 野球賭博、サッカーくじと犯罪

私の行きつけの喫茶店のマスターが、高校野球の甲子園大会のとき、いつも、どこの高校が優勝するかの枠をつくり、1口1000円でお客さんに賭けないか、と誘っています。この前行ったら、「私製のサッカーくじ」もつくるのでどうだ、と誘われました。これは犯罪行為ではないのですか。1口だけ賭けた私も処罰を受けるのでしょうか。

Q4 ノミ行為と犯罪

競馬、競輪、競艇などは、公営ギャンブルとして認められていますが、同じレースを利用して、友人同士で予想し合い、お金をやりとりする行為も問題があるのでしょうか。

Q5 八百長問題

最近、いろいろなスポーツの八百長事件が話題になっていますが、そもそも、八百長は法律上どのような問題があるのでしょうか。

Q6 クラブ活動とセクハラ

私は、大学の女性柔道部員です。父が柔道好きだったこともあり、中学から柔道を始め、高校、大学とがんばってきました。

私が今悩んでいるのは、顧問の先生のセクハラです。日頃はそうでもないのですが、お酒の席になると人が変わるのです。お酒を注がされるくらいは何ともないのですが、すぐに体を寄せてきて、腰や太もも、さらに胸までさわってくるのです。そして先日、合宿での酒席で、とうとう衣服を脱がされそうになったのです。キャプテンはじめ先輩の男子部員もいたのですが、顧問の先生がかなり有名な人で、それが怖いのか、私を守ってくれませんでした。柔道だけでなく、大学も辞めたい気持ちです。

Q7 懲戒行為と体罰

小学生に土曜、日曜サッカーを指導しているAさんが、練習態度がふざけていると、子どもたちを炎天下で30分ほど正座させました。ところが、その途中で子どもたちが笑い出したため、Aさんが怒り、中心的な6年生のB君の顔を殴り、

B君は前歯を2本折り、左耳の鼓膜を破るなど大ケガをしてしまいました。Aさんの責任はどうなりますか。Aさんの指導は無償で、B君の両親は、告訴をしていません。

Q8 掲示板への名誉毀損的書き込みへの対応

　私は、プロスポーツ選手です。先日、私の開設しているブログにインターネット上の掲示板へ誘導するようなコメントがあったことから、その掲示板を覗いてみたところ、私を中傷するためのスレッドが作成されており、匿名で私の名誉を毀損するような書き込みが多数なされていました。

　そこでは「〇〇（私です）と××会（反社会的勢力）の関係は根深いね。八百長もあたりまえじゃないの？」「〇〇の様なクズは死ね！」「東京都△△区◇◇（私の住所）に行けばクズに会える」などの書き込みがなされていました。

　プロスポーツ選手として、私のことをいろいろ言われることは理解しているつもりですが、あまりにもひどいのでなんとかしたいと思いますが、どうすればいいでしょうか。

〔答〕　正解は「オリンピックの歴史」です。

　よく見ていただくと、線は長短2本あり、左の長い線の左端が、BC（紀元前）776年です。つまり、第1回古代オリンピックが開催された年です。次いで長い方の右端がAD（西暦）393年で、この年まで4年に一度開催されました。

　その後、空白期間があって、右側の短い線の左端が、1896年第1回近代オリンピックがアテネで開催された年です。そして短い線の右端が100年後の1996年アトランタ・オリンピック開催の年です。

　ぼくは、1996年頃、2008年の大阪・オリンピック招致運動をやっていて、2つのことを確認しました。

　1つは、はるか2800年の昔に始まり、地球的規模ではないにしろ、オリンピック期間中の休戦も含め約1200年もの長い間、古代オリンピックが開催され続けていたという人類スポーツの歴史です。

　2つめは、近代オリンピックの短い100年の間に、平和の祭典とされるオリンピックが、何と戦争で3回も中止された事実です（1916・1940・1944年）。

　そしてぼくは、人間生きられるのが、たかだか右側の短い線程度なのだから、自分の夢、思いを出来るだけ貫く生活をしようと決意したのです。

　そのうえで学生達に、若いといっても、人生100年と考え君達もあと80年しかないのだから、これからの人生、思い切り大いに羽ばたいてほしいとエールを送ります。

〔参考資料4〕
参考図書一覧＜順不同＞

- 『Q&Aスポーツの法律問題〔第3版補訂版〕』スポーツ問題研究会編（2015年、民事法研究会）
- 『スポーツ六法2014』（2014年、信山社）
- 『スポーツの歴史〔新版〕』 レイモン・トマ著・蔵持不三也訳（1993年、白水社）
- 『スポーツ史講義』稲垣正浩・谷釜了正編著（1995年、大修館書店）
- 『詳説世界史B』（2015年、山川出版社）
- 『世界史年表・地図』亀井高孝・三上次男・林健太郎・堀米庸三編（2012年、吉川弘文館）
- 『法』尾高朝雄著（1951年、勁草書房）
- 『法学入門』田中成明著（2005年、有斐閣）
- 『憲法と君たち〔復刻新装版〕』佐藤功著（2016年、時事通信社）解説木村草太
- 『憲法Ⅱ〔新版〕』宮沢俊義著（1971年、有斐閣）
- 『憲法〔第6版〕』芦部信喜著（2015年、岩波書店）
- 『現代法律学講座5〔第3版〕憲法』佐藤幸治著（1995年、青林書院）
- 『民法Ⅱ　債権各論』内田貴著（1997年、東京大学出版会）
- 『詳解スポーツ基本法』日本スポーツ法学会編（2011年、成文堂）
- 『標準テキスト　スポーツ法学』日本スポーツ法学会監修（2016年、エイデル研究所）
- 『スポーツ法学入門』千葉正士・濱野吉生編（1995年、体育施設出版）
- 『スポーツ法学序説』千葉正士著（2001年、信山社）
- 『スポーツ法への招待』道垣内正人・早川吉尚編著（2011年、ミネルヴァ書房）
- 『スポーツの法律入門』入澤充著（2004年、山海堂）
- 『スポーツ法』神谷宗之助著（2005年、三省堂）
- 『スポーツ指導者のためのスポーツと法』三村寛一編著（2011年、嵯峨野書院）
- 『スポーツ事故の法務』日本弁護士連合会弁護士業務改革委員会スポーツ・エンターテインメント法促進PT編著（2013年、創耕舎）
- 『スポーツ権と不祥事処分をめぐる法実務』第一東京弁護士会総合法律研究所スポーツ法研究部会編著（2013年、清文社）
- 『スポーツ指導者の法律相談』菅原哲朗著（1992年、大修館書店）
- 『スポーツの法律相談』伊藤堯ほか編（2000年、青林書院）

- 『フランススポーツ基本法の形成（上）（下）』齋藤健司著（2007年・2008年、成文堂）
- 『日本のスポーツ界は暴力を克服できるか』森川貞夫編（2013年、かもがわ出版）
- 『日本拳法指導者と安全配慮義務』仲元紹・本渡諒一・黒田厚志・郷原さや香著（2010年、日本拳法会）
- 『スポーツ・マネジメント入門』広瀬一郎著（2005年、東洋経済新報社）
- 『スポーツのリスクマネジメント』小笠原正・諏訪伸夫編著（2009年、ぎょうせい）
- 『スポーツ法務の最前線』エンターテインメント・ロイヤーズ・ネットワーク編（2015年、民事法研究会）
- 『スポーツガバナンス実践ハンドブック』スポーツにおけるガバナンス研究会編（2014年、民事法研究会）
- 『スポーツ学の視点』江田昌祐監修（1996年、昭和堂）
- 『現代スポーツ経営論』片山孝重・木村和彦・浪越一喜編著（1999年、アイオーエム）
- 『スポーツ人間学』ポール・マルタン著金山政英訳（2012年、てらぺいあ）
- 『新スポーツ文化の創造に向けて』天理ヤマト文化会議編・小椋博監修（1996年、ベースボール・マガジン社）
- 『スポーツを殺すもの』谷口源太郎（2002年、花伝社）
- 『巨人帝国崩壊』谷口源太郎著（2005年、花伝社・共栄書房）
- 『スポーツ立国の虚像』谷口源太郎著（2009年、花伝社・共栄書房）
- 『FAへの死闘』マービン・ミラー著・武田薫訳（1993年、ベースボール・マガジン社）
- 『オリンピックの政治学』池井優著（1992年、丸善）
- 『黒い輪』ヴィヴ・シムソン・アンドリュー・ジョニングズ著・広瀬隆監訳（1992年、光文社）
- 『近代オリンピック100年の歩み』日本オリンピック委員会企画・監修（1994年、ベースボール・マガジン社）
- 『オリンピックの汚れた貴族』アンドリュー・ジェニングス著・野川春夫監訳（1998年、サイエンティスト社）
- 『君はオリンピックを見たか』天野恵一編著（1998年、社会評論社）
- 『古代オリンピック』桜井万里子・橋場弦編（2004年、岩波新書）
- 『オリンピック物語』結城和香子著（2004年、中央公論社）
- 『大島鎌吉というスポーツ思想』伴　義孝著（2013年、関西大学出版部）
- 『体育とスポーツの国際協力』松浪健四郎編著（1991年、ベースボール・マガジン社）
- 『スポーツ倫理学講義』川谷茂樹著（2005年、ナカニシヤ出版）

参考資料

- ◆『オフサイドはなぜ反則か』中村敏雄著（1985年、三省堂）
- ◆『現代スポーツ評論』中村敏雄著（1999年、創文企画）
- ◆『スポーツの風土』中村敏雄著（1981年、大修館書店）
- ◆『近代スポーツの誕生』松井良明著（2000年、講談社）
- ◆『スポーツの後近代』稲垣正浩著（1995年、三省堂）
- ◆『Do or die』二宮清純著（1999年、KSS出版）
- ◆『権力装置としてのスポーツ』坂上康博著（1998年、講談社）
- ◆『現代スポーツ批判』大野晃著（1996年、大修館書店）
- ◆『スポーツゼロ年代』毎日新聞運動部編（2010年、創文企画）
- ◆『スポーツ倫理』近藤良享著（2012年、不昧堂出版）
- ◆『武道の誕生』井上俊著（2004年、吉川弘文館）
- ◆『アメリカスポーツと社会』ジョージ・H・セージ著・深沢宏訳（1997年、不昧堂出版）
- ◆『国民体育大会の研究』権学俊著（2006年、青木書店）
- ◆『不思議の国の野球』玉木正之著（1987年、評伝社）
- ◆『スポーツとは何か』玉木正之著（1999年、講談社）
- ◆『スポーツ解体新書（正）（続）』玉木正之著（2003年・2010年、日本放送出版協会・財界展望新社）
- ◆『スポーツ体罰東京オリンピック』玉木正之著（2013年、NHK出版）
- ◆『サッカーと人種差別』陣野俊史著（2014年、文藝春秋）
- ◆『勝者も敗者もなく』日本プロ野球選手会著（2005年、ぴあ）
- ◆『合併反対』プロ野球・チーム存続を訴える会記録本編集委員会編著（2005年、長崎出版）
- ◆『青少年のスポーツライフデータ2015』（2015年、笹川スポーツ財団）
- ◆『プロ集団の人事学』「統制時報」編集部編（1995年、労務行政研究所）
- ◆『スポーツビジネスの法と文化』グレンMウオン・川井圭司著（2012年、成文堂）
- ◆『プロスポーツ選手の法的地位』川井圭司著（2003年、成文堂）
- ◆『日本スポーツ法学会年報 1994年～各年』（1994年～、エイデル研究所ほか）
- ◆『スポーツ界の不思議20問20答』桂充弘編（2013年、かもがわ出版）

その他多くの書籍などから教えていただきました。

少し長い感謝のあとがき

　拙い本書に、少しでも目を通していただき、ありがとうございました。
　ぼくは、へたですがスポーツは大好きで、あまり動かぬテニスは大体週１回、完歩的フルマラソンも年１～２回参加しています。そんなぼくからすると、プロスポーツ選手、オリンピック選手や世界選手権の選手はもちろん、国体の選手も羨望の的です。もちろん、スポーツを観るのも大好きで、勝手に泣いたり笑ったり、弱い阪神タイガースに時々嘆いたりしています。
　スポーツと法律がどのように関連するのか、具体的には、各事例や事故、契約、紛争内容により、その適用法令や条文が異なり、各論的に対応していただく必要がありますが、本書は、その元になるスポーツの文化としての価値、スポーツの平和創造機能について法的側面からアプローチを試みたものです。
　平和には、「守る場面」と「創る場面」があります。
　守ることについて、いつの時代、どの場所にも無法な輩はおり、それに対し、ぼくは、やはり武力で守る（制圧する）必要があると思います。そのために正義の力、きちんとした本当の国連軍に頼るシステムを作るべきだと思います。
　何が正義か、それ自体難しい判断ですが、現在の国内治安における警察のような対応がされれば、当初日本国憲法が理想としたように、各国は独自の武力を持つ必要はありません。国連の安全保障理事会は、そのとき「国連防衛省」となります。
　一方、平和を創る方法も、各種芸術での文化交流や姉妹都市による国際交流などいろいろなやり方がありますが、ぼくは、その極めて有力なアイテムとしてスポーツを推薦しているのです。そして、スポーツを「基本的人権」として確認し位置づけることにより、平和への積極的なアプローチがより可能になるのです。ぼくが「国連スポーツ省」を提唱するゆえんです。
　「スポーツの平和創造機能」の起源がここにあります。これまで、このような法的な試みはなかったように思いますし、その意図がどの程度実現しているかわかりませんが、少なくともぼくの現在の考えです。以前、戦争は「国境を求める戦い」、スポーツは「軽く国境を超える戦い」だといったことがあります。その思いが少しでも伝わればありがたいです。

あとがき

そのため本書を『"平和学"としてのスポーツ法入門』とさせていただきました。

ちなみに、反戦との関係で丸山真男先生は、ぼくの記憶が間違っていなければ、日常のおばちゃん・おっちゃんの井戸端会議や同窓会、いろいろな同好会など、それ自体非政治的な組織、あるいは組織ともいえない集いや動きが、反戦運動、すなわち戦争への有効な防波堤になるといっておられたように思います。

私たちは、特に2020年東京・オリンピック・パラリンピックを迎えるにあたり、たとえば、知らない外国人に丁寧に道を教えてあげるとか、あいさつをしたり返したりする、そのような些細な日常の営みをも、大切にしたいと思います。いうところの「おもてなし」は、平和創造機能にも結び付いています。

スポーツが文化であり、戦争回避のための重要な道具であることは本文で何度も書きましたが、上で述べた些細な営みとも並行して、ぼくは、本当は人間同士の最も原始的な心身の触れ合いである国際結婚、人種的・民族的にいえば混血・雑婚がもっともっと進めば良いと思っています。これも間違いなく平和創造機能に結び付きます。

スポーツ選手の間でも、リオ・オリンピックの後、卓球界で福原愛さんと台湾の江宏傑さんの結婚がありましたが、現在たとえば陸上、柔道、野球、テニス、サッカー、バスケットボールなどで、国際結婚の結果として誕生した何人ものアスリートの顔を、みなさんも思い浮かべることができるはずです。これは大変歓迎すべき事柄です。

ぼくは、国連が国際結婚のカップルにお祝い金を出すなどして大いにそれを推奨すればよいと思いますし、最終的には世界の各人が、国籍などなく住民票だけで生活できるのが良いと考えています。

そして戦争の問題についていうと、ぼくは楽観主義で人間の理性を信じており、憎悪による戦争は起こらないと断言します。本当に心配なのは、偶発的な核戦争、テロ・事故による核施設破壊、また、地球人口増加による資源枯渇やウィルス・疫病、大気汚染など環境破壊による人類滅亡の方です。

その意味でも、宇宙船地球号の私たちは全員同志なのであり、人間同士、軍事で争っている場合ではないのです。

あとがき

　本書が世に出るについて、まず出版を勧め叱咤激励していただいた民事法研究会、ぼくと名前が似ている田口信義社長と、わがままで面倒な校正を、仕事とはいえ丁寧にしていただいた同社の雪野奈美さんに感謝します。

　本書は、これまで出会った多くの方や著書の意見を参考にさせていただいたほか、本書本文で引用させていただいた各氏、そしてスポーツ問題研究会の、特に初期からの冨島智雄・桂充弘・小谷英男・宮島繁成の各弁護士、スポーツ法学の草創期ぼくがお呼びして大阪弁護士会で講義していただいた浦川道太郎先生、ヨーロッパ特にフランススポーツ法の権威の齋藤健司先生、今や同志社大学の看板教授の１人川井圭司先生、また、その後の大阪弁護士会のスポーツ・エンターテインメント法分野での活動で一緒させていただいている井上圭吾・冨田陽子・結城圭一・堀田裕二・岡本大典・加藤智子・田中敦・山田尚史・冨田英司の各弁護士、大谷女子大学の元教授・山田文男、税理士・古座成彦、公認会計士・玉置栄一、社会保険労務士・藁科洋・藁科久子の各先生に感謝します。

　勤務弁護士としてスタートさせていただいた、阪神法律事務所の井岡三郎・宿敏幸・鈴江勝の各先生、喧嘩しながらも一緒に韓国に行った学生時代からの友人で衆議院議員の谷畑孝君、学友の辻井一基君・南砺市議会議員の山本勝德君、憲法での対極の意見で示唆を得た元大阪弁護士会会長・小寺一矢先生にも感謝します。

　また、所属する太陽法律事務所で最も支えてくれた岡村英祐弁護士はじめ、同僚の森谷昌久・木村重夫・山本和哉・杉平大充・福永政彦・元同僚・故木村哲也・その師匠の上原洋允・山田庸男・故中西清一の各弁護士の支援も受けました。

　ただ、ぼくの理解不足・能力不足などから、間違った引用・数字などの誤りがあると思いますが、その点はご容赦いただくとともに、遠慮なく指摘・批判をお願いします。

　そして、太陽法律事務所事務局長・行政書士として事務所・スポーツ問題研究会発足時から献身的に頑張ってくれている新矢等君、読み合わせなどを手伝ってもらった事務局の今泉洋子・永田安以子・平沼智香さんにも感謝です。

　さらに、ふるさと石川県に住む義兄・鈴木友昭さん、昨年急逝した妹の鈴木和美、まさに本書第一次原稿が出来上がった、この８月10日に91歳で他界した父・弘良、病床の母・秋子、東京の弟・辻口良春・真弓夫妻にも感謝します。

あとがき

　一昨年16歳で亡くなったミニダックス犬「ピース」、そして誰よりも、司法試験受験生であったぼくを支えるため、1977年山梨県から大阪に来てくれて結婚し、大夢と夢の2人の子どもを育ててくれた、妻・惠美子に心からのお礼を言います。
　ありがとう。

　2016（平成28）年スポーツの秋

弁護士　辻口信良

※　10月29日の各紙新聞報道によると、国連での「核兵器禁止条約」の交渉開始決議が、賛成123、反対38、棄権16、欠席など16で成立しました。ところが、残念なことに日本は、アメリカの働きかけもあり反対票を投じました。
　本文でも書きましたが、1980年モスクワ・オリンピックボイコットのときと同様に、アメリカの核の傘の下にいることからの遠慮です。しかし、世界唯一の被爆国であり、永久平和主義の理念を掲げる日本国憲法の立場からすれば、このようなときこそ国連で存在感を発揮でき世界史をリードできる可能性があるのに、大変残念な萎縮行動です。マックス・ウェーバーのいう職業としての政治家の覚悟と資質に欠ける行為といわざるを得ません。

※　2016年11月8日の投票で、トランプ氏がアメリカの第45代大統領に選出されました。本文でも批判しましたが（65頁）、イギリスのEU脱退の国民投票に続き、現代史での荒んだ大衆の投票行動が露わになりました。
　歴史的事実として、失速し敗退したソ連型共産主義ですが、このことは、あくまでソ連型が負けただけであり、西側資本主義の勝利を意味しないことを、改めて私たちに突き付けています。エーリッヒ・フロムの〈自由からの逃走〉のことが、脳裏に浮かびます。
　ぼくがアメリカの底力を評価している点は本文でも書きましたが（148頁）、これからも本当に大丈夫なのか、アメリカの政治・経済の動きに注目したいと思います。
　そしてアメリカがいろいろなことを担えなくなった今、だからこそぼくは、本文で主張したことを強調したいのです。すなわち、国連を本当に充実した普遍的な国際組織にするため、わが国が永久平和主義の憲法を掲げ、国連の中に「スポーツ省」と「防衛省」を作るため、頑張るべきだと。

〔著者略歴〕

辻口信良（つじぐち　のぶよし）

1947（昭和22）年11月27日生（石川県）

滝尾小、鹿島中（現中能登中）、七尾高校、関西大学法学部卒業

【現在】
- 弁護士（太陽法律事務所・大阪弁護士会）
- 龍谷大学・関西大学・関西大学法科大学院各非常勤講師
- 日本スポーツ法学会理事
- 日本スポーツ仲裁機構（JSAA）仲裁人候補
- スポーツ問題研究会代表
- 茨木市個人情報保護審査会会長
- 茨木市更生保護推進協議会副会長
- 関西石川県人会連合会副会長
- 大阪市石川県人会幹事長
- 石川県立七尾高校関西同窓会副会長

【元】
- 大阪弁護士会副会長
- 大阪弁護士会スポーツ・エンターテインメント法実務研究会代表世話人
- リオデジャネイロ・パラリンピック、日本パラ陸上競技連盟選考委員
- 茨木ローズライオンズクラブ会長
- 大阪青年会議所特別会員
- 2008年大阪オリンピック!!　応援団団長
- KBS京都ラジオ・ニュースキャスター（1991年〜1998年）

〔事務所所在地〕

〒530-0047　大阪市北区西天満4-8-2　北ビル本館4階
　　　　　太陽法律事務所
　　　　TEL：06-6361-8888　　FAX：06-6361-8889
　　　　http://www.taiyo-law.jp/

"平和学"としてのスポーツ法入門
2017(平成29)年1月1日　第1刷発行

定価　本体2,800円＋税

著　者　辻口　信良
発　行　株式会社　民事法研究会
印　刷　文唱堂印刷株式会社

発行所　株式会社　民事法研究会
　〒150-0013　東京都渋谷区恵比寿3-7-16
　　TEL 03(5798)7257〔営業〕　FAX 03(5798)7258
　　TEL 03(5798)7277〔編集〕　FAX 03(5798)7278
　　http://www.minjiho.com/　　info@minjiho.com

落丁・乱丁はおとりかえします。　ISBN978-4-86556-130-2　C2031　￥2800E
カバーデザイン：袴田峯男

スポーツの世界の今日を知るために必読の書！

2015年7月刊 スポーツ庁設置法成立を受け、最新の統計や規定類を反映させて第3版を補訂！

Q&A スポーツの法律問題
〔第3版補訂版〕
―プロ選手から愛好者までの必修知識―

本書の著者（辻口信良 弁護士）を中心にして設立された「スポーツ問題研究会」のメンバーの方々による基礎知識から紛争・トラブルの解決指針までの必修知識を実践的に解説した関係者必携の手引書！

スポーツ問題研究会　編　　　（A5判・309頁・定価 本体2400円＋税）

2014年7月刊 不祥事を起こさないガバナンス実現の方法を具体的にわかりやすく解説！

スポーツガバナンス 実践ガイドブック
―基礎知識から構築のノウハウまで―

各種スポーツ団体のガバナンスの必要性を実際に発生した不祥事をもとに明らかにするとともに、不祥事防止のための具体策、グッドガバナンス構築のための実践策を示した関係者必読の書！

スポーツにおけるグッドガバナンス研究会　編　　（A5判・292頁・定価 本体2700円＋税）

2015年6月刊 ロイヤーが多様なスポーツビジネスに関わり活躍するための必須知識が満載！

スポーツ法務の最前線
―ビジネスと法の統合―

スポーツ選手の契約と紛争、スポーツ興行、放送、通信による国内外への発信等、スポーツビジネスやエンターテインメントのロイヤーとして活躍するための必修知識を開示！

エンターテインメント・ロイヤーズ・ネットワーク　編　（A5判・308頁・定価 本体2600円＋税）

発行　民事法研究会　〒150-0013 東京都渋谷区恵比寿3-7-16
（営業）TEL 03-5798-7257　FAX 03-5798-7258
http://www.minjiho.com/　info@minjiho.com

最新実務に役立つ実践的手引書

企業戦略に沿った各種契約条項の基本例・変更例・応用例を提示した実践的手引書！

M&A・アライアンス契約書の作成と審査の実務

滝川宜信 著　　　　　　　　　　　　　（A5判・603頁・定価 本体5400円+税）

政省令、最高裁規則、ガイドライン、主要文献を踏まえて実務的な観点から逐条解説！

コンメンタール消費者裁判手続特例法

日本弁護士連合会消費者問題対策委員会 編　　（A5判・638頁・定価 本体6100円+税）

音・動き・色彩・ホログラム等の新しい商標に対応した新商標法や施行後の実務、新審査基準等に対応！

商標実務入門〔第2版〕──ブランド戦略から権利行使まで──

片山英二 監修　阿部・井窪・片山法律事務所 編　（A5判・373頁・定価 本体3800円+税）

近年増加傾向にある弁護士と依頼者をめぐる紛争と裁判例を検討・分析し、実務の指針を示す！

なぜ弁護士は訴えられるのか
──判例からみた現代社会と弁護士の法的責任──

升田 純 著　　　　　　　　　　　　　（A5判・734頁・定価 本体6900円+税）

働き過ぎによる死亡に対して労災認定と企業賠償を求めるために必携となる手引！

過労死・過労自殺の救済Q&A〔第2版〕
──労災認定と企業賠償への取組み──

大阪過労死問題連絡会 編　　　　　　　（A5判・261頁・定価 本体2200円+税）

近時公表された裁判例・審判例の考え方のわかりやすい解説を加え大幅増補した実践的手引書！

夫婦関係調停条項作成マニュアル〔第6版〕
──文例・判例と執行までの実務──

小磯 治 著　　　　　　　　　　　　　（A5判・288頁・定価 本体2700円+税）

発行　民事法研究会

〒150-0013 東京都渋谷区恵比寿3-7-16
（営業）TEL 03-5798-7257　FAX 03-5798-7258
http://www.minjiho.com/　　info@minjiho.com